工程项目风险管理

理论、方法与应用（第2版）

○ 王卓甫　丁继勇　邓小鹏　等　著

·北京·

内 容 提 要

工程项目的重要特点之一是具有较大的不确定性,而这种不确定性在工程实施中常会演化为项目风险。在工程项目实践中,不仅面临如何应对该风险的问题,而且存在着由谁来应对更优的问题,因而工程项目风险研究为工程界和学术界所重视。本书是在第1版的基础上,对最新研究成果进行分析总结后修订而成。全书分为"理论与方法"和"研究与应用"上、下两篇。

本书可供相关学科的研究人员参考,也可作为水利水电、建筑、交通等相关专业的本科生和研究生教学参考用书。本书作为本科生教学用书时,可主要介绍基础理论与方法;作为研究生教学用书时,应在回顾基础理论与方法的基础上,将重点放在研究与应用的专题介绍上,以提升研究生分析问题和解决问题的能力。

图书在版编目(CIP)数据

工程项目风险管理:理论、方法与应用 / 王卓甫等著. -- 2版. -- 北京:中国水利水电出版社,2022.1
ISBN 978-7-5226-0483-1

Ⅰ.①工… Ⅱ.①王… Ⅲ.①工程项目管理—风险管理 Ⅳ.①F284

中国版本图书馆CIP数据核字(2022)第026544号

书　　名	工程项目风险管理——理论、方法与应用(第2版) GONGCHENG XIANGMU FENGXIAN GUANLI——LILUN、FANGFA YU YINGYONG (DI 2 BAN)
作　　者	王卓甫　丁继勇　邓小鹏　等著
出版发行	中国水利水电出版社 (北京市海淀区玉渊潭南路1号D座　100038) 网址:www.waterpub.com.cn E-mail:sales@waterpub.com.cn 电话:(010) 68367658 (营销中心)
经　　售	北京科水图书销售中心(零售) 电话:(010) 88383994、63202643、68545874 全国各地新华书店和相关出版物销售网点
排　　版	中国水利水电出版社微机排版中心
印　　刷	天津嘉恒印务有限公司
规　　格	170mm×240mm　16开本　17.25印张　337千字
版　　次	2003年2月第1版第1次印刷 2022年1月第2版　2022年1月第1次印刷
印　　数	0001—2000册
定　　价	48.00元

凡购买我社图书,如有缺页、倒页、脱页的,本社营销中心负责调换

版权所有·侵权必究

第 2 版 前 言

2003年,本书第1版面世,当时工程项目风险管理的相关研究成果相对较少。记得两个大型核电站项目——山东海阳核电站和浙江三门核电站,均由这本书为媒介,先后邀请作者去做工程项目风险方面的研究课题或授课。10多年来,伴随着我国基础设施建设的大规模开展,工程项目风险管理的理论研究和应用均取得长足发展,同时也促进了基础设施工程建设水平的提升。

工程项目风险管理理论研究和应用发展主要体现在两个维度:一是工程项目风险管理理论研究与应用在深入。在风险识别、评估方面,从早期的影响图、敏感性分析、事故树等传统方法,扩展到模糊分析法、博弈论、神经网络等方法;在风险决策方面,从一般期望决策,发展到考虑风险管理者的心理与风险态度对决策影响的研究。工程项目风险管理研究正逐渐向综合交叉的方向发展,以数学、经济学、行为科学、系统科学等为基础,综合形成其研究范式。特别是信息技术的发展,促进了风险管理理论和方法应用水平的提升,如MC方法在20年前的项目风险分析中的应用还存在较多的限制,这主要是因为计算速度的局限。而今天,随着计算机计算速度的提升,MC方法在工程项目风险分析中的应用已十分普及。二是工程项目风险管理理论范围在逐渐扩大,或提出了新的研究问题。在传统工程交易领域风险、工程项目安全风险研究的基础上,扩大到重大工程社会稳定风险评估研究、海外投资项目风险分析与决策研究等领域,对保证我国重大工程的高效建设,促进"一带一路"倡议的健康发展产生着重要影响。

与第1版相比,本书主要有下列特点:

(1) 将工程项目风险管理问题分成上、下两篇介绍。上篇侧重于项目风险管理的基础理论与方法;下篇则紧密结合工程项目风险管理研究领域的热点问题，介绍最新研究成果与应用。

（2）上篇简化了基础理论与方法的分析，增加了工程项目风险管理中新发展或应用较多的理论与方法的介绍。

（3）下篇围绕热点问题，开展专门问题研究成果的介绍，如PPP项目风险初始分配与再分配、国际工程项目风险分析和重大工程社会稳定风险的形成与评估等，这些研究成果将对工程项目风险管理研究起到促进作用。

本书的再版过程历时近两年，王卓甫负责统筹和编写第1、2、7、8章；丁继勇、王卓甫编写第3~6章、第12章；邓小鹏编写第9章；万欣编写第10章；宋亮亮编写第11章。在编写过程中，编写团队多次分析、讨论，并积极吸收国内外学者们的最新研究成果，试图将最好的成果呈现给读者。但限于能力和水平，疏漏与不足在所难免，请各位读者多多指正。再次感谢为本书提供支持的学者们，是你们的研究成果成就了本书！

本书的出版得到河海大学"研究生教育教学改革建设项目"的资助，在此一并表示感谢。

作　者

2022年1月

第 1 版 前 言

　　工程项目从可行性研究、设计、施工到竣工验收，是一个一次性的过程，在这一过程的管理中，通常十分强调按基本建设程序办事，实行规范化和标准化的管理，以顺利实现工程建设目标。但不论从工程项目实践，还是从理论的高度来分析，仅这样做还是不够的。工程项目是一开放性的系统，在其实施过程中，不可避免地会受到各种各样的不确定因素的干扰，并引发工程项目的进度、质量和费用控制目标不能实现的风险。因此，如何识别、分析评估风险，进而如何应对和监控这些风险是工程项目管理中较高层次的管理内容。

　　工程项目风险管理具有极其广泛的研究和应用领域。从工程项目建设的纵向观察，即从整个项目周期角度看，工程项目从可行性研究开始直到竣工验收，均存在风险管理的问题；从工程项目建设的横向分析，即项目的进度、质量和费用管理角度看，每一个方面客观上也要求实行风险管理，以更有效地控制工程建设目标。

　　工程项目风险管理在国际上开展得已较多，研究也较深入。但在国内，工程项目风险管理的知识还没有得到普及，熟悉或研究工程项目管理风险的人也不多，开始全面实施风险管理的工程项目那就更少，或者说几乎没有。笔者感到，工程项目风险管理方面文献资料缺乏，可能是造成目前这种状况的重要原因之一。鉴于此，笔者结合 10 多年从事工程项目管理教学和研究，特别是工程项目风险管理方面的探讨，决定编写一本理论和应用相结合的册子，以抛砖引玉。本书一方面将工程项目风险管理的主要理论和方法系统化；另一方面对风险管理理论的应用性研究成果进行了总结，并用较大的篇幅将其作了介绍。

　　在工程项目实施过程中，参与活动的各方均存在风险，即都有风险管理的问题。在某些情况下，一方的风险可能正是另一方的机会。如，业主/项目法人在合同方面的缺陷，往往是承包人提出索赔的机会。本书主要是站在工程项目的角度去介绍风险管理的理论、方法和应用，并没有特别强调业主、承包人、设计人，还是监理人的风险管理问题。

中国工程院院士吴中如教授欣然为本书作序，这对笔者以极大鼓励。本书在编写过程中参考了许多学者的有关论著。杨高升副教授参加了本书的部分编写。研究生肖亦林、张化强在本书的编写过程中做了大量的工作。对此，一并表示谢意。

工程项目风险管理涉及广泛的学科领域，笔者水平有限，疏漏、错误之处在所难免，恳请读者批评和斧正。

2003年1月于南京

目 录

第 2 版前言

第 1 版前言

上篇　理 论 与 方 法

第1章　绪论 ……………………………………………………………… 3
- 1.1　工程项目 ……………………………………………………………… 3
  - 1.1.1　项目与工程项目 ……………………………………………… 3
  - 1.1.2　工程项目的特殊性与系统性 ………………………………… 4
- 1.2　工程项目风险 ………………………………………………………… 5
  - 1.2.1　风险 …………………………………………………………… 5
  - 1.2.2　工程项目风险及其特性 ……………………………………… 7
  - 1.2.3　风险与工程项目风险分类 …………………………………… 8
  - 1.2.4　工程项目风险成本 …………………………………………… 11
  - 1.2.5　工程项目风险与项目决策 …………………………………… 12
- 1.3　工程项目风险管理 …………………………………………………… 12
  - 1.3.1　风险管理的内涵 ……………………………………………… 12
  - 1.3.2　工程项目风险管理及其主要内容 …………………………… 13
  - 1.3.3　工程项目风险管理的重点 …………………………………… 13
  - 1.3.4　工程项目合同与风险分配 …………………………………… 15
- 1.4　工程项目风险管理研究发展与现状 ………………………………… 17
  - 1.4.1　工程项目风险管理理论方法的发展 ………………………… 17
  - 1.4.2　工程项目风险管理新研究领域的拓展 ……………………… 18
- 1.5　小结 …………………………………………………………………… 20

第2章　工程项目风险识别 …………………………………………… 21
- 2.1　风险的要素 …………………………………………………………… 21
  - 2.1.1　风险源与风险事件 …………………………………………… 21
  - 2.1.2　工程项目风险承担主体 ……………………………………… 23
- 2.2　风险因素识别 ………………………………………………………… 25

  2.2.1 风险因素识别过程 ………………………………………………… 25
  2.2.2 一般风险因素识别方法 ……………………………………………… 27
  2.2.3 工程项目目标风险影响因素识别 …………………………………… 35
 2.3 风险因素识别成果：风险清单 ……………………………………………… 40
  2.3.1 简略风险清单 ………………………………………………………… 40
  2.3.2 风险清单详细设计 …………………………………………………… 41
 2.4 小结 …………………………………………………………………………… 41

第3章 工程项目风险评估 …………………………………………………………… 43
 3.1 风险评估基本原理 …………………………………………………………… 43
  3.1.1 风险评估的内涵 ……………………………………………………… 43
  3.1.2 风险评估过程 ………………………………………………………… 43
  3.1.3 风险评估的内容 ……………………………………………………… 44
 3.2 单因素下风险事件发生可能性估计 ………………………………………… 45
  3.2.1 利用已有数据或理论概率分析风险因素或风险事件的概率
     分布 …………………………………………………………………… 45
  3.2.2 用主观概率分析风险事件发生的概率 ……………………………… 48
  3.2.3 综合推断法 …………………………………………………………… 50
 3.3 多因素下风险事件发生可能性估计 ………………………………………… 52
  3.3.1 多因素下风险事件发生可能性/概率模型 …………………………… 52
  3.3.2 基于MC方法的多因素下风险事件发生概率估计 ………………… 52
 3.4 风险事件发生后损失的估计 ………………………………………………… 68
  3.4.1 工程项目风险损失的标的 …………………………………………… 68
  3.4.2 进度/工期损失的估计 ………………………………………………… 69
  3.4.3 费用损失的估计 ……………………………………………………… 69
 3.5 风险事件等级划分 …………………………………………………………… 71
  3.5.1 等风险图法 …………………………………………………………… 71
  3.5.2 综合评估法 …………………………………………………………… 72
  3.5.3 案例分析 ……………………………………………………………… 72
 3.6 小结 …………………………………………………………………………… 74

第4章 工程项目风险应对与监控 …………………………………………………… 76
 4.1 工程项目风险常用应对策略 ………………………………………………… 76
  4.1.1 风险规避 ……………………………………………………………… 76
  4.1.2 风险转移 ……………………………………………………………… 79
  4.1.3 风险缓解 ……………………………………………………………… 82

		4.1.4 风险自留	84
		4.1.5 风险利用	86
		4.1.6 特殊风险转移方式：保险	89
	4.2	工程项目风险应对计划与策略选择	94
		4.2.1 风险应对计划	94
		4.2.2 风险应对策略选择	95
	4.3	工程项目风险监控	97
		4.3.1 风险监控的时机、依据和内容	97
		4.3.2 风险监视方法	98
		4.3.3 工程项目风险控制措施	104
	4.4	小结	105
第5章	工程项目风险偏好与风险决策		106
	5.1	风险偏好与效用	106
		5.1.1 风险偏好	106
		5.1.2 效用理论	107
	5.2	风险决策	111
		5.2.1 决策与风险决策	111
		5.2.2 风险决策准则	112
		5.2.3 基于效用理论的风险决策	112
	5.3	单目标风险决策	113
		5.3.1 单目标风险决策方法：决策树	113
		5.3.2 决策树方法的应用	113
	5.4	多目标风险决策	115
		5.4.1 将多目标问题转化为单目标问题的决策方法	115
		5.4.2 工程项目进度风险-费用协调决策方法	117
	5.5	小结	119
第6章	工程项目突发事件应急管理		120
	6.1	突发事件与应急管理	120
		6.1.1 突发事件	120
		6.1.2 应急管理	123
	6.2	应急预案	124
		6.2.1 工程项目应急预案制订过程	124
		6.2.2 工程项目应急预案的内容	124
		6.2.3 工程项目应急预案编制要点	125

6.3 应急预案框架分析 ………………………………………………… 126
  6.3.1 水利工程施工期度汛方案和安全应急预案 ……………… 126
  6.3.2 施工安全事故救援应急预案 ……………………………… 129
6.4 小结 ………………………………………………………………… 131

下篇　研　究　与　应　用

第 7 章　PPP 项目风险初始分配与再分配 …………………………… 135
7.1 PPP 项目风险及其分配 …………………………………………… 135
  7.1.1 PPP 项目 …………………………………………………… 135
  7.1.2 PPP 项目风险 ……………………………………………… 136
  7.1.3 PPP 项目合作主体的风险责任 …………………………… 137
  7.1.4 PPP 项目两类风险分配 …………………………………… 138
7.2 PPP 项目风险分配与再谈判相关研究 …………………………… 139
  7.2.1 风险分配原则研究 ………………………………………… 139
  7.2.2 风险分配方法研究 ………………………………………… 140
  7.2.3 项目再谈判触发因素相关研究 …………………………… 140
  7.2.4 项目再谈判机制和程序研究 ……………………………… 140
7.3 PPP 项目风险初始分配 …………………………………………… 141
  7.3.1 PPP 项目合同与两类风险 ………………………………… 141
  7.3.2 PPP 项目两类风险初始分配原则 ………………………… 142
  7.3.3 不同合作方式 PPP 项目风险初始分配方法 ……………… 143
7.4 PPP 项目风险再分配 ……………………………………………… 144
  7.4.1 PPP 项目风险再分配的特点 ……………………………… 144
  7.4.2 PPP 项目风险再分配应对策略 …………………………… 145
7.5 小结 ………………………………………………………………… 148

第 8 章　水利水电工程施工导流风险评估与决策 …………………… 150
8.1 水利水电工程施工导流风险评估 ………………………………… 150
  8.1.1 施工导流风险 ……………………………………………… 150
  8.1.2 施工导流风险因素识别 …………………………………… 151
  8.1.3 施工导流风险计算模型 …………………………………… 151
  8.1.4 施工导流风险计算方法 …………………………………… 153
8.2 水利水电工程施工导流方案及其决策特性 ……………………… 155
  8.2.1 施工导流方案 ……………………………………………… 155
  8.2.2 施工导流方案决策特性 …………………………………… 156

8.3 水利水电工程施工导流方案风险决策方法和过程 ················· 157
　　8.3.1 施工导流方案决策方法 ································· 157
　　8.3.2 施工导流方案决策过程 ································· 159
8.4 小结 ·· 162

第9章 国际工程项目风险分析 ·· 163
9.1 国际工程项目及其风险问题 ······································ 163
　　9.1.1 国际工程项目的发展 ····································· 163
　　9.1.2 中资企业国际工程项目面临风险现状 ······················· 164
　　9.1.3 国际工程项目风险的特殊性 ······························· 165
9.2 国际工程项目主要风险类型 ······································ 166
　　9.2.1 项目环境风险 ··· 166
　　9.2.2 项目自身特性风险 ······································· 171
　　9.2.3 项目利益相关方风险 ····································· 174
9.3 国际工程项目风险评估方法：风险矩阵分析法 ······················ 180
　　9.3.1 风险矩阵的建立 ··· 180
　　9.3.2 描述和评价风险单元 ····································· 181
　　9.3.3 区分同等级风险的方法：Borda序值法 ······················ 183
9.4 小结 ·· 187

第10章 重大工程社会稳定风险的形成与评估 ··························· 189
10.1 重大工程社会稳定风险及其特点 ································· 189
　　10.1.1 重大工程与社会稳定风险 ································ 189
　　10.1.2 社会稳定风险的分类 ···································· 190
　　10.1.3 社会稳定风险的特点 ···································· 190
10.2 重大工程社会稳定风险影响因素与形成机理 ······················· 191
　　10.2.1 社会稳定风险影响因素 ·································· 191
　　10.2.2 社会稳定风险形成机理相关研究 ·························· 193
　　10.2.3 基于社会燃烧理论的社会稳定风险形成机理分析 ············ 195
　　10.2.4 案例分析 ·· 197
10.3 重大工程"稳评"要求与方法 ··································· 201
　　10.3.1 "稳评"相关方 ·· 201
　　10.3.2 "稳评"要求 ·· 202
　　10.3.3 "稳评"方法 ·· 204
　　10.3.4 案例分析 ·· 205
10.4 小结 ··· 213

第 11 章　地铁工程施工安全风险分析与应对 …… 214
11.1　地铁工程施工安全风险与事故 …… 214
　11.1.1　地铁工程施工安全风险 …… 214
　11.1.2　地铁工程施工安全事故 …… 215
　11.1.3　地铁工程施工安全风险研究现状 …… 219
11.2　地铁工程施工安全风险分析 …… 221
　11.2.1　地铁工程施工安全风险因素 …… 221
　11.2.2　地铁工程施工安全事故致因机理 …… 225
　11.2.3　基于 ISM 的地铁施工安全风险因素作用机制 …… 226
11.3　地铁工程施工安全风险因素重要度评估与风险应对 …… 230
　11.3.1　地铁工程施工安全风险因素重要度评估 …… 230
　11.3.2　地铁工程施工安全风险应对 …… 234
11.4　小结 …… 237

第 12 章　施工进度风险评估方法 …… 239
12.1　施工进度风险及其影响因素 …… 239
　12.1.1　施工进度风险 …… 239
　12.1.2　施工进度风险因素 …… 239
12.2　施工进度风险评估的 PERT …… 240
　12.2.1　经典 PERT 基本假设 …… 240
　12.2.2　基于经典 PERT 的施工进度风险评估 …… 240
　12.2.3　基于经典 PERT 施工进度风险评估的改进 …… 242
12.3　施工进度风险评估的 MC 方法 …… 248
　12.3.1　PERT 的缺陷 …… 248
　12.3.2　MC 方法评估施工进度风险原理 …… 249
　12.3.3　MC 方法评估施工进度风险的步骤 …… 249
12.4　搭接施工网络计划风险评估 …… 250
　12.4.1　搭接网络计划的变形 …… 250
　12.4.2　施工搭接网络时序工序与风险估算 …… 252
12.5　小结 …… 252

参考文献 …… 254

上 篇
理论与方法

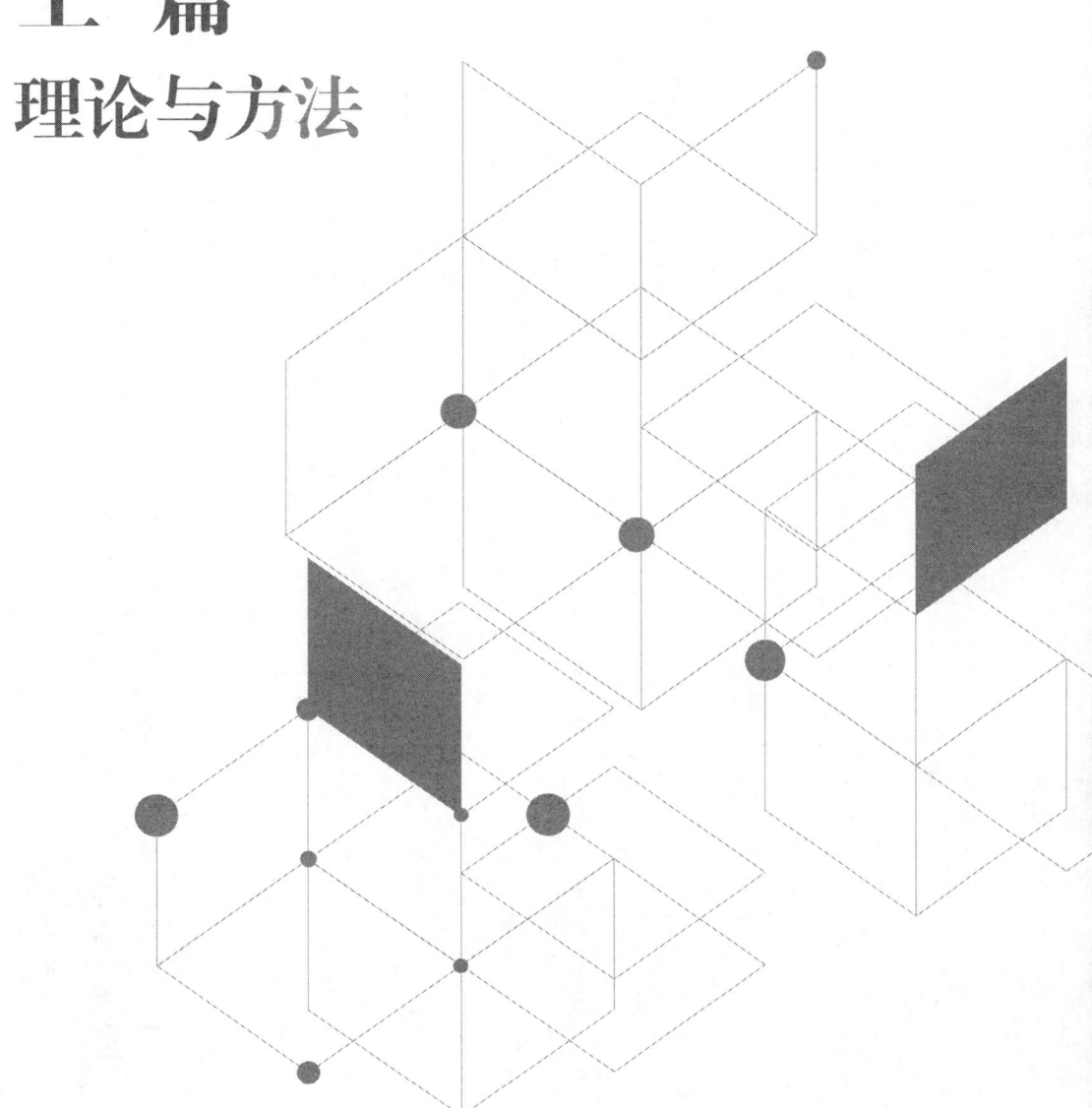

第1章 绪　　论

1.1 工　程　项　目

1.1.1 项目与工程项目

1.1.1.1 项目的内涵

现代社会生活中存在各种各样的项目（project），人们也可能从不同视角去观察项目。因此，截至目前对项目这一概念的认识并不统一。

（1）德国国家标准 DIN 69901 认为，项目是指在总体上符合下列条件的唯一任务（计划）：具有预定的目标；具有时间、财务、人力和其他限制条件；具有专门的组织。

（2）美国项目管理协会（Project Management Institute，PMI）在《项目管理知识体系指南》（*Project Management Body of Knowledge*）中认为，项目是为创造独特的产品、服务或成果而进行的临时性工作/任务。

（3）我国《质量管理——项目管理质量指南》（ISO 10006）将项目定义为，由一组有起止时间的、相互协调的受控活动所组成的特定过程，该过程要达到符合规定要求的目标，包括时间、成本和资源约束条件。

（4）Winch（1989）认为，项目是以合同为纽带的临时性多边组织（temporary multi‐organization）。

（5）Turner（2003）认为，项目是一个临时组织。为了实现有益的变革目标，它被赋予资源，从事一项独特、新颖和临时的活动来管理内在不确定和整合的需求。

不同组织或学者对项目的定义并不完全相同，这其中存在对不同类型项目定义的问题，也存在从不同视角对项目进行定义的问题。但下列基本点（可能是隐含的）是类似的：

（1）项目应有临时的组织或主体去实施。
（2）项目应具有预定的目标。
（3）项目的实施会受到某些条件制约。

1.1.1.2 项目的分类

为研究项目管理/治理的方便，人们从不同视角对项目进行分类：

（1）按项目应用技术或实施过程，常将项目分为新产品研发项目、IT项目、土木工程项目等。

（2）按项目投资主体，常将项目分为政府投资项目、企业投资项目等。

（3）按项目参与主体，一些学者将项目分为Ⅰ型项目和Ⅱ型项目两类。Ⅰ型项目处于企业之外、市场之中，项目的发起者是项目实施企业外部实体——客户；建设工程项目为典型的Ⅰ型项目；Ⅱ型项目处于企业组织之中，项目的发起者即为企业经营者（Kaixun，2016），企业研发新产品项目为典型的Ⅱ型项目。Ⅱ型项目为企业内部的临时性组织，Ⅰ型项目为以合同为纽带的企业之间的临时性多边组织，在新制度经济学视角下，它们之间存在着较大的差异。

1.1.1.3 工程项目内涵

工程项目是项目中的一类，是指为满足经济社会发展需要，而建造"人工自然"（或某一方面，或某一部分）所展开的一次性活动。

这种经济社会发展的需要包括：满足交通运输的需要（一般修建路桥、航道等），满足改善人们住房和办公条件的需要（一般修建住宅楼、办公楼），利用水能并满足提升河道防洪能力的需要（修建水库、大坝等），等等。

"人工自然"是指修建工程建筑后改变了原有自然环境，不论是修建路桥、电站，还是修建水坝，这种对原有自然环境的改变总是存在的。实施工程项目，除产生有利于经济社会发展的功能和作用外，一般对原有自然环境的改变也可能对经济社会发展产生不利的影响。这是建设工程项目需要经过可行性研究或可行性论证的问题之一。"人工自然"的某一方面，可能是工程的设计，也可能是工程的施工等；"人工自然"某一部分，即"人工自然"的某一组成部分。

一次性是指每个工程项目（或某一部分）均有它们的开始和结束，当工程项目的目的已经达到，或者已经清楚地看到该目的不会或不可能达到时，或者该工程项目的必要性已不复存在并已终止时，该工程项目即达到了它的终点。一次性是指工程项目实施过程的一次性，但并不意味着时间短，大型工程项目一般要实施多年；一次性也并不意味着工程项目实施的结果是临时的，刚好相反，实施工程项目所得的成果一般要运行或使用几十年，甚至超过百年。如北京的人民大会堂等地标建筑，以及已经使用了约60年的武汉长江大桥，目前还健康运行，估计再继续运行几十年都没有问题。

1.1.2 工程项目的特殊性与系统性

1.1.2.1 工程项目的特殊性

工程项目实施与制造业企业生产过程不同，与其他项目相比，在整体性、目的性、一次性和被限制性等方面有相同之处，但其特殊性还是十分明显，主要表现为工程实体的特殊性和工程项目实施过程的特殊性两个方面。

(1) 工程项目实体的特殊性主要表现为：①工程项目实体体形庞大；②工程项目实体在空间上的固定性；③工程项目实体的单件性。

(2) 工程项目实施过程的特殊性主要表现为：①建设周期长；②建设过程的连续性和协作性；③建设过程的流动性；④受建设环境影响大；⑤工程项目的建设/生产过程与交易过程相交织。

1.1.2.2 工程项目的系统性

系统性，也称为整体性，在管理视角下，它要求以系统或整体目标的优化为出发点，协调系统中各子系统的相互关系，使系统完整、平衡，以实现系统效能或收益最大化，或消耗/成本最小化。工程项目系统性包括以下内容：

(1) 工程项目成果的系统性。工程项目成果，即工程项目经实施，最后形成的工程实体，如一座大桥、一座水电站或一幢大楼，为了实现既定的功能目标，十分强调系统性。

(2) 工程项目目标的系统性。工程项目目标包括工程产品的基本目标和工程实施过程的控制目标。其中，工程产品的基本目标有：工程进度/工期、工程投资/成本、工程质量；实施过程的控制目标有：施工安全和施工现场环境。工程进度、投资、质量目标相互联系，安全和现场环境问题在项目施工中无处不在。

(3) 工程项目实施过程的系统性。包括：①工程建设过程宏观层面的系统性，工程建设一般要经历规划（可行性研究）、设计、施工这样一个过程，这是被实践证明的工程建设的规律；②工程建设过程微观层面的系统性，不论什么工程总是先基础，后上部结构，从下而上，不可能产生空中楼阁；先外部结构，后设备安装和内部装饰装修。此外，工程施工要满足施工工艺的要求，如混凝土工程施工，一般是先混凝土相关物料准备、模板架设，然后是混凝土拌和、运输、入仓浇筑，最后是养护等施工活动。

1.2 工程项目风险

1.2.1 风险

古人云："天有不测风云"。这句话中虽没有提及"风险"两字，但其意味着，人们可能会面临灾祸。这正是对世界事物不确定性和风险性的一定程度的认识，提醒着人们要有风险意识。

1.2.1.1 风险的内涵

风险是一外来语，其源于法文的 rispué，在 17 世纪中叶被引入到英文，拼写成 risk。其最早出现在保险交易中。

许多学者试图用简明扼要的语言对风险的含义做出描述。

（1）Crane（1984）称风险是未来损失的不确定。

（2）William 等（1985）将风险定义为：给定情况下的可能结果的差异性。

（3）卢有杰等（1998）认为，风险就是活动或事件消极的、人们不希望的后果发生的潜在可能性。

（4）黄华明（2002）认为，风险是在特定的客观情况下，在特定的期间内，某种损失发生的可能性。

上述各种对风险的不同描述，其核心可以概括为下列两个方面：

（1）风险是活动或事件发生的潜在可能性。

（2）风险引发的是一种消极的不良后果。

常言道："风险无处不在，风险无时不有""风险会带来灾难，风险与机会并存"，其十分明确地指出了风险的客观性和存在的普遍性。同时，也揭示了风险是灾难性的，但事物要生存和发展，必须面对失败的威胁，不冒任何风险而取得成功的好事是不存在的。

风险的客观性和存在的普遍性，以及风险对人们的威胁，引起了许多专家学者对其深入研究的兴趣，促进了风险管理学科的发展。

1.2.1.2 风险产生的原因

风险是活动或事件发生并产生不良后果的可能性。显然其主要是由不确定活动或事件造成的。而活动或事件的确定或不确定是由信息的完备与否决定的，即风险是由于人们无法充分认识客观事物及其未来的发展变化而引起的。因此，引起风险的原因，主要取决于下列三个方面：

（1）人们认识客观事物的能力有局限性。虽然随着科学技术的发展，人们认识世界的能力在不断提高。然而，世界上的任何事物均有其属性，对这些属性，人们首先是用各种数据或信息来描述；其次是通过对这些数据或信息的分析处理，去了解和认识事物，并预测事物未来的发展和变化。但人们认识事物在深度和广度上均有局限性，使得这种描述和分析处理能力均是有限的，而客观事物的发展变化是无限的，这就导致人们对事物认识的信息不完备现象的发生。工程项目可视为客观事物的集合体。因此，人们对工程项目的认识不可避免地存在信息上不完备的问题，从而造成人们对工程项目建设的环境缺乏客观认识，对工程项目的实施过程缺乏符合实际的预见，这是导致工程项目出现风险的重要原因。如对工程地基，人们常是通过局部的勘探，就将其获得的资料数据作为设计的依据。这是工程设计中信息不完备的一个典型例子。当然，事实上也只能这样做，因为由于条件的限制，无法使信息完备，或者是得到完备信息的代价太高，不可能实施。因此，在地质情况较复杂的地方，工程项目建设在地基处理方面就有较大的风险。

（2）客观世界是在发生变化的。人们无法充分认识客观世界，一方面是人的能力有限；另一方面是客观世界也是在不断发展变化的。如在水利水电工程建设的水文分析中，人们经常用历史上几十年以来的水文资料去预测未来的水文状态，从理论上讲，这总是存在风险的。因为客观世界在不断地发展变化着，水文历史系列资料再长，也不可能精确预测未来某一年的水文状态。

（3）信息的不完备性或滞后性。从信息科学理论出发，信息的不完备性是绝对的，而完备性是相对的，这主要在于反映客观世界的信息具有滞后性。因为，人们对客观事物的属性是用数据和信息去描述的，而这种描述仅当事物发生或形成之后才能进行，况且做这种客观的描述也需要时间才能完成。因此，这种数据或信息的形成总是滞后于事物的形成或发展，这样就导致了信息出现滞后现象。从这个意义上说，完全确定的事物是不存在的，对于工程项目更是如此。

1.2.2 工程项目风险及其特性

1.2.2.1 工程项目风险内涵

工程项目风险（project risk），是指工程项目在设计、施工和竣工验收等各个阶段可能遭到的风险，可将其定义为：在工程项目目标规定的条件下，该目标无法实现的可能性。为了把工程项目风险作为风险管理的数量化界限，就有必要引进下列两个基本概念。

（1）工程项目风险率（risk probability）。按照工程项目风险的定义，其风险率就是在工程项目目标规定的条件下，该目标不能实现的概率，用 P_r 表示。

$$P_r = P(X < X_0) \tag{1.1}$$

式中：X 为随机量；X_0 为工程项目目标的计划值或规定值。

（2）工程项目风险量 R（risk quantification）。R 是衡量工程项目风险性大小的一个参数，可将其定义为：

$$R = f(P_r, q) \tag{1.2}$$

式中：q 为风险事件发生对项目的影响程度，即潜在损失值（risk event value）。

1.2.2.2 工程项目风险特性

（1）工程项目风险的客观性和必然性。无论是自然界的风暴、洪灾、地震，还是现实社会生活中的矛盾、冲突，甚至战争及一些意外事故，都是不以人的意志为转移的客观存在。随着人们认识世界水平的提高和对风险事件的长期观察，对风险规律性的认识也在不断提高，这为科学管理工程项目风险创造了条件。

（2）工程项目风险的不确定性。风险活动或事件的发生及其后果都具有不确定性，表现在：风险事件是否发生、何时发生、发生之后会造成什么样的后果等均是不确定的。但人们可以根据历史数据和经验，对工程项目发生的可能性和损失的严重程度做出一定程度上的分析和预测。

（3）工程项目风险的可变性。在一定条件下任何事物总是会发展变化的，风险活动或事件也不例外。当引起风险的因素发生变化时，必然会导致风险的变化。风险的可变性集中表现在：①风险性质的变化；②风险后果的变化；③出现了新的风险或风险因素已经消除。

（4）工程项目风险的相对性。这表现在：①风险承担主体是相对的。风险总是相对于事件的主体而言的，同样的不确定事件对不同的主体有不同的影响。如工程合同的某些缺陷，可能为承包人索赔创造了条件。这对工程项目业主而言是一种风险，但对承包人而言是一个机会。②风险大小是相对的。人们对于风险活动或事件都有一定的承受能力，但是这种能力因活动、人和时间而异。如某一房产开发项目遇到了销路不畅的风险，对于具有多个房地产项目的大公司而言，可能还有几个做得较成功的项目，因此影响不大；但对仅有这1～2个项目的小公司来说，则可能会导致其破产。

（5）工程项目风险的阶段性。风险的阶段性是指风险的发展是分阶段的，通常认为包括三个阶段：

1) 潜在风险阶段。其是指风险正在酝酿之中，但尚未发生的阶段。该阶段是没有损失的，但是潜在风险可以逐步发展变化，最终进入风险发生阶段。

2) 风险发生阶段。其是指风险已变成现实，事件正在发展的阶段。此时风险正在发生，但其后果还没有形成。若不正确应对，风险就会造成后果。这一阶段一般认为持续时间较短。

3) 造成后果阶段。其是指已经造成了人身、财产或其他损失或伤害的阶段。通常这一后果的产生是无法挽回的，只能设法减少损失或伤害的程度。

1.2.3 风险与工程项目风险分类

1.2.3.1 常见风险分类

为方便研究风险管理，人们经常对社会生产和生活中遇见的风险进行分类。从不同角度或根据不同标准，可将风险分成不同的类型，见表1.1。

表1.1 风 险 分 类

分类方法或依据	风险类型	特 点
按风险性质分类	纯粹风险（pure risk）	只会造成损失，而不会带来机会或收益
	投机风险（speculative risk）	可能带来机会，获得利益；但又可能隐含威胁，造成损失

续表

分类方法或依据	风险类型	特点
按风险来源分类	自然风险（natural risk）	由于自然力作用，造成财产毁损或人员伤亡
	人为风险（personal risk）	由于人的活动而带来的风险是人为风险。人为风险又可以分为行为风险、经济风险、技术风险、政治风险和组织风险等
按风险事件主体的承受能力分类	可接受风险（acceptable risk）	低于一定限度的风险
	不可接受风险（unacceptable risk）	超过所能承担的最大损失或与目标偏差巨大的风险
按风险对象分类	财产风险（property risk）	财产所遭受的损害、破坏或贬值的风险
	人身风险（life risk）	疾病、伤残、死亡所引起的风险
	责任风险（liability risk）	法人或自然人的行为违背了法律、合同或道义上的规定，给他人造成财产损失或人身伤害
按技术因素分类	技术风险（technology risk）	技术原因引起的风险，属人为风险
	非技术风险（non-technology risk）	非技术原因引起的风险

1.2.3.2 工程项目风险分类

从工程项目风险管理需要出发，可将工程项目风险分为工程项目外风险和工程项目内风险。

（1）工程项目外风险。由工程项目建设环境（或条件）的不确定性而引起的风险，包括：

1）政治风险（political risk）。这类风险由下列因素引起：①政府或主管部门对工程项目干预太多，指挥不当；②工程建设体制、工程建设政策法规发生变化或不合理；③在国际工程中，引起政治风险的原因较多，如国家间的关系发生变化等。

2）自然风险（natural risk）。其引起的原因通常有：①恶劣的气象条件（climate condition），如严寒无法施工，台风、暴雨都会给施工带来困难或损失；②恶劣的现场条件（site condition），如施工用水用电供应的不稳定性，工程的不利地质条件，又如洪水、泥石流等；③不利的地理位置（location），如工程地点十分偏僻，交通十分不利等；④地震（earthquake）。

3）经济风险（economic risk）。其产生的原因一般有：①宏观经济形势不利，如整个国家的经济发展不景气；②投资环境（investment environment）

差，工程投资环境包括硬环境（如交通、电力供应、通信等条件）和软环境（如地方政府对工程开发建设的态度等）；③原材料价格（cost of raw materials）不正常上涨，如建筑钢材价格不断攀升；④通货膨胀（currency inflation）幅度过大，税收（taxation）提高过多；⑤投资回报期（investment recovery period）长，属长线工程，预期投资回报难以实现；⑥资金筹措困难等。

（2）工程项目内风险。按技术因素对工程项目风险的影响，可将工程项目风险分为技术风险和非技术风险。

1）技术风险，或称技术类风险。工程项目技术风险是指技术条件的不确定而引起可能的损失或工程项目目标不能实现的可能性。主要表现在工程方案选择、工程设计、工程施工等过程中，在技术标准的选择、分析计算模型的采用、安全系数的确定等问题上出现偏差而形成的风险。事实上，技术类风险包括众多具体直接影响原因/因素。表1.2作为示例，给出了与技术风险因素相对应的风险事件。工程项目的技术风险一直受到广泛的重视，许多工程技术人员也在不断研究，试图找到经济和安全的统一，但两者经常是相矛盾的。在一些工程上，工程技术人员可能是片面强调工程优化，即工程的经济性，而给工程项目可靠性或工程的实施带来较大的风险。如某大桥工程，设计人员一味追求优化的效果，而忽视工程施工的差异性，结果在施工的桥面将要对接合成前，桥面上就出现了裂缝，造成了较大的经济损失。在另一些工程上，工程技术人员可能会片面强调可靠性，而忽略了经济性。科学的工程项目管理理念是追求可靠性与经济性或风险性与经济性的统一。

表1.2   技术风险事件示例表

项目实施过程	引发项目风险的直接因素
可行性研究	基础数据不完整、不可靠；分析模型不合理；预测结果不准等
设计过程	设计内容不全；设计存在缺陷、错误和遗漏；规范、标准选择不当；安全系数选择不合理；有关地质的数据不足或不可靠；未考虑施工的可能性
施工过程	施工工艺落后；不合理的施工技术和方案，施工安全措施不当；应用新技术、新方法失败；未考虑施工现场的实际情况
其他因素	工艺设计未达到要求、工艺流程不合理、工程质量检验和工程验收未达到规定要求等

2）非技术风险。工程项目非技术风险是指计划、组织、管理、协调等非技术条件的不确定而引起工程项目目标不能实现的可能性。表1.3给出了非技术风险事件示例。

表 1.3　　　　　　　　　　非技术风险事件示例表

项目管理过程	引发项目风险的直接因素
项目组织管理	缺乏项目管理能力；组织不适当，关键岗位人员经常更换；项目目标不适当，加之控制不力；不适当的项目规划或安排；缺乏项目管理协调
进度计划	管理不力造成工期滞后；进度调整规则不适当；劳动力缺乏或劳动生产率低下，材料供应跟不上；设计图纸供应滞后；施工场地太小或交通路线不满足要求
成本控制	工期的延误；不适当的工程变更；不适当的工程支付；承包人索赔；预算偏低；管理缺乏经验；不适当的采购策略；项目外部条件发生变化
其他因素	施工干扰；资金短缺；无偿债能力

1.2.4　工程项目风险成本

工程项目风险成本一般是指风险活动或事件引起的损失或减少的收益，以及为防止风险活动或事件发生而采取预防措施而支付的费用。风险成本包括有形成本、无形成本及风险管理成本。

1.2.4.1　风险有形成本

工程项目风险有形成本包括风险活动或事件造成的直接损失和间接损失。

（1）直接损失，指发生在风险活动中或事件现场财产损失或人员伤亡的价值。

（2）间接损失，指发生在风险事件现场以外的损失以及造成收益的减少。

1.2.4.2　风险无形成本

风险无形成本也称隐形成本，它是指风险活动或事件发生前后，而使风险承担主体付出的代价。表现如下：

（1）减少了获利的机会。

（2）阻碍了生产率的提高。

（3）引起资源配置的不合理。

（4）影响了人的积极性，或引起了人的恐惧心理。

1.2.4.3　风险管理成本

工程项目风险管理成本包括工程项目风险识别、风险分析、风险预防和风险控制等发生的成本。如向保险公司投保、向有关方面咨询、购买必要的预防或减损设备、对有关人员进行必要的教育培训等。一般而言，仅当工程项目风险活动或事件引起的不利后果超过工程项目风险管理付出的成本时，才有必要进行风险管理。

1.2.5 工程项目风险与项目决策

不论工程项目的发包人还是承包人，在工程项目的活动中，其试图获得利润或赢得发展的机会，或在选择工程项目的优化方案的同时，某种项目风险也可能在悄悄地出现，即工程项目决策总是伴随着风险。因此，在确定工程设计方案、选择工程结构安全系数、选择投标项目、做投标报价、决定施工方案和工程措施、制定工程进度计划、选择工程质量标准等的过程中，项目决策者必须对下列问题进行认真思索，并做出回答。

(1) 有风险吗？
(2) 能得到什么？又可能会失去什么？
(3) 成功和失败的机会各是多少？
(4) 若结果不满意，如何处理？
(5) 潜在的回报能超过风险的后果吗？

同时，项目决策者对下列问题也要做出分析。

(1) 潜在损失发生的概率。
(2) 损失的严重性。
(3) 有效信息的数量和可信度。
(4) 风险管理的难易程度等。

1.3 工程项目风险管理

1.3.1 风险管理的内涵

截至目前，风险管理还没有统一的定义，以下是几位学者的见解。

(1) Williams 等 (1985) 认为，风险管理是通过对风险的识别、计量和控制，而以最少的成本使风险造成的损失达到最低程度的管理方法。

(2) 卢有杰等 (1998) 将项目风险管理描述为，项目管理班子通过风险识别、风险估计和风险评价，并以此为基础合理地使用多种管理方法、技术和手段对项目活动涉及的风险实行有效的控制，采取主动行动，创造条件，尽量扩大风险事件的有利结果，妥善地处理风险事件造成的不利后果，以最少的成本保证安全、可靠地实现项目的总目标。

(3) 林义 (2016) 认为，风险管理是指各经济单位通过识别风险、分析风险，并在此基础上有效控制风险，用经济合理的方法来综合处置风险，以实现最大安全保障的科学管理方法。

综合上述对风险管理的描述可以认为，工程项目风险管理是工程项目管理

班子通过对风险的识别、评估分析、应对和监控,是以最小代价、在最大程度上实现项目目标的科学和艺术。这一定义包含3个要点:

(1) 工程项目风险管理的主体是其管理班子。

(2) 工程项目风险管理的核心是对风险进行识别、评估、应对和监控。

(3) 工程项目风险管理的目标是用最低成本实现工程项目目标。

1.3.2 工程项目风险管理及其主要内容

1.3.2.1 工程项目风险管理的内涵

工程项目风险管理是众多风险管理中的一种,是工程项目的主体用最低成本实现工程项目目标而开展的管理活动。

1.3.2.2 工程项目风险管理主要内容

风险的识别、估计、评价、应对和监控是工程项目风险管理的重要内容。

(1) 风险识别。它是风险管理的第一步,是对工程项目所面临的和潜在的风险加以分析、判断、归类的过程。工程项目周围存在的风险是各种各样的,包括项目外部的和内部的、技术的和非技术的。这些风险存在于什么地方?发生的条件是什么?发生的可能性有多大?发生后的损失又是如何?这些在风险识别中均应有初步的分析和判断。

(2) 风险估计。它是在风险识别的基础上,通过对所收集的大量资料的分析,利用概率统计理论,估计和预测风险发生的可能性和相应损失的大小。风险估计是对风险的定量化分析,可为风险管理者进行风险决策、管理技术选择提供可靠的数据。

(3) 风险评价。它是在风险识别和风险估计的基础上,对风险发生的概率、损失程度和其他因素进行综合考虑,得到描述风险的综合指标——风险量,并与公认(或经验)的风险(安全)指标相比较,得到是否要采取控制措施的结论。

(4) 风险应对。它就是在风险发生时实施风险管理计划中的预定措施。风险应对措施包括两类:一类是在风险发生前,针对风险因素采取控制措施,以消除或减轻风险。其具体措施包括:规避、缓解、分散、抑制和利用等。另一类是在风险发生前,通过财务安排来减轻风险对项目目标实现程度的影响。其具体措施有:自留、转移等。

(5) 风险监控。它跟踪已识别的风险,监视残余风险和识别新的风险,保证计划执行,并评估这些计划对降低风险的有效性。

1.3.3 工程项目风险管理的重点

工程项目风险管理贯穿在工程项目的整个寿命期,而且是一个连续不断的过程，但也有其重点。

1.3.3.1 工程项目风险管理的重要时间节点

从时间上看，下列时间工程项目风险要特别引起关注。

（1）工程项目进展过程中出现未曾预料的新情况时。

（2）工程项目有一些特别的目标必须实现时，例如水电工程中的截流时间节点。

（3）工程项目进展出现转折点，或提出变更时。

1.3.3.2 工程项目风险管理的重要对象

项目无论大与小、简单与复杂，均可对其进行风险分析和风险管理，但对下面一些类型的工程项目或工程项目的活动，特别应该进行风险分析和风险控制：

（1）创新或使用新技术、新工艺的工程项目。

（2）投资规模大的工程项目。

（3）实行边可行性研究、边设计、边施工的工程项目。

（4）对生产经营影响特别大的工程项目。

（5）涉及敏感问题（生态环境、社会稳定问题）的工程项目。

（6）受到法律、法规、安全等方面严格要求的工程项目。

（7）具有重要政治、经济和社会意义，以及财务影响很大的工程项目。

（8）签署不平等协议（法律、保险或合同）的工程项目。

1.3.3.3 工程项目风险管理的重要环节

对于工程建设项目，在下述阶段进行风险分析和风险控制可以获得特别好的效果。

（1）工程项目可行性研究阶段。这一阶段工程项目变动的灵活性最大。这时若做出减少工程项目风险的变化，不仅风险管理成本低、代价小，而且有助于选择工程项目的最佳方案。

（2）工程项目设计阶段。工程项目设计的任务是要确定具体的工程方案，如具体的结构形式和布置，并进行工程优化。在这一阶段，进行风险分析，在实现工程优化的同时，还能保证工程的安全性和可靠性。

（3）工程项目招标投标阶段。业主对工程项目的分标进行风险分析，可减少招标的风险。承包商可以通过风险分析明确承包中的所有风险，有助于确定应付风险的预备费数额，或者核查自己受到风险威胁的程度。

（4）工程项目招标后。这时，项目业主通过风险分析可以查明承包商是否已经认识到项目可能会遇到的风险，是否能够按照合同要求如期完成项目。

（5）工程项目实施期间。定期做工程项目风险分析、切实地进行风险管理可增加项目按照预算和进度计划完成的可能性。

1.3.4 工程项目合同与风险分配

工程项目实施过程中顶层主体是项目法人/建设单位,但在工程项目实行施工承包以及委托设计或监理的情况下,工程项目风险并不是全部由业主来承担,而是借助于设计、施工或工程监理合同,对可能出现的风险在合同当事人之间进行分配。特别地,在工程承发包中,选择什么类型的合同,对项目风险的分配有直接影响。

1.3.4.1 工程项目合同类型与风险分配

工程项目合同可分为工程承包合同、工程咨询合同和采购合同等。其中,工程承包合同,按合同范围可分为总包合同、分包合同等;按计价方式可分为单价合同、总价合同等。不同类型的合同,发包人与工程承包方或工程咨询方对合同风险的分担是有差别的。图 1.1 定性地描述了常见工程建设合同中各方承担风险的情况。

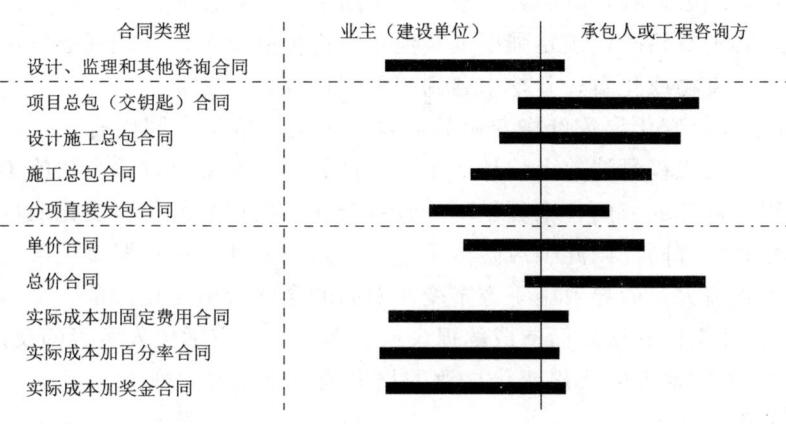

图 1.1 不同类型合同风险承担情况

1.3.4.2 工程项目施工合同风险分配原则

在工程施工合同中,风险分配一般应遵循以下 3 条原则。

(1) 风险分配应能有利于降低工程造价和有利于履行合同。

(2) 合同双方中,谁能更有效地防止和控制某种风险或减少该风险引起的损失,就由谁承担该风险。

(3) 风险分配应能有助于调动承担方的积极性,认真做好风险管理工作,从而降低成本,节约投资。

从上述原则出发,施工承包合同中的风险分配通常是双方各自承担自己责任范围内的风险,对于双方均无法控制的自然和社会因素引起的风险则由业主承担。因为承包人很难将这些风险预先估入合同价格中,若由承包人承担这些风险,则承包人势必只能将风险在投标报价中体现,即提高其投标报价。因此,在这种情况下,当风险不发生时,相对而言会增加业主/项目法人的工程造价;当然,当风险估计不足时,则会造成承包人亏损,且难以保证工程的顺利进行。

1.3.4.3 工程项目施工合同中的风险分配

(1) 发包人承担的风险。在施工合同中,一般要求发包人承担下列风险:

1) 不可抗力的社会或自然因素造成的损失和损坏。前者如战争、暴乱、罢工等;后者如洪水、地震、飓风等。但工程所在国以外的战争、承包人自身工人的动乱以及承包人延误履行合同后发生的情况等除外。

2) 不可预见的施工现场条件变化引起的损失或损坏。这是指施工过程中出现了招标文件中未提及的不利的现场条件,或招标文件中虽提及,但与实际出现的情况差别很大,且这些情况在招、投标时又是很难预见到的,由此而造成的损失或损坏。在实际工程中,地下工程出现这类问题的情况最多,如土方开挖现场出现了岩石,其高程与招标文件所述的高程差别很大;设计指定了土石料场,其土石料不能满足强度或其他技术指标的要求;开挖现场发现了古代建筑遗迹、文物或化石;开挖中遇到有毒气体等。

3) 工程量变化导致价格变化的风险。这是对单价合同而言,因单价合同的合同价是按工程量清单上估计的工程量计算的,而支付款项是按施工实际发生的工程量计算的,两种工程量不一致就会导致出现合同价格变化的风险。若采用的是总价合同,则此项风险由承包人承担。另外一种情况是当某项作业的工程量变化甚大,而导致施工方案变化引起的合同价格变化。

4) 设计文件有缺陷而造成的损失或成本增加,由承包人负责的设计除外。

5) 国家或地方的法规变化导致的损失或成本增加,承包人延误履行合同后发生的除外。

(2) 承包人承担的风险。在工程施工合同中,一般应由承包人承担的风险如下。

1) 投标文件的缺陷,指由于对招标文件的错误理解,或者勘察现场时的疏忽,或者投标中的漏项等造成投标文件有缺陷而引起的损失或成本增加。

2) 对发包人提供的水文、气象、地质等原始资料分析或运用不当而造成的损失和损坏。

3) 施工措施失误、技术不当、管理不善、控制不严等造成施工中的一切损失和损坏。

4) 分包人工作失误造成的损失和损坏。

(3) 风险责任转移。合同工程通过完工验收并交给发包人后,原由承包人承担的风险责任同时转移给业主(在保修期发生的在保修期前因承包人原因造成的损失和损坏除外)。

(4) 不可抗力解除合同。合同签订后发生业主和承包人均不能预见、不可抗力的社会或自然因素造成损失和损坏的风险,并给工程造成了巨大损失和严重损坏,使双方或任何一方无法继续履行合同时,经双方协商后可解除合同。

1.4 工程项目风险管理研究发展与现状

风险这一名词源于法文,后再引入英文和中文。风险管理的思想首先也是由法国人引进企业经营领域。1950 年,Mowbray 等在 *Insurance* 一书中,较为系统地阐述了风险管理的概念。第二次世界大战以后,科学管理方法大量出现,逐渐形成了管理科学体系,并被广泛应用于生产和管理实践,如系统论、控制论、组织论、预测技术、数理统计理论等均已发展成熟,在生产管理实践中取得了很大成功,产生了巨大效益。20 世纪 50 年代末出现的网络计划技术,应用于项目管理后取得了理想效果,标志着项目管理理论的成型。此后,项目管理与风险管理结合,形成项目风险管理,并应用于工程项目风险管理。1964 年,我国著名数学家华罗庚教授亲率团队到工程建设一线推广关键线路法(Critical Path Method,CPM)和计划评审技术(Program Evaluation and Review Techniques,PERT),并提炼出了统筹法。其中,PERT 较早地应用于工程项目进度风险分析之中。此后工程项目风险管理研究朝着两个维度发展,一是围绕理论研究的深入方向发展;二是围绕项目面临新研究领域的方向展开。

1.4.1 工程项目风险管理理论方法的发展

现代数学和计算机技术的飞速发展,为工程项目风险管理方法的发展提供了极大的支持,促进了风险管理理论研究的深入和应用的普及。

(1) 工程项目风险管理方法众多,应用于工程项目管理的各阶段。1992年,英国里丁大学(University of Reading)教授 Simister 就风险管理技术及其应用情况,对英国项目管理者协会的 37 名会员单位作了调查,发现经常被应用的方法有核查表法、蒙特卡罗方法(Monte Carlo,MC)、敏感性方法、PERT、决策树等。进入 21 世纪后,随着工程项目风险管理范围的扩大,工程项目风险管理研究进一步向多学科交叉的方向发展,在数学、系统科学、经济学、行为科学等的基础上,更多的方法在研究和实践中得到应用,如德尔菲法(Delphi Method)、流程图法(Flow - Chart Method)、事故树分析法(Fault Tree Analysis,FTA)、层次分析法(Analytic Hierarchy Process,AHP)、社会网络分析法(Social Network Analysis,SNA)、系统动力学法

(System Dynamics，SD)，以及神经网络和实物期权等。

(2) 计算机技术的发展为风险管理理论和方法的发展提供了有力的支持。对于许多传统风险管理方法，目前均有相应的计算机软件，并实现软件的商品化。这使得这些方法在工程上的广泛应用成为可能。如蒙特卡罗方法，在20世纪50年代就出现了，其是一种在计算机上做试验，即模拟仿真的方法。在20年前其应用还受到限制，关键是计算机计算速度还不是足够快，分析计算时间较长或计算精度不足。在计算机技术充分发展、计算速度不断提高的今天，这种方法的广泛应用成为可能。

(3) 风险管理理论研究在不断发展。随着时间的推移，对工程项目风险管理理论的研究也不断深入。如蒙特卡罗方法等一些传统的风险管理技术在应用上具有某些前提条件，包括要求风险影响因素具有独立性等，这大大影响了这些方法的应用。又如，考虑同时应对两个及以上风险事件或风险事件间存在相关性等情况，如何选择风险应对策略。针对这些问题相关研究在深入发展。如，刘俊艳等（2011）针对工程活动会受多个风险因素影响的情境，利用贝叶斯网络验证，当多个风险因素同时发生变化时，对活动进度产生的影响为非叠加性的影响。张尧等（2014）在研究单一风险情形的项目风险应对策略选择方法的基础上，构建了考虑两个风险情形的项目风险应对策略选择的优化模型，并通过求解模型给出应对风险的最优选择策略。关欣等（2017）提出解决考虑风险关联的项目风险应对策略选择问题的优化方法。这些研究均在解决工程实践中出现的各种复杂问题中发挥作用。

1.4.2 工程项目风险管理新研究领域的拓展

进入21世纪，伴随着改革开放和经济社会的发展，我国基础设施工程项目得以快速发展，不论是规模，还是数量均走在世界前列。此外，这种发展不仅在国内，而且走出国门迅猛发展，并伴随着一些新型项目交易模式［如 PPP (Public Private Partnership) 等项目融资模式和 IPD (Integrated Project Delivery) 等项目交付模式］和新兴技术［如 BIM (Building Information Modeling)］的探索应用，也出现了"新基建"项目等新的项目类型。相应地，工程项目风险管理的研究领域不断拓展，围绕着国际工程、重大工程、智慧城市、城市更新、EPC (Engineering Procurement Construction) 项目和 PPP 项目等新领域的风险管理研究广泛展开，形成工程项目风险管理的新热点。以下对国际工程风险管理、重大工程社会稳定风险管理和 PPP 项目的风险分配相关研究进行简要分析。

1.4.2.1 国际工程风险管理研究

国际工程包括国际工程承包和海外工程投资两类。21世纪初，我国实施

"走出去"战略，即打开国门，到海外承包工程。实践表明，对企业而言，与国内承包工程相比，海外承包工程往往会遇到更多的风险，包括政治风险、汇率波动风险、法律风险、技术标准风险、沟通风险、社会习俗风险等，与此相关的研究十分丰富（雷胜强，2012）。随着我国综合国力的提升、工程企业的发展壮大，以及"一带一路"倡议的推进，我国企业海外投资工程逐渐增多。对这一类国际工程，投资方所面临的风险更大，最典型的案例之一是我国水电企业投资的缅甸密松水电站工程。该工程总投资36亿美元，于2009年12月21日开工，并由中国水电集团下属的几个工程局实施。2011年9月30日，时任缅甸总统宣布在该届政府任期内搁置密松水电站实施，估计损失20余亿美元（贾秀飞等，2015）。类似风险事件的发生，引发了学术界的广泛关注，相关研究逐渐丰富起来。

2013年9月和10月，我国政府提出建设"一带一路"（即"新丝绸之路经济带"和"21世纪海上丝绸之路"）的合作倡议。这意味着，未来一定时期内海外投资工程将持续增加。近几年，海外投资风险管理相关研究成为工程项目管理领域的研究热点之一。如：雷胜强（2012）系统分析了国际工程风险管理与保险问题，贾秀飞等（2015）专门研究了海外投资水电项目的政治风险。

1.4.2.2 重大工程社会稳定风险管理研究

重大工程规模大，对社会影响大，部分交通、水利领域的重大工程还跨多个县级以上行政区划。在重大工程建设和营运过程中，在促进经济社会发展的同时，也可能会带来一些负面影响，如导致社会冲突、危及社会稳定和社会秩序，即存在社会稳定风险。对此，我国政府十分重视，要求对重大工程社会稳定风险进行评估。这是在工程项目各类风险中，要求将风险评估作为项目立项前置条件的唯一一类风险。

为建立和规范重大固定资产投资项目社会稳定风险评估机制，国家发展和改革委员会颁发了《国家发展改革委重大固定资产投资项目社会稳定风险评估暂行办法》，但具体如何评估以使评估结果更客观、合理，这是值得研究的问题。针对这一问题，国家社会科学基金已多次立项，组织开展相关研究。例如，冯周卓等（2017）从重大项目社会稳定风险的3种致因出发，将风险因素分为程序性风险、认知性风险、摩擦性风险；基于3类风险因素构建风险指标体系，分别采用对照分析、问卷调查、深入访谈的方法识别各类风险，最后提出采用针对性的方法对3类风险进行评价的评估框架。戴二玲等（2019）以项目全寿命周期为纵向维度、项目社会风险因素为横向维度，引入社会燃烧理论，将安全、技术、资金类风险对应于"燃烧物质"，将社会互适、环境融合类风险对应于"助燃剂"，将经济效益、公共效益风险对应于"点火温度"，构建了二维矩阵的建设项目社会稳定风险评估体系。

1.4.2.3 PPP 项目的风险分配研究

PPP（Public Private Partnership）项目的特点是政府利用企业/私人资本解决自身资金短缺的问题，同时有利于工程建设与营运的效率提升，但政府与社会资本方的合作时间一般很长，包括工程建设期和营运期，通常在 30 年左右。从国际上的 PPP 项目实践看，有成功的也有失败的；而失败者大部分是项目风险分配方面存在问题。我国在 2015 年前后开始大力推行应用 PPP 模式。因而近几年针对我国国情开展的 PPP 项目风险分配的研究十分丰富。

相关研究首先从 PPP 项目风险分配的原则开始。刘新平等（2006）通过分析 PPP 项目风险因素提出风险分配应遵循的 3 项原则，即由对风险最有控制力的一方控制相应风险，承担的风险程度与所得回报相匹配，承担风险要有上限；Abednego（2006）和邓小鹏等（2008）分别提出了 PPP 项目风险分配的 4 项原则和 9 项原则；其次是研究风险分配的影响因素，Fatokun（2015）、周和平等（2014）、Xiong 等（2016）的研究认为，PPP 项目双方合作时间长，合作期间人的有限理性、PPP 合同的不完备，以及私人方的机会主义行为等是造成 PPP 项目风险再分配的主要原因。研究普遍认为，再谈判是实现 PPP 项目风险再分配的重要路径，Domingues（2015）、刘婷等（2016）和陈婉玲（2018）分别就如何开展再谈判提出了各自的方案。

1.5 小　结

工程项目实体的单件性，以及实施过程的一次性和在自然环境下作业等特点，决定了工程项目实施过程面临着较大风险。在现代专业分工的条件下，工程项目业主方/建设单位，总是采用发包方式将工程项目交由专业的工程设计、施工等企业，即构建一个多边组织去完成，并将实施过程的各类风险转移给项目相应的参与方承担。但工程项目参与各方在围绕项目总体目标开展工作的同时，各自所追求的利益并不完全一致。因而，在这一背景下，工程项目参与各方均面临着较重的风险管理任务，不仅是各方所面临项目风险管理的客体不同，而且管理所采用的方法和措施等也存在差异。近十多年来，工程项目管理中的风险管理研究取得长足进展，主要体现在两方面：一是风险管理理论和技术研究的发展，使得理论和应用水平大为提升；二是工程项目发展中面临新问题的研究在拓展，包括国际工程管理风险、重大工程社会稳定风险和 PPP 项目风险的相关研究取得丰硕成果，促进相关问题得到合理解决，并支持着工程项目风险管理研究的深入。

第2章 工程项目风险识别

2.1 风险的要素

风险一般可简单描述为出现不利后果的一种可能性。显然，这种描述较为抽象，人们在研究或管理风险时，总要将其具体化。人们总是关心风险事件是什么样的事件？源头在哪？受到哪些因素的影响？承受不利后果的主体是谁？是什么性质或什么样的不利后果？等等。这些提出了风险源（影响因素）、风险事件、风险承担主体等几个风险要素的问题。

2.1.1 风险源与风险事件

2.1.1.1 风险源与风险事件的内涵

（1）风险源（risk sources），也称风险因素，指可能导致不利后果的源头，包括物的状态、人的行为，或它们的组合。在工程项目风险管理中，不论是分析风险发生的可能性，还是处理风险事件的过程中，首要任务是探究风险源是什么，即风险的影响因素是什么。

（2）风险事件（risk event），也称风险事故，是指风险的可能变成了现实，以致造成人身伤亡、财产损害以及项目目标不能实现等事件。例如，自然的火灾、地震、洪水、龙卷风、爆炸，社会的动荡、盗窃、抢劫、疾病、死亡，以及工程项目目标不能实现等。风险事件是酿成事故和造成损失的直接原因和条件。从这个意义上来说，风险事件是损失的媒介。

2.1.1.2 工程项目主要风险源与风险事件

（1）工程项目风险源。不论什么风险源，都来自自然和社会环境，主要包括以下几点：

1）自然风险源。如地震、无法预见的地质条件以及洪水、暴雨、高温等极端恶劣的气候。

2）经济社会风险源。如建设领域政策调整、税收提高、通货膨胀或经济衰退、建筑材料供求矛盾突出、劳动力资源减少等。

3）有限理性风险源。对客观世界认识不充分、不完整。如对水文、气象环境的认识存在局限；按现行规程对工程地质条件认识不完整等。

4）技术风险源。如工程设计存在错误、现有技术还不能解决某些复杂工程所面临的问题、新技术没有得到充分验证而应用。

5）人的行为风险源。如承包方为降低成本而削弱质量和安全措施、不按规定操作、监管不到位等。

(2) 工程项目风险事件。工程项目目标包括工程产品的3个目标，即工程质量、工期和造价/成本，以及工程实施过程中的生产安全和环境2个目标。工程项目风险事件的定义可以围绕这5个目标展开，可将这些目标没有实现的可能性和带来的后果定义为工程项目风险事件。

1）工程项目投资/成本风险事件。如建筑材料市场价格猛涨，工程承包方遇上严重的亏损事件。

2）工程项目进度风险事件。如由于气象因素，土方填筑或基坑开挖工程受到严重影响，工程承包方/业主方遇到了工程进度延误风险事件。

3）工程项目质量风险事件。如由于工程承包方使用了不合格的材料，导致完成施工的分项/分部工程质量不合格，即形成工程质量风险事件。

4）工程项目安全风险事件。不同类工程可能出现不同安全风险事件。如土石方塌方和结构坍塌安全事故、高空坠落安全事故、特种设备或施工机械安全事故、施工围堰坍塌溃坝安全事故、暴雨洪水灾害安全事故、施工场地内道路交通安全事故、火灾和触电及环境污染事故、由于工程质量原因引起的安全事故，以及其他原因造成的安全事故等。

5）工程项目环境风险事件。如噪声污染，以及废水、废气、废渣等"三废"污染。

上述工程项目主要风险事件并不一定是孤立的，它们有时会传导。例如，当发生重大安全风险事件时，为处理该风险事件，一般需要停工，这也就意味着工程进度风险事件已经发生。此外，工程投资/成本风险事件之外的其他各类风险事件，总是会不同程度地引发工程投资/成本风险事件。

2.1.1.3 工程项目风险源与风险事件的关系

在一般情况下，风险源/因素总是某个风险事件的诱因，即风险事件是由具体的风险源引起的，他们存在因果关系，即每一宗风险事件背后总存在风险源。但在工程项目实施中，问题并不那么简单，一个风险源可能引起多个风险事件，某个风险事件也可能引起新的风险事件。

[案例2.1] 某市某水利枢纽工程风险事件分析。

2015年6月13日某市某水利枢纽工程大坝左岸山体突然发生崩塌，崩塌量约6万m³，当时有10名工人正在作业。山体崩塌后，5人安全脱险，1人受伤，4人失踪（后发现死亡）。按我国《生产安全事故报告和调查处理条例》（国务院令第493号）规定，其为一宗较大生产安全事故，即较大安全风险事件。

该安全风险事件发生后，政府相关部门组织调查，结果表明其是不可抗（严格说为不利的物质/地质条件）因素引起的，即风险源是不利的物质/地质条件。

因该生产安全事故为较大安全事故，根据国家规定，整个项目需要停工整顿，并妥善解决伤亡人员的善后处理问题。这两方面因素，影响工程建设工期6个月左右。显然，在工期风险事件中，安全风险事件是诱因，即风险因素为安全事故。

该生产安全风险事件发生后，经济损失不可避免。因其是不利的物质/地质条件所引起，根据工程承包合同规定，合同双方各自承担自己所遭受的损失，即工程发包人承担工程延误和工程受损的经济风险；工程承包方承担人员伤亡和机械受损引发的风险。

[解析] 本案例中，不利的物质/地质条件这一风险因素，即地质条件的复杂程度超出了人们的认知，进而没能采取相应的措施，直接导致了生产安全风险事件；间接引起了工程建设工期延误的风险，以及工程承发包双方的经济风险。

2.1.2 工程项目风险承担主体

2.1.2.1 风险承担主体的内涵

风险承担主体（risk subject）是指直接承担风险事件后果的自然人或法人/组织。工程项目实施过程是一交易过程，并通过合同工程承包方和发包人各自应承担的责任，其中也包括工程项目实施的风险责任。因此，一般而言工程项目风险应有明确的承担主体。仅在项目合同不完备的条件下，项目风险责任不明确。

围绕同一风险事件，从不同承担主体出发，不论是开展风险研究，还是风险管理，其目标、方法以及最后所得结果等均可能存在较大差异。因此，在工程项目风险管理研究中，首先要做的工作是对项目风险进行定义，即要明确风险承担主体、风险事件的类型以及风险事件的标准等。如研究工程承包方的进度风险，并将其定义为不能按合同规定工期完成的可能性。

2.1.2.2 工程项目风险的承担主体与所承担的主要风险

在工程项目实施中，参与各方包括工程发包人（项目法人/建设单位）以及工程承包方和工程咨询方/设计方/监理方，他们是工程项目风险的承担者。

（1）发包人的风险。除了会遇到工程项目外部的政治、经济和自然风险外，通常还会遇到项目决策和项目组织实施方面的风险。

1）项目决策风险。工程建设单位在实施工程项目过程中，需要进行各类项目决策，包括：工程项目方案的选择；工程设计方、监理方和施工承包方的选择；工程材料和设备供货商的选择；工程实施中各种问题处理方案的选择等。这些项目决策问题均在不同程度上存在风险。

2）项目组织实施风险。引起这类风险的因素有：①政府或主管部门对工程项目干预太多，指挥不当；②建设体制或建设法规不合理；③合同条件的缺陷；④承包方（contractor）缺乏合作诚意；⑤材料、工程设备供应商（supplier）履约不力或违约；⑥监理工程师（engineer）失职；⑦设计缺陷等。

（2）承包方的风险。承包方是发包人的主要合作者，但各自在经济利益上并不一致，即，双方既有共同利益，又有各自的风险。承包方的行为对发包人构成风险，发包人的举动也会对承包方的利益造成威胁。承包方的风险大致包括下列几个方面：

1）决策错误的风险。承包方在实施过程中需要进行一系列的决策，这些决策无不潜伏着各具特征的风险，包括：①信息取舍失误或信息失真的风险，因信息的失真，其决策失误的可能性更大；②中介与代理的风险，在国际工程承包过程中，缺乏经验的承包方受中介方之骗的案例不少，选择不当的代理人或代理协议给承包方造成较大损失的例子并不罕见；③投标的风险，投标是取得工程承包权的重要途径，但当承包方不能中标时，其投标过程发生的费用是无法得到补偿的；④报价失误的风险，报价过高，面临着不能中标的风险；报价过低，则又面临着利润低，甚至亏本的风险。

2）缔约和履约的风险。主要有：①合同条件不平等或存在对承包方不利的缺陷。如不平等条款（unequal term）、合同中定义不准确、条款遗漏或合同条款对工程条件的描述和实际情况差距很大。②施工管理技术不熟悉。例如，承包方不掌握施工网络计划新技术，对工程进度心中无数，不能保证整个工程的进度。③合同管理不善。合同管理是承包方赢得利润的关键手段，承包方要利用合同条款保护自己，扩大收益。若做不到这一点，则势必存在较大的风险。④资源组织和管理不当。这里的资源包括资金、劳动力、建筑材料和施工机械等，对承包方而言，合理组织资源供应是保证施工顺利进行的条件，若资源组织和管理不当，就存在着遭受重大损失的可能。⑤成本和财务管理失控。工程承包方施工成本失控的原因是多方面的，包括报价过低或费用估算失误、工程规模过大和内容过于复杂、技术难度大、当地基础设施落后、劳务素质差和劳务费过高、材料短缺或供货延误等。财务管理风险更大，一旦失控，通常会给公司造成巨大经济损失。

3）责任风险。工程承包是一种法律行为，合同当事人负有不可推卸的法律责任。责任风险的起因可能有：①违约，即不执行承包合同或不完全履行合同。②故意或无意侵权，如对工程质量的事故，可能是粗心大意引起，也可能是偷工减料引发。③欺骗和其他错误。

（3）咨询方的风险。同发包人、承包方一样，咨询方（包括设计方、监理方）在工程项目实施和管理中也面临着各种风险，归纳起来，源于下列3个方面：

1）来自发包人的风险。咨询方受发包人委托，为发包人提供技术服务，当然要按技术服务合同承担相应的责任，因此也要承担相应的风险。来自发包人的风险主要原因有：①发包人希望少花钱多办事，不遵循客观规律，对工程提出过分的要求，如对工程标准提得太高，对施工速度定得太快等；②可行性研究缺乏严肃性，建设单位决定项目上马后，对咨询方开展可行性研究附加种种倾向性要求；③投资先天不足，咨询/设计/监理也难做无米之炊；④盲目干预。有些业主/项目法人虽和监理签有监理合同，明确监理在承包合同管理中的责任、权利和义务，但在实施过程中，业主随意作出决定，对监理工程师干预过多，甚至剥夺监理工程师正常履行职责的权利。

2）来自承包方的风险。主要表现在：①承包方不诚信。常见的案例是承包方的报价很低，一旦中标后，在施工过程中工程变更、施工索赔接连不断，若监理工程师不同意，则以停工相要挟。②承包方缺乏职业道德。如质量管理方面，常见的现象是承包方还没有自检，就要求监理工程师同意进行检查或验收，当其履行合同不力或质量不合标准时，要求监理工程师网开一面，手下留情。③承包方素质较低。承包方的素质不高，履约不力，甚至没有履约的诚意或弄虚作假，对工程质量极不负责，都有可能使监理工程师蒙受责任风险。

3）职业责任风险。咨询方的职业责任风险一般因素有：①设计不充分或不完善，这显然是设计工程师的失职；②设计错误和疏忽，这隐藏着重大工程质量风险；③投资估算和设计概算不准，这会引起业主的投资失控，咨询/设计对此当然有不可推卸的责任；④自身的能力和水平不适应，咨询/设计/监理的能力和水平低，很难完成相应的任务，与此相伴的风险往往是不可避免的。

2.2　风险因素识别

2.2.1　风险因素识别过程

风险因素识别是要确定在工程项目实施中什么时候、什么部位发生哪些风险，这些风险因素可能会对工程项目目标产生什么影响，并将描述这些风险因素及其特性资料归档。风险因素识别主要过程包括：收集资料→分析不确定性→确定风险因素→编制风险识别报告、风险清单。

2.2.1.1 收集数据或信息

一般认为风险是数据或信息的不完备引起的。因此，收集和风险事件直接相关的信息可能是困难的，但是风险事件总不是孤立的，可能会存在一些与其相关的信息，或与其有间接联系的信息，或是本工程项目可以类比的信息。工程项目风险识别应注重下列几方面数据信息的收集。

（1）工程项目环境方面的数据资料。工程项目的实施和建成后的运行离不开与其相关的自然和社会环境。自然环境方面的气象、水文、地质等对工程项目的实施有较大的影响；社会环境方面的政治、经济、文化等对工程建设也有重要的影响。例如，经常下雨会影响到工程的进度，还会影响到某些工程的施工成本和质量；工程地质条件的变化经常会引起工程量和工程造价的上升，也可能威胁到施工的安全和工程的进度；物价的上涨会引起建筑材料和施工机械台班费用的增加。诸如此类，均会给工程项目目标的实现构成威胁。因此在风险识别时有必要收集和分析工程建设环境方面的数据资料。

（2）类似工程的有关数据资料。以前经历的工程项目的数据资料以及类似工程项目的数据资料均是风险识别时必须收集的。对于亲自经历过的工程项目，定会积累许多经验教训，这些经验和体会对识别本项目的风险是非常有用的。对于类似的工程项目，可以是类似的建设环境，也可以是类似的工程结构，或者两方面均类似则更好。它们的建设经验教训对当前工程项目的风险分析也是很有帮助的。因此要注重这两方面数据资料的收集，包括过去建设过程中的档案记录、工程总结、工程验收资料、工程质量与安全事故处理文件，以及工程变更和施工索赔资料等。这些数据资料记载着工程质量与安全事故、施工索赔等处理的来龙去脉，对本工程项目风险的识别极有价值。

（3）工程的设计、施工文件。工程设计文件规定了工程的结构布置、形式、尺寸，以及采用的建筑材料、规程规范和质量标准等，对这些内容的改变均可能引来风险。如：在工程施工中，设计施工人员会觉得按规范设计的某结构太浪费，计划对其进行优化。此时，应认识到，做这样的优化可能会遇到风险。因此，有必要进行详细的分析论证，进行风险分析。工程施工文件明确了工程施工的方案、质量控制要求和工程验收的标准等。工程施工中经常会碰到施工方案设计或优化选择的问题。此时，应对工程的进度、成本、质量和安全目标的实现进行风险分析，进而选择合理的方案。

2.2.1.2 分析不确定性

在基本数据或信息收集的基础上，应从下列几个不同层面对工程项目的不确定性进行分析。

（1）不同建设阶段的不确定性分析。工程建设有明显的阶段性，而在不同建设阶段，无论是不确定事件的种类，还是不确定事件的不确定程度，均有很大的差别，应将不同建设阶段的不确定性分别进行分析。

（2）不同目标的不确定性分析。工程建设有进度、质量和费用3个目标，影响这3个目标的因素既有相同之处，也有不同的地方，要从实际出发，对不同目标的不确定性作出较为客观的分析。

（3）工程结构的不确定性分析。不同的工程结构，其特点不同，影响不同工程结构的因素不相同；即使工程结构相同其程度也可能有差别。

（4）工程建设环境的不确定性分析。工程建设环境是引起各种风险的重要因素。应对建设环境进行较为详尽的不确定性分析，进而分析由其引发的工程项目风险。

2.2.1.3 确定风险因素，并将风险归纳、分类

在工程项目不确定分析的基础上，进一步分析这些不确定因素引发工程项目风险的大小，然后对这些风险进行归纳、分类。为了方便风险管理，对这种风险的分类，首先，可按工程项目内、外部进行分类；其次，按技术和非技术进行分类，或按工程项目目标分类。

2.2.2 一般风险因素识别方法

风险因素即引起风险事件的因素。与风险事件不同，引起风险事件的因素很多，其种类也难以确定，某一风险事件也可能是另一风险事件的因素。因而，风险因素识别较为复杂，前人也提出了多种识别方法。

2.2.2.1 核查表法

人们在自身先前的工程项目管理中，或者是其他人在类似工程项目的实践中，对工程项目中可能出现的风险因素，或者成功的经验和失败的教训经常会有一些归纳、总结。这些归纳、总结的资料恰好是识别工程项目风险的宝贵资料，可把这些资料列成表，然后将当前工程项目的建设环境、建设特性、建设管理现状等和其作比较，分析可能出现的风险。这就是风险因素识别的核查表法。表2.1和表2.2分别是工程项目融资风险核查表和混凝土裂缝风险核查表。

表 2.1 工程项目融资风险核查表

失败原因或成功的条件	本项目情况
1. 工程项目融资失败原因 （1）工期延误，因而利息增加，收益推迟； （2）成本、费用超支； （3）技术失败； （4）承包商财务失败； （5）政府过多干涉； （6）未向保险公司投保人身伤害； （7）原材料涨价或供应短缺、供应不及时；	

续表

失败原因或成功的条件	本项目情况
（8）项目技术陈旧； （9）项目产品或服务在市场上没有竞争力； （10）项目管理不善； （11）对于担保物，例如油、汽储量和价值的估计过于乐观； （12）项目所在国政府无财务清偿力 2. 工程项目融资成功的必要条件 （1）项目融资只涉及信贷风险，不涉及资本金； （2）切实地进行了可行性研究，编制了财务计划； （3）项目要用的产品或材料的成本有保障； （4）价格合理的能源供应有保障； （5）项目产品或服务更有市场； （6）能够以合理的运输成本将项目产品运往市场； （7）有便捷、畅通的通信手段； （8）能够以预想的价格买到建筑材料； （9）承包商富有经验、诚实可靠； （10）项目管理人员富有经验、诚实可靠； （11）不采用未经实际考验过的新技术； （12）合作各方签有令各方都满意的协议书； （13）稳定、友善的政治环境，已办妥有关的执照和许可证； （14）不会有政府没收的风险； （15）国家风险令人满意； （16）主权风险令人满意； （17）对于货币、外汇风险预先已有考虑； （18）主要的项目发起者已投入足够的资本金； （19）项目本身的价值足以充当担保物； （20）对资源和资产已进行了满意的评估； （21）已向保险公司缴纳了足够的保险费，取得了保险单； （22）对不可抗力已采取了措施； （23）成本超支的问题已经考虑过； （24）投资者可以获得足够高的资金收益率、投资收益率和资产收益率； （25）对通货膨胀率已进行了预测； （26）利率变化预测现实可靠	

注 资料来源于卢有杰等（1998）。

表 2.2　　　　　　　　　　混凝土裂缝风险核查表

混凝土裂缝的原因	本项目情况
1. 材料质量 （1）水泥安定性不合格； （2）砂石级配差，砂太细； （3）砂、石中含泥量太大； （4）使用了反应性骨料或风化岩； （5）不适当地掺用氯盐； （6）不按规范要求设置钢筋	

续表

混凝土裂缝的原因	本项目情况
2. 建筑和结构不良 （1）平面布置不合理，结构构造措施不力； （2）变形缝设置不当； （3）构造钢筋不足	
3. 结构设计失误 （1）受拉钢筋截面积太小或设计无抗裂要求； （2）抗剪强度不足（混凝土强度不足或抗剪钢筋少）； （3）混凝土截面面积太小； （4）抗扭能力不足； （5）抗冲切能力不足	
4. 地基变形 （1）房屋一端沉降大； （2）房屋两端沉降大于中间； （3）地基局部沉降过大； （4）地面荷载过大	
5. 施工工艺不当或质量差 （1）混凝土配合比不良； （2）模板变形； （3）浇筑顺序或浇筑方法不当； （4）浇筑速度过快； （5）模板支撑沉陷； （6）出现冷缝又不做适当处理； （7）钢筋保护层过小； （8）钢筋保护层过大； （9）养护差，早期收缩过大； （10）早期受震； （11）早期受冻； （12）过早加载或施工超载； （13）构件运输吊装工艺不当； （14）滑模工艺不当； （15）混凝土达不到设计强度	
6. 温度影响 （1）水泥水化热引起过大的温差； （2）温度骤降； （3）高温作用； （4）屋盖受热膨胀或降温收缩	
7. 混凝土收缩 （1）混凝土凝固后表面失水过快； （2）硬化后收缩	

续表

混凝土裂缝的原因	本项目情况
8. 其他 （1）酸、盐等化学腐蚀； （2）震动	

2.2.2.2 分解分析法

分解分析法就是按分解原则，将复杂的事物分解成较为简单的容易被识别的事物，将大系统分解成若干小系统，从而识别可能存在的种种风险与潜在的损失。在工程项目风险识别中可采用按工程项目结构和按引起风险的因素进行分解。

（1）工程项目结构分解识别法。为了管理上的方便，可根据工程项目一般的分解方法，将其分解为单项工程、单位工程、分部工程和分项工程。然后，从工程项目的最小单位开始逐步识别风险。图2.1为某水电工程项目结构分解图，可从该项目的分项工程开始分析可能存在的种种风险。

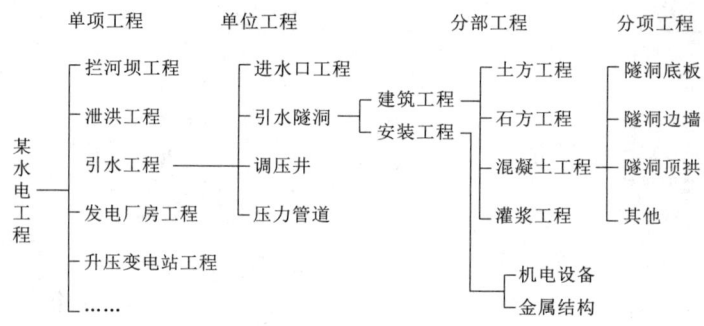

图2.1 某水电站工程项目结构分解图

（2）风险因素分解识别法。引发工程项目风险的因素多种多样，而且不同的工程项目差异还较大。然而总可以按照某种方法进行分解，使风险因素具体化，从而进行风险识别。图2.2为工程风险因素分解示意图。

2.2.2.3 图解法

风险识别可以从原因查找结果，也可以从结果反找原因。从原因找结果即是先找出工程项目在实施过程中可能会出现哪些不确定事件，这些不确定事件发生后会引起什么样的结果。例如，作为工程项目承包商投标报价时就应分析实际的工程量和报价单的工程量相比会不会发生变化，工程量的增加或减少应如何报价，而报价的高低会出现什么样的风险。从结果找原因，如工程成本增加了，是哪些因素导致了成本的增加呢？工程工期滞后了，是哪些因素导致了工期滞后的呢？这实际上是在风险发生后去寻找引发风险的原因，其作用是为

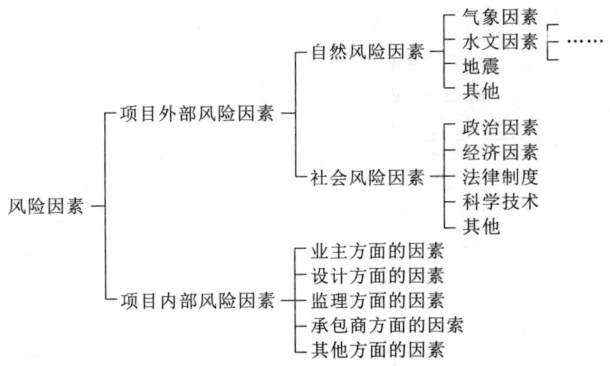

图 2.2 工程风险因素分解示意图

进一步的风险识别提供基础。

（1）因果分析图。因果分析图是根据核查表等方法分析风险的存在，或根据风险存在的假设，而经常使用的确定风险起因的方法。图 2.3 为混凝土强度不足的因果分析图。

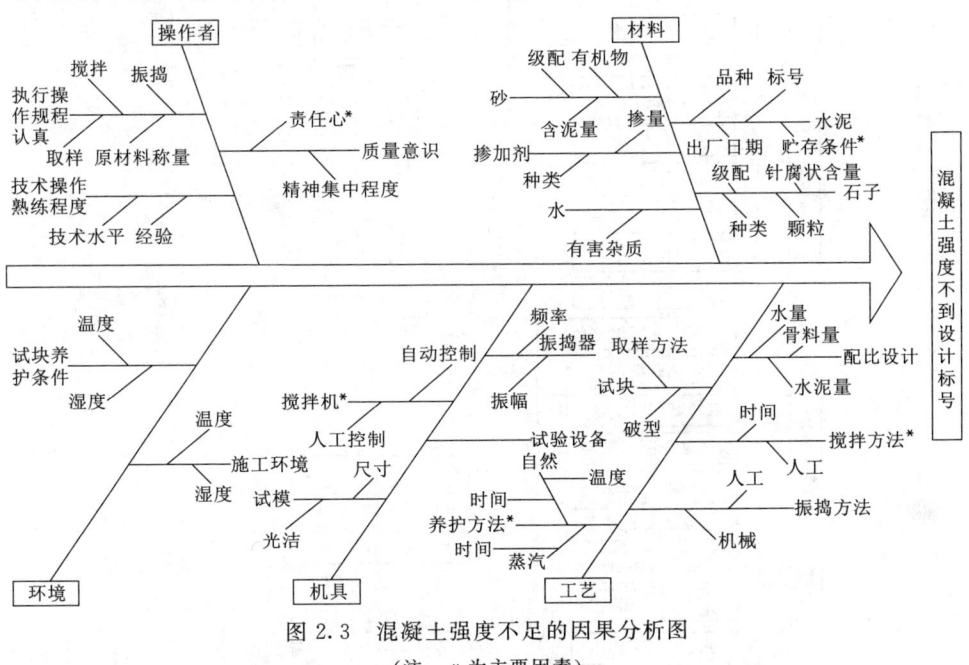

图 2.3 混凝土强度不足的因果分析图

（注：* 为主要因素）

（2）流程图。这是一种根据工程项目实施过程，或是根据工程项目某一部分管理过程，或某一部分结构的实施过程，进行罗列，再结合工程的具体情况，识别本工程存在哪些风险的方法。风险识别的流程图方法可应用于识别非技术风险，也可应用于识别技术风险。图 2.4 为国际承包工程风险识别流程图。

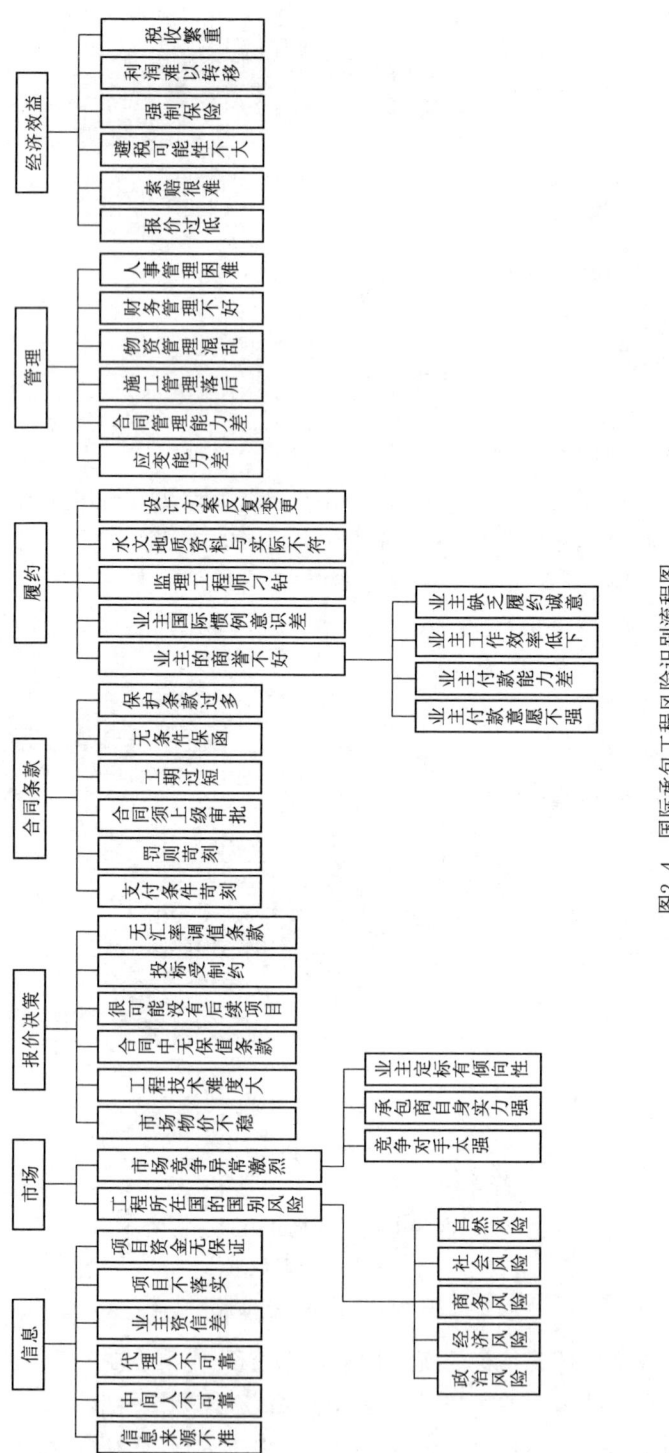

图2.4 国际承包工程风险识别流程图

2.2.2.4 头脑风暴法

头脑风暴法（brain storming）由 Alex Osborne 于 1939 年首创，从 20 世纪 50 年代起就得到了广泛的应用，是常用的风险识别方法之一。它是借助于专家经验，通过会议集思广益来获取信息的一种直观的预测和识别方法。这种方法要求会议的领导者要善于发挥专家和分析人员的创造性思维，通过与参会专家的相互交流和启发，达到相互补充和激发的效应，使预测的结果更加准确。组织者应注意使会议的进行符合以下规则：

（1）选取的专家应当具有代表性和权威性，数量以 10~15 人为宜，最好由不同的专业组成。

（2）会议中要设置 1 名主持人，1~2 名记录人。主持人只主持会议，不应当对会议的任何内容提出评论，以防止影响会议讨论结果；记录人应当对会议的内容进行全面的记录，不得有任何遗漏。

（3）禁止参会人员相互之间发表对任何意见的发难，避免用词上的武断和无限上纲。要鼓励思想的活跃，思想的数量越大，出现有价值设想的概率就越大。

（4）重视那些不寻常的、看得远的、自由奔放的思考，思路越广、越新则越好。

（5）善于将不同的思想和想法进行组合、分类和改进，同时应将同一日举行会议的初步分析结果公布出来，让参会人员明白，这样可以避免重复和提高效率，也可以促使人们产生新的思想。

（6）会议上探讨的问题应该比较单纯，要避免在一个会议上探讨一些牵涉面较广的问题。否则，讨论问题时可能漫无边际，难以集中主要意见。如果问题牵涉的因素较多，则应该事先对其进行分析和分解，然后再采用该方法。

（7）会议的时间一般为 30~50 分钟为宜。

（8）会议结束后的两天时间内，主持人需要再与参会专家进行沟通，了解大家是否在会后产生新的看法和见解，进而补充会议的记录。最后，对会议的内容进行归纳整理，结合项目的具体情况对讨论内容进行筛选。

（9）对于头脑风暴法产生的结果，决策者还应该进行认真的分析，既不要轻视，也不能盲目接受；一次会议的结果，只要有几条意见被采纳就已经很有成就了。

在有组织地进行头脑风暴时，为了能够启发大家的思路，活跃会场的气氛，可使用提示表。

2.2.2.5 故障树分析法

故障树分析法（fault tree analysis），也称事故树分析法，是美国贝尔电话实验室在 1962 年首先提出，它最早用于空间项目，随后这种方法得到快速发展,并不断改进。

故障树是一种树状图,由节点和连线组成,节点表示某一具体环节,连线表示这些环节之间的关系。这些与流程图类似,但不同的是,流程图关注的是风险的结果,而故障树关注的是事故的原因。其是一种逻辑分析过程,遵循逻辑演绎的分析原则:从某一事故的结果开始,分析各种可能引起事故的原因(王家远等,2017)。

故障树既可以进行定量分析,也可以进行定性分析;既可以求出事故发生的概率,也可以识别系统的风险因素。

2.2.2.6 访谈法

风险管理人员通过和项目相关人员直接进行面谈,收集不同人员对项目风险的认识或建议,了解项目进行过程中的各项活动,这将有助于识别那些在常规分析设计中容易被忽视的风险因素。访谈项目的更多相关人员,相互交流、沟通不仅是识别风险因素的重要路径,也是化解项目社会风险、统一各方对项目认识,进而高质量实施项目的重要手段/措施。

如何使访谈的效果更好?首先是要对被访谈群体有所了解。如果所访谈的人是某方面的专家,那组织者就要充分准备,即对访谈的内容和方式进行必要的策划,否则难以达到希望的效果。具体要求如下:

(1)准备系列未解决的问题,即答案多于一个的问题,避免期望只有一个答案的问题。

(2)提前将访谈拟提的问题送到被访谈人手中,使之对要讨论的问题有所准备。

(3)在得到受访者同意的前提下,将访谈过程录音,但有义务对其保密。

(4)以自己能理解的形式来记录结果,如果有必要,可以给受访者一份备份,用以确认访谈内容的完整性。

2.2.2.7 风险因素识别常用方法的特点

上面介绍6类8种常用风险因素识别方法,其特点见表2.3。

表2.3　　　　　　　　常用风险因素识别方法比较表

风险因素识别方法	优　　点	缺　　点
核查表法	操作简单,容易掌握	对单个风险因素的描述不足,没有提示出风险来源之间的相互依赖关系,容易产生遗漏
结构分解识别法	应用简单、便捷	可能需要联合应用其他方法,仅采用该方法还难以找出风险因素
因素分解识别法	逻辑性强,得到结果可信度较高	对分析者专业要求较高,操作难度较大

续表

风险因素识别方法	优 点	缺 点
因果分析图	形象，逻辑性强，容易找到关键影响因素	分析结果具有局限性，分析结果主观性强，不同人可能得出不同结果
流程图	直观，有利于从业务过程角度识别风险因素	对识别者的专业素质要求较高
头脑风暴法	操作简单	对主持人的会议控制能力要求较高；实施的时间和费用成本较高
故障树分析法	形象，逻辑性强，便于寻找要点	分析结果具有局部性；对于复杂的项目操作难度较大，经常会出现不同人分析结果不同的现象
访谈法	有助于识别在项目常规分析设计中难以识别的风险	时间成本较高

2.2.3 工程项目目标风险影响因素识别

工程项目具有进度、质量、投资/成本和安全四个主要目标。在工程项目实施过程中，多种因素的影响使得实现工程项目的这四个目标存在较大的风险性。因此，识别这四个目标的风险是工程项目风险管理中的重要任务之一。

2.2.3.1 工程项目进度风险因素识别

影响工程项目进度的因素很多，涉及的面很广，包括建设环境、项目发包人、工程项目设计和工程项目施工等。对于一般工程项目施工阶段进度风险因素，可用核查表（见表2.4）进行分析。通过分析可对进度风险的形势有一个粗略的识别。对工程工期风险则要做进一步的分析，并加以识别。

表2.4　　　　　　　工程项目进度风险因素核查表

工程项目进度滞后的原因	本项目情况
1. 工程建设环境原因 1.1　自然环境 （1）不利的气象条件； （2）不利的水文条件； （3）不利的地质条件； （4）地震； （5）建筑材料料场不满足设计要求； （6）其他	

续表

工程项目进度滞后的原因	本项目情况
1.2 社会环境 （1）宏观经济不景气，资金筹措困难； （2）物价超常规上涨； （3）资源供应不顺畅； （4）对外交通困难； （5）政策、法规改变； （6）其他	
2. 项目发包人原因 （1）项目管理组织不适当； （2）工程建设手续不完备； （3）施工场地未及时提供； （4）施工场内外交通达不到设计要求； （5）内外组织协调不力； （6）工程款项不能及时支付； （7）其他	
3. 设计方面原因 （1）工程设计变更频繁； （2）工程设计错误或缺陷； （3）图纸供应不及时； （4）其他	
4. 施工承包方原因 （1）施工组织计划不当； （2）施工方案不当； （3）经常出现质量或安全事故； （4）施工人员生产效率低； （5）施工机械生产效率低； （6）施工管理水平差； （7）项目分包不适当或分包商有问题； （8）其他	

　　工程项目进度的风险因素对工程项目工期是否有影响，即是否形成工程项目工期风险也需要识别。并不是每一个进度风险因素对工程项目工期都有影响，要具体分析工程项目中的哪些活动或子项目受到进度风险因素的影响，影响的程度可能有多大，然后根据工程项目的进度计划，借助于工程网络计划技术（project network techniques）作出初步的分析。

对肯定型网络（deterministic network）用关键路线法（critical path method）分析时，一般而言，在关键路线（critical path）上的活动或子项目受到进度风险因素的影响导致其持续时间延长后会引起工期风险，而且其延长程度越大，工期风险越大；对非关键路线的活动或子项目，当进度风险因素使其持续时间的延长超过总时差（total float）时，也会引起工期风险。

2.2.3.2 工程项目技术性能或质量风险因素识别

对于不同的工程项目具有不同的技术性能或质量问题，即具体的工程质量风险，但引起质量问题的原因可概括为：项目环境原因、发包人原因、设计原因和施工原因等。对工程施工阶段的质量风险，其引发的风险因素又可具体分为施工环境、操作及管理人员、施工机械、建筑材料、施工工艺或方案等。对比较粗略的质量风险识别可用核查表法；对具体某一施工过程或子项工程的质量风险可用流程图，或流程图加核查表进行识别。

（1）工程项目整体质量风险因素识别。引起工程项目质量的风险因素很多，但从整体上考虑，可以归纳为若干方面。表 2.5 为工程施工质量风险核查表。

（2）施工过程或子项工程施工质量风险因素识别。对于具体施工过程或子项工程施工质量风险识别，除用核查表外，还可用流程图这一工具进行识别。图 2.5 为混凝土施工过程质量风险识别流程图。

表 2.5 工程施工质量风险核查表

工程施工质量风险引起的原因	本项目情况
1. 违反基本建设程序 （1）可行性研究不充分，如资料不足、不可靠，或研究结论不可靠； （2）违章承接工程项目，如越级设计或施工； （3）违反设计规则，如不做详细调查研究就设计； （4）违反施工顺序，如设计不完整就施工，或施工顺序不符合工艺要求； （5）其他	
2. 地质勘察或地基处理失误 （1）地质勘察失误或精度不足； （2）勘测报告不详、不准，甚至错误； （3）地基处理设计方案不当； （4）地基处理没达到设计要求； （5）地基处理材料或工艺不当； （6）其他	
3. 设计方案或设计计算有误 （1）设计中忽略了重要影响因素； （2）设计计算模型简化不合理；	

续表

工程施工质量风险引起的原因	本项目情况
(3) 设计错误或缺陷； (4) 设计安全系数选用太小； (5) 其他	
4. 建筑材料不合格 (1) 水泥：安定性不合格、强度不足、受潮或过期、标号用错或混用； (2) 钢材：强度不合格、化学成分不合格、可焊性不合格； (3) 砂石料：岩性不良、粒径及级配不合格、杂质含量多； (4) 外加剂：外加剂本身不合格、混凝土或砂浆中掺用外加剂不当； (5) 其他	
5. 施工及其管理失控 (1) 不按图施工； (2) 不遵守施工规范施工； (3) 施工方案不当； (4) 施工技术不完善； (5) 施工质量保证措施不当或不落实； (6) 施工管理制度不完善； (7) 施工操作人员质量意识差； (8) 施工操作人员一味追求施工经济效益，而不顾质量； (9) 施工操作人员的技术水平没有达到要求； (10) 不熟悉设计图纸，不了解设计意图，或不按图施工； (11) 施工管理人员、监理人员责任性差； (12) 其他	

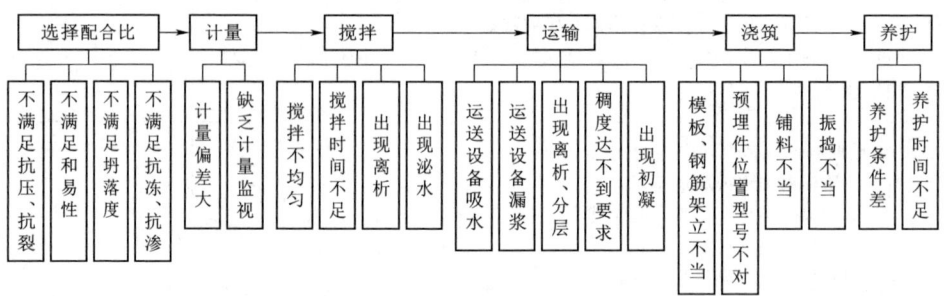

图 2.5　混凝土施工过程质量风险识别流程图

2.2.3.3　工程项目投资风险因素识别

工程项目投资风险贯穿于工程建设的全过程，涉及多个方面。可用核查表法对其进行分析，见表 2.6。

表 2.6 工程项目投资风险因素核查表

工程项目投资失控的原因	本项目情况
1. 工程项目外部原因 （1）建筑材料和施工机械费用涨价； （2）工资标准提高； （3）政策法规调整； （4）社会的不稳定； （5）运输环节改变或费用提高； （6）不利的气象条件； （7）超标准洪水、暴雨； （8）地震或其他地质灾害； （9）其他	
2. 项目法人/发包人原因 （1）工程投资计划不当； （2）项目管理组织不当； （3）建设资金筹措困难； （4）施工场地和"三通一平"条件不落实； （5）工程分标和施工招标失误； （6）投资控制措施不力； （7）施工协调不得力； （8）施工合同管理混乱，工程变更和索赔处理不当； （9）其他	
3. 设计原因 （1）设计方案不合理； （2）设计标准引用不当； （3）设计错误或缺陷； （4）设计变更频繁； （5）图纸供应不及时； （6）其他	
4. 施工原因 （1）施工方案不当； （2）施工组织设计不合理； （3）经常出现施工质量事故； （4）赶工程进度； （5）施工管理混乱； （6）其他	

2.2.3.4 工程项目安全风险因素识别

在项目开工之前需要对施工过程的安全风险因素进行识别。例如，某房建项目借助故障树分析法，得到人员失误、环境以及物的不安全状态 3 个方面的 17 个安全风险因素（王家远等，2017），如图 2.6 所示。

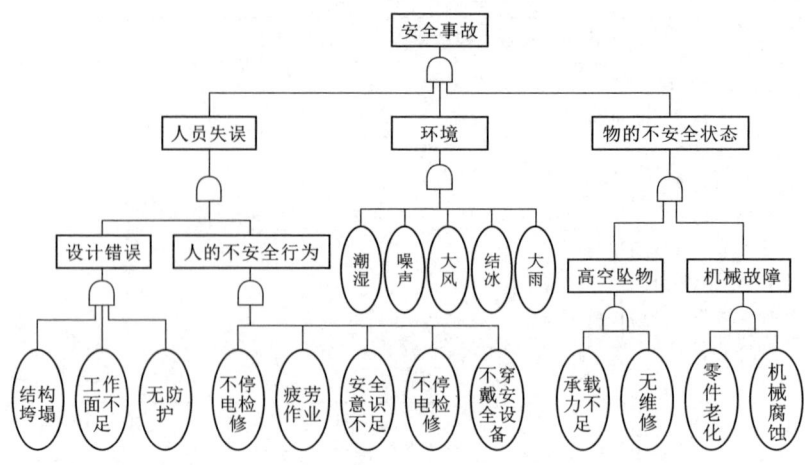

图 2.6 基于故障树分析法的安全风险因素分析图

2.3 风险因素识别成果：风险清单

风险影响因素识别的成果是进行风险分析和评估的重要基础。此外，风险影响因素的识别可以增强控制风险的信心。但需要指出的是，要识别所有的风险影响因素是不可能的，对风险管理人员而言，盲目认为能识别所有的风险会起相反的效果，而且这本身就是十分危险的。

风险因素识别最主要的成果是风险影响因素清单，其是记录并管理风险的一种有效的方法，并在进行管理决策时起到不可替代的作用。

2.3.1 简略风险清单

风险因素清单简称风险清单。简略风险清单仅是描述存在的风险因素，以及记录风险可能出现的负面影响和减轻措施，见表 2.7。

表 2.7 简 略 风 险 清 单

项目名称：_____ 编号：____ 审核：____ 批准：____ 日期：_____

序号	风险影响因素	可能出现的不利后果	不利后果发生的概率	可能采取的措施
1				
2				
3				
……	……	……	……	……

2.3.2 风险清单详细设计

在风险因素识别的深度足够，条件允许的情况下，也可以在风险清单中包括风险成本效益、风险归属权及残留风险等内容。

(1) 对风险进行详细划分和描述。
(2) 可能性（概率）和后果的评估。
(3) 风险归属权的识别。
(4) 风险的重要性/可接受性。
(5) 风险管理的成本和归属权。
(6) 行动的时间。
(7) 残留风险的评估。
(8) 采用减轻风险行动的结果对于风险的重要性/成本/可接受性的变化。
(9) 成本收益的评估。

如果需要在风险清单中包括所有这些信息，就可以设计一系列的记录表。表2.8就比表2.7详细。

需要指出的是，风险清单的建立是一个系统化的过程，在风险因素识别之前必须对风险管理的系统环境进行明确的界定。同时，应将项目生命期和利益相关方的影响结合起来考虑。此外，风险因素并非一成不变，某些风险因素还可能会在项目生命期中的不同时段反复出现。

表 2.8 详 细 风 险 清 单

项目名称：_____ 编号：____ 审核：____ 批准：____ 日期：_____

序号	风险描述		消除—减轻	
	风险因素	详细情况	可采取的行动	残留风险
1				
2				
3				
……	……	……	……	……

2.4 小　　结

工程项目风险涉及风险因素/源、风险事件（什么风险）、风险承受主体（谁的风险），以及风险发生概率和风险带来的负面影响等问题。其中，风险因素是引发风险事件的源头，在工程项目实践中，一个风险事件可能由单个或多个风险因素引起；而一个风险事件也可能促使另一个风险事件的形成，即其是另一个风险事件的影响因素。一个风险事件总有明确的不利后果，如伤亡事故或经济损失。对于工程项目风险事件，通常可按项目目标进行分类，也有明确的风险承受主体，如工程承包方或发包人。对风险因素的识别，目前存在多种方法，有必要根据工程特点、可能面临的风险事件，选择适当的方法，并采用各种列表方法，对识别出的多种风险因素进行分析，为后续风险评估、风险应对奠定基础。

第 3 章　工程项目风险评估

工程项目风险因素的识别仅帮助解决有无风险事件的问题。风险事件发生的可能性多大以及风险事件发生后的后果或影响范围的大小等问题还有待评估。

3.1　风险评估基本原理

3.1.1　风险评估的内涵

工程项目风险评估（risk assessment）是对工程项目立项过程，或实施过程各阶段的风险事件发生可能性的大小、可能出现的后果、可能发生的时间和影响范围的大小等的估计分析。

工程项目风险评估的作用是为分析工程项目风险或某一类风险提供基础信息，并进一步为制订风险管理计划和控制方案、确定风险应对措施和进行风险监控提供依据。

3.1.2　风险评估过程

工程项目风险评估过程如图 3.1 所示。

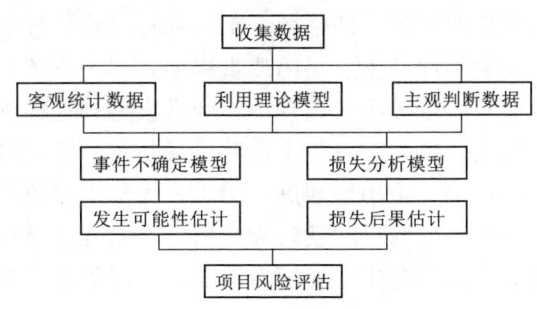

图 3.1　工程项目风险评估过程

（1）收集数据。工程项目风险评估的第一步是要收集和风险事件相关的数据和资料。这些数据和资料可从过去类似工程项目的经验总结或记录中取得，可以从气象、水文、建设市场、社会经济发展的历史资料中取得，也可以从一些勘测和试验研究中取得，还可以在工程项目实施过程中取得。所收集的数据和资料要求客观、真实，最好具有可统计性。

（2）建立风险模型。以取得的有关风险事件的数据资料为基础，对风险事件发生的可能性和可能的结果给出明确的量化描述，即建立风险模型。该模型又分为风险概率模型和损失模型，分别用以描述不确定因素与风险事件发生概率的关系，以及不确定因素与可能损失的关系。

（3）风险发生的概率和后果的估计。工程项目风险模型建立后，就可用适当的方法去估计每一风险事件发生的概率和可能造成的后果。通常用概率来表示风险事件发生的可能性；可能的后果则用费用损失或建设工期的拖后来表示。

（4）项目风险评估。对不同风险事件发生的概率和可能出现的后果进行估计后，就具备了对工程项目整体风险，或某一部分风险，或某一阶段风险进行评估的条件。通常要将风险事件的发生概率和可能的后果结合起来进行评估。

3.1.3 风险评估的内容

工程项目风险评估主要包括以下内容。

（1）风险事件发生可能性的估计。工程项目风险估计的首要任务是分析和估计风险事件发生的概率，即风险事件发生可能性的大小，这是工程项目风险分析估计中最为重要的一项工作，常常也是最困难的一项工作。主要原因在于两方面：一是和风险事件相关的系列数据的收集相当困难；二是不同工程项目差异性较大，用类似工程项目的数据推断当前工程项目风险事件发生的概率，其误差可能较大。

（2）风险事件后果严重程度的估计。工程项目风险估计的第二项任务是分析和估计工程项目风险事件发生后果的严重程度，即工程项目风险事件可能带来损失的大小。在工程项目实施的过程中，经常会遇到这样的情况：风险事件发生的概率不一定很大，但它一旦发生，其后果是十分严重的。例如，在水利水电工程施工导流过程中，常用围堰进行挡水，当施工导流标准选得较高，即围堰漫水的风险较小时，围堰尺寸就较大，但一旦出现了超标准的洪水，围堰发生漫水，就是风险事件。对于土石围堰而言，当围堰漫水后就会给工程造成巨大的损失。

（3）风险事件影响范围的估计。工程项目风险估计的第三项任务是对风险事件影响范围的估计，其主要分析风险事件可能影响的部位，或可能影响的方面和工作。在工程项目实施过程中，某些风险事件发生的概率和本身造成的后果都可能不是很大，但其一旦发生就会影响到工程项目的各个方面或许多工作，因此，对这类风险事件有必要进行严格的控制。例如，对水利水电工程施工截流而言，一般按正常设计组织施工失败的风险是较小的，但若不成功，即风险发生了，则将给工程带来严重且直接的经济损失；同时，施工工期可能会推迟一年，由此带来的间接损失也是十分严重的。因此，在水利水电工程实践中，人们常对水利水电工程施工截流十分重视，如长江三峡工程项目的大江截流，国家主要领导人出席了最后的截流合龙仪式。

（4）风险事件发生时间的估计。估计项目风险事件的发生时间，也是工程项目风险事件分析评估中的重要工作。主要有两方面的考虑：一是从风险控制角度看，其是根据风险事件发生的时间先后进行控制的。一般情况下，早发生的风险应优先采取控制措施，而对于相对迟发生的风险，则可对其进行跟踪和观察，抓住机遇进行调节，以降低风险控制成本。二是在工程项目实施中，对某些风险事件，完全可以通过时间上的合理安排，大大降低其发生的概率或减少其可能带来的后果。例如，对于大体积混凝土的施工，在其他条件相同的情况下，夏季施工和冬季施工相比出现温度裂缝的风险更大。因此，在可能的范围内应尽量将大体积混凝土的施工安排在冬季。

3.2 单因素下风险事件发生可能性估计

风险事件发生的概率或概率分布分析是进行工程项目风险估计的基础，其中较为简单的情境是影响因素与风险事件呈一一对应关系。一般而言，风险事件的发生概率或概率分布应由历史资料和数据来确定，即所谓的客观概率；但当人们没有足够的历史资料和数据来确定风险事件的发生概率或概率分布时，可以利用理论概率分布或主观概率进行风险估计。

3.2.1 利用已有数据或理论概率分析风险因素或风险事件的概率分布

当工程项目某些风险事件或其影响因素积累了较多的数据资料时，就可通过对这些数据资料的分析，确定风险影响因素或风险事件的概率分布。这是分析风险事件发生概率和风险损失的重要途径。下面介绍3种情景下风险因素或风险事件概率分布的分析方法。

（1）由已有资料确定风险因素的概率分布。在工程地基边坡稳定性风险分析中，土体抗剪强度的概率分布是一重要的基本参数。一般是通过勘察和试验取得基本数据，然后通过分析，确定土体抗剪强度的概率分布。表3.1给出了某工程土体单元抗剪强度的试验数据。

表 3.1　　　　某工程土体单元抗剪强度的试验数据统计表

数据分组/MPa	组中值/MPa	频　数	频　率	累计频率/%
7.0～8.0	7.5	3	7.5	7.5
8.0～9.0	8.5	5	12.5	20.0
9.0～10.0	9.5	7	17.5	37.5
10.0～11.0	10.5	9	22.5	60.0
11.0～12.0	11.5	7	17.5	77.5
12.0～13.0	12.5	5	12.5	90.0
13.0～14.0	13.5	3	7.5	97.5
14.0～15.0	14.5	1	2.5	100.0

当试验数据充分多时，表 3.1 中的累计频率就可称为概率。表 3.1 中的频（概）率分布是由 40 个土体单元抗剪强度试验数据得到的，因而叫样本分布或经验分布。把表 3.1 中的经验分布用图来描述，即可得图 3.2 所示的直方图。将该直方图中每一小矩形上边的中点用光滑曲线相连，得到的曲线即为经验分布曲线。显然，图 3.2 中的经验分布曲线和正态分布曲线十分接近，必要时可根据这些数据，对假设的分布类型进行检验。在通过检验确认假设成立后，可认为土体抗剪强度这一随机变量近似服从正态分布。

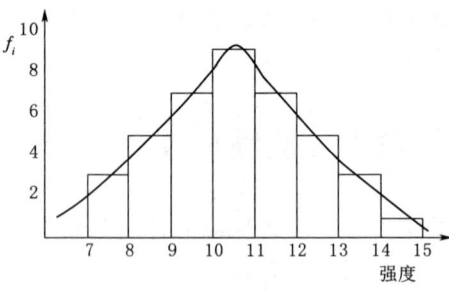

图 3.2　土体抗剪强度经验分布

在得到所有风险因素的概率分布后，就可根据一定的风险计算模型，计算风险事件的发生概率和风险事件后果的期望值等。

（2）由已有资料确定风险事件的概率。某建设公司在过去几年中完成了 72 项施工任务，由于种种原因，其中一部分工程拖延了工期。将工程施工期的情况加以整理，得到表 3.2 统计数据。表 3.2 中，拖延时间单位为月，数据分组区间和组中值均为拖延月数的相对值；频数为工程的数目。

表 3.2　　　　　　　　工期拖延数据统计表

数据分组区间/%	组中值/%	频　数	频率/%	累计频率/%
−34～−30	−32.5	0	0.00	0.00
−29～−25	−27.5	2	2.78	2.78
−24～−20	−22.5	1	1.39	4.17

续表

数据分组区间/%	组中值/%	频 数	频率/%	累计频率/%
−19～−15	−17.5	3	4.17	8.34
−14～−10	−12.5	7	9.72	18.06
−9～−5	−7.5	10	13.89	31.95
−4～0	−2.5	15	20.83	52.78
1～5	2.5	12	16.67	69.45
6～10	7.5	9	12.50	81.95
11～15	12.5	8	11.11	93.06
16～20	17.5	4	5.56	98.62
21～25	22.5	0	0.00	98.62
26～30	27.5	1	1.39	100.01
31～35	32.5	0	0.00	100.01

注 来源于卢有杰等（1998）。

将表3.2统计数据用图描述，则得如图3.3所示的直方图。

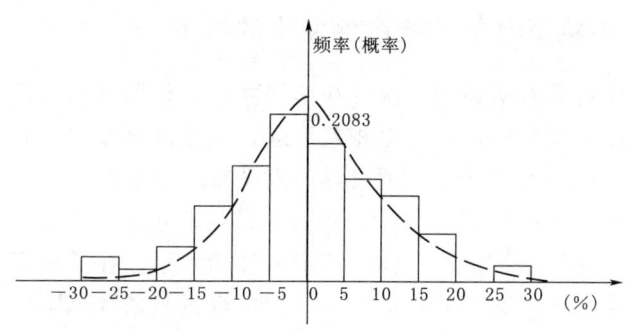

图3.3 工期拖延经验分布

通过表3.2或图3.3，就可估计工期拖延事件发生的概率。如该公司拟新承包一个工程项目，计划工期16个月，项目管理人员要了解工期拖延3个月的概率，首先计算工期拖延的相对值为$3/16 \times 100\% = 18.8\%$，而后由表3.2或图3.3，可得到工期拖延3个月的概率大约是5.56%。

同理，若项目管理人员要了解工期拖延2个月的概率，则可先算出工期拖延的相对值：$2/16 \times 100\% = 12.5\%$；然后由表3.2或图3.3，可得到工期拖延2个月的概率是11.11%。

（3）利用理论概率分布确定风险因素或风险事件的概率。在工程实践中，有些风险因素或风险事件的发生是一种较为普遍的现象，前人已做过许多探索或研究，并得到了这些风险因素或风险事件的随机变化的规律，即分布的规律。对于这种情况，就可利用已知的理论概率分布，根据工程的具体情况去计算风险因素或风险事件发生的概率。

[案例3.1] 工程质量数据波动的规律性

在工程项目的质量管理过程中，专家们做了大量的研究后发现，质量数据具有波动性，这种波动性是由许多因素造成的，而在正常生产条件下，每一因素的作用并不十分明显，而且没有一个因素在起主导作用。因此，这种波动是具有规律性的，即服从正态分布。因此，在进行工程质量的风险分析时，就可直接利用这一结论，来计算其质量风险的大小。

[案例3.2] 河道洪峰流量变化的规律性

在我国水利工程建设中，许多水文工作者对河流洪峰流量的随机性进行分析研究，发现许多河流洪峰流量服从 P-Ⅲ型分布。因此，在分析水利水电工程泄洪风险计算和施工导流风险分析时，一般可直接利用该分布。

3.2.2 用主观概率分析风险事件发生的概率

由于工程项目具有明显的一次性和单件性，工程项目的可比性较差，工程项目的风险来源和风险特性往往也相差很远，往往没有或很少有可以利用的历史数据和资料。在这种情况下，项目管理人员就只能根据自己的经验猜测风险事件发生的概率分布或概率。当然，利用主观概率分析工程项目风险时应注意到，主观概率反映的是特定的个体对特定事件的判断。在某种程度上，主观概率反映了个体在一定情况下的自信程度。用主观概率估计风险因素或风险事件发生概率的常用方法有下列几种。

（1）等可能法。在分析风险因素或风险事件发生概率时，没有任何历史资料和数据的情况下，此时可认为各个自然状态出现的可能性是相等的，若有 n 种自然状态，每种自然状态出现的概率为 $\frac{1}{n}$。这种方法又称等可能法或拉普拉斯（Laplace）法。

例如，在工程投标时，若有 6 个单位参与投标竞争，若认为每个投标单位的中标概率相同，则每一投标人中标的概率是 $\frac{1}{6}$，而每一投标人不能中标的风险是 $1-\frac{1}{6}=\frac{5}{6}$。

(2) 统计估算法。若自然状态出现的情况有历史统计资料可参考，则可以通过统计计算，以各种状态在历史上出现的频率代替概率。

例如，某种决策问题中的自然状态有 m 种：Q_1，Q_2，Q_3，$\cdots$，Q_m 每种状态在历史上出现的次数依次为 n_1，n_2，n_3，$\cdots$，n_m，$n=n_1+n_2+n_3+\cdots+n_m$，则第 i 种自然状态出现的概率近似为

$$P(x=Q_i)=\frac{n_i}{n}, \quad i=1,2,3,\cdots,m \tag{3.1}$$

(3) 主观测验法。对于自然状态出现的概率，项目管理人员也可用比较、试探的方法去估计，即主观测验法。如令 Q 表示某种自然状态发生，$\overline{Q}$ 表示它不发生。首先比较 Q 和 $\overline{Q}$ 哪个更可能出现。若 Q 比 $\overline{Q}$ 更易发生，则有 $P(x=Q) \geqslant \frac{1}{2}$；此时再将 $(\frac{1}{2}, 1)$ 分成 2 段，分点是 $\frac{3}{4}$，让项目管理者选择，是接受 $P(x=Q) \geqslant \frac{3}{4}$，还是接受 $\frac{1}{2} \leqslant P(x=Q) \leqslant \frac{3}{4}$；若项目管理者认为后者成立，再把 $(\frac{1}{2}, \frac{3}{4})$ 分成 2 段，分点是 $\frac{5}{8}$，接着让项目管理者决定是接受 $P(x=Q) \geqslant \frac{5}{8}$，还是愿意接受 $\frac{1}{2} \leqslant P(x=Q) \leqslant \frac{5}{8}$，……依此类推。直到项目管理者对 $P(x=Q)=p$ 认可为止。

(4) 专家估计法。个体对风险因素或风险事件发生概率的判断可能主观性较大，为避免个体行为的偏差，使估计结果更符合客观实际，常充分利用专家们的集体智慧，由专家们确定风险因素或风险事件的发生概率。该方法是请若干专家，分别对风险因素或风险事件发生概率作出估计，然后由项目管理者加以综合。由于每个专家的学识、经历和经验不一，每位专家对事物的认识会有差异。同时项目管理者对每位专家的信赖程度也不同，因而常给每位专家的意见赋以不同的权重 α_i，并且要求 $\alpha_1+\alpha_2+\alpha_3+\cdots+\alpha_m=1$（设有 m 位专家参加估计），然后计算出加权平均结果，作为对风险因素或风险事件发生概率的估计值。具体方法可采用层次分析法、模糊综合评判法等（王家远等，2017）。

[案例 3.3] 工程投标风险分析

某工程规模较大，且较为分散，发包方经分析，决定将其分成 5 个标，实行分项招标，并在招标文件中规定，每个具有资质和能力的企业只能投其中一个标。某工程承包企业拟参与其中 1 个标的投标，假设投标人对每个标的中标概率不一样，即每个标不能中标的风险不一样。投标人请来 4 位专家对投标风险作分析，评估投哪个标更能中标，或不中标的风险较小。不能中标的风险从小到大排出次序的结果见表 3.3。

表 3.3　　　　　　　　各种状态评价次序

专家	名次					α
	1	2	3	4	5	
A	X_1	X_3	X_5	X_2	X_4	0.25
B	X_3	X_2	X_1	X_5	X_4	0.28
C	X_2	X_1	X_3	X_4	X_5	0.22
D	X_3	X_2	X_5	X_1	X_4	0.25

投标决策者对专家们的信赖程度用系数 α 来表示，分别为 0.25、0.28、0.22、0.25，且 0.25＋0.28＋0.22＋0.25＝1。则每种状态的综合得分为

X_1：1×0.25＋2×0.22＋3×0.28＋4×0.25＝2.53

X_2：1×0.22＋2×0.28＋2×0.25＋4×0.25＝2.28

X_3：1×0.28＋1×0.25＋2×0.25＋3×0.22＝1.69

X_4：4×0.22＋5×0.25＋5×0.28＋5×0.25＝4.78

X_5：3×0.25＋3×0.25＋4×0.28＋5×0.22＝3.72

总得分为 2.53＋2.28＋1.69＋4.78＋3.72＝15。因此投标人投不同标时不能中标的概率分别为

$$P(x=X_1)=\frac{2.53}{15}=0.17$$

$$P(x=X_2)=\frac{2.28}{15}=0.15$$

$$P(x=X_3)=\frac{1.69}{15}=0.11$$

$$P(x=X_4)=\frac{4.78}{15}=0.32$$

$$P(x=X_5)=\frac{3.72}{15}=0.25$$

显然，当投标人投第 4 个标时，其风险最大，而投第 3 个标时，其风险最小。

3.2.3　综合推断法

综合推断法是利用已有数据与主观分析判断相结合的一种综合性项目风险发生概率的估计方法。综合推断法又可分为前推法、后推法和旁推法。

1. 前推法

前推就是根据历史经验和数据来推断风险发生的概率。例如，兴建一个化

肥厂，需要考虑大雨成灾的风险。为此，可根据这一地区水灾事件的历史记录进行前推，这里也有各种可能性：

（1）如果历史记录呈现出明显的周期性，那么外推可认为是简单的历史重现，也就是将历史数据序列投射到未来，作为未来风险的估计。

（2）有时不能预见水灾发生的确切时间，只能根据历史数据估计出重现期的概率。

（3）有时由于历史数据往往是有限的，或者看不出什么周期性，可认为已获得的数据只是更长的关于水灾历史数据序列的一部分，关于这一序列又假设它服从某一种曲线或函数再进行外推。

（4）有时需要根据逻辑上或实践上的可能性去推断过去未发生过的事件在将来发生的可能性。这是因为历史记录往往存在失误或不完整的地方，气候和环境也在变化。另外对历史事件的解释也可能掺杂某些个人的主观意见。因此，必须考虑历史上未发生事件在未来发生的可能性。实际上如果将历史数据看作是更长数据序列的一部分，也有可能推断出历史上未曾发生的事件。在进行这一推断工作时，要采用各种方法，从简单的统计到复杂的曲线拟合和物理系统的分析，这要用到个人或集体经验外推的某些形式。

2. 后推法

如果没有直接的历史经验数据可供使用，可以采用后推的方法，即把未知想象的事件及后果与某一已知的事件及其后果联系起来，把未来风险事件归算到有数据可查的造成这一风险事件的一些起始事件上，在时间序列上也就是由前向后推算。例如，对于水灾风险的评估，如果没有关于水灾的直接历史数据可查，可将水灾的概率与一些水文数据如年降水量等联系起来考虑。考虑到某一地区已有的或设计的排水条件，根据降水量的数据，估算出足以引起一定大小水灾的"假想的大雨"，再根据此假想大雨的概率，即可对水灾出现的可能性作出估计。

3. 旁推法

旁推法就是利用情况类似的其他地区或工程项目的数据对本地区或工程项目进行外推。例如，可以收集一些类似地区的水灾数据以增加本地区的数据，或者使用类似地区一次大雨的情况来估计本地区水灾出现的可能性等。应当说，旁推法在我国工程界早已被采用。例如，在水文分析中的"水文比拟法"。在进行风险较大的工程项目时，如采用新的建筑材料或新的工程结构时，常采用的"试点""由点到面"的方法，这是工程中较为典型的一种旁推法。用某一项目取得的数据，去预测其他工程项目的状态，这是工程项目风险估计常用的方法之一。

3.3 多因素下风险事件发生可能性估计

3.3.1 多因素下风险事件发生可能性/概率模型

在风险评估中，较为复杂的情境是在两个及以上不确定性/风险因素影响下，风险事件发生的可能性。例如，在水利水电工程施工导流中，洪水是一主要风险因素，但导流围堰形成后，堰前形成水库的水位与库容关系具有不确定性/风险性；此外，导流泄水建筑的泄水能力也具有不确定性。因此，水利水电工程施工导流风险事件发生的可能性至少受这三个方面的影响。

设工程中某物理量的设计值为 X_0，X 为工程建设或运行过程中该物理量的实际值。其中，X 是不确定量/风险因素/变量 x_1，x_2，x_3，…的函数，则可将 X 的风险事件发生的可能性，即 X 发生风险的概率 P_r 模型表示为：

$$P_r = P(X > X_0) \tag{3.2}$$

3.3.2 基于 MC 方法的多因素下风险事件发生概率估计

在多变量作用下，用于描述项目风险发生概率的数学公式或方程包含一些非初等的分布函数时，往往使问题变得较为复杂，因此难以得到解析解。MC 方法可帮助获得相对精确的近似解，特别在计算技术高度发达的当下，具有应用价值。

3.3.2.1 MC 方法及其特点

MC（Monte Carlo）方法，即蒙特卡罗方法，又称统计表试验方法，是一种依据统计理论，利用计算机来研究风险发生概率或风险损失的数值计算方法。

MC 方法的基本思想是，若已知描述工程项目风险状态的概率分布，根据工程项目目标或规定的状态函数 $g(X_1, X_2, \cdots, X_n)$，利用抽样技术，生成符合状态变量概率分布的一组随机量 $x_1, x_2, \cdots, x_n$，将其代入状态函数 $g(X_1, X_2, \cdots, X_n)$，得到状态函数的一个随机量。用如此方法，产生 N 个类似这样的状态函数的随机量。若在 N 个状态函数的随机量中有 M 个小于等于（或大于等于）工程项目目标或规定的值 X_0，当 N 充分大时，由大数定律，此时的频率已接近概率，因而可得工程项目的风险率 P_r：

$$P_r = \lim_{n \to \infty} P\{g(X_1, X_2, \cdots, X_n) \leqslant X_0\} = \frac{M}{N} \tag{3.3a}$$

或

$$P_r = \lim_{n \to \infty} P\{g(X_1, X_2, \cdots, X_n) \geqslant X_0\} = \frac{M}{N} \tag{3.3b}$$

MC 方法的主要优点在于：只要能正确地用数学公式客观地描述项目风险发生的概率，原则上可找到解。当在计算机上进行多次试验后，该解将会取得满意的精度，而且试验次数越多，其精度越高。

MC 方法的主要缺陷有下列几点：

（1）MC 方法只是一种数值计算的方法，即只能给出问题的一个可行解，而得不到一般的通解。若要得到最优解或满意解，则要通过多次模拟，具有与枚举法类似的缺点。

（2）MC 方法不是用纯数学的方法去确定各变量数值关系，而是通过建立数学模型，在计算机上做试验，是通过试验求解的一种方法。一般它只能给出模型试验的最终解，而不能得到一些中间成果。如在工程项目进度风险的模拟计算过程中，一般只能得到有关工期的一些参数，而得不到每一项目活动的详细的时间参数。

（3）MC 方法在模拟试验过程中要求每一随机变量独立。此外 MC 的模拟过程是一重复的运行过程，常常需要占用较多的计算机内存和耗费较多的机时。

3.3.2.2　MC 方法计算步骤与模拟次数

1. MC 方法计算步骤

一般的模拟步骤为：

（1）风险数据收集与统计检验。收集各风险因素的相关数据，对其进行加工分析，估计它们的分布函数和分布参数，并作统计检验，确定风险因素的分布函数及其参数。

（2）建立风险问题的模型。首先要明确解决问题的实质，确定分析计算的目标，以及把握与分析计算相关的环境、条件等基本问题；其次将其抽象，建立数学模型或计算流程图；最后得到为计算机能接受的计算程序。

（3）根据风险分析的精度要求，确定模拟次数 N。

（4）产生伪随机数，根据所确定的随机变量 $\{X_1, X_2, \cdots, X_n\}$ 的分布类型和参数，随机抽取一组与随机变量 $\{X_1, X_2, \cdots, X_n\}$ 相对应的随机数 $x_1, x_2, \cdots, x_n$。

（5）根据所建立的数学模型或计算流程图计算出状态函数值，即得到一个随机事件的样本值。

（6）重复步骤（4）和（5）N 次，取得 N 个随机样本值。

（7）对 N 个样本值进行统计分析，得到分布曲线，并检验其概率分布，估计其均值和标准差。

2. 模拟次数

在 MC 方法中，模拟次数 N 是首先要确定的参数。模拟次数 N 与 MC 方法的计算精度直接相关,并且对于随机事件模拟和随机变量模拟,它们的模拟次数 N 有不同的计算公式。下面介绍给定置信度 β 和误差 ε 条件下,计算它们的模拟次数 N 的公式。

(1) 随机事件模拟次数 N 的计算。由于随机事件抽样试验是概率为 p 的伯努利试验,因此,估计值 p_r 的期望值 $E(p_r)$ 为

$$E(p_r)=E\left(\frac{M}{N}\right)=p \tag{3.4}$$

p_r 的方差 $Var(p_r)$ 和标准差 σ_{p_r} 分别为

$$Var(p_r)=Var\left(\frac{M}{N}\right)=\frac{Var(M)}{N^2}=\frac{p(1-p)}{N} \tag{3.5}$$

$$\sigma_{p_r}=\sqrt{\frac{p(1-p)}{N}} \tag{3.6}$$

在工程项目风险评价中,经常用计算的 p_r 作为 p 的估计值,则误差表达式为

$$P(|p_r-p|<\varepsilon)=\beta \tag{3.7}$$

式中:β 为置信度;ε 为误差。

当样本充分大时,用中心极限定理估计 ε,$\varepsilon=U\sqrt{\dfrac{p(1-p)}{N}}$,其中,$U=\Phi^{-1}\left(\dfrac{\beta+1}{2}\right)$。因此有

$$N=\frac{U^2}{\varepsilon^2}p(1-p) \tag{3.8}$$

当样本较小时时,用切比雪夫不等式估计 ε,$\varepsilon=\sqrt{\dfrac{p(1-p)}{N(1-\beta)}}$,因此有

$$N=\frac{p(1-p)}{\varepsilon^2(1-\beta)} \tag{3.9}$$

式 (3.8) 和式 (3.9) 中:U、p 待定。

在 ε 和 β 给定的基础上,由 $\Phi(U)=\dfrac{\beta+1}{2}$,查正态分布表,以确定 U;对于 p,先模拟 N_0 次,如取 $N_0=100$,得到 $\hat{p}$,然后用 $\hat{p}$ 代替 p。最后即可计算 N。

(2) 随机变量模拟次数 N 的计算。为取得随机变量 x 的期望值 $E(x)$,对 x 做模拟,用样本均值 $\bar{x}$ 代替总体期望值 $E(x)$,则其误差可表达为

$$P(|\bar{x}-E(x)|<\varepsilon)=\beta \tag{3.10}$$

此处,又可分总体分布未知和总体分布已知两种情况讨论。

1) 情况一:总体分布未知,随机变量模拟次数 N 的计算。

a. 当总体分布未知，且样本较大时，用中心极限定理估计误差 ε，$\varepsilon = U \dfrac{\sigma}{\sqrt{N}}$，因而有

$$N = \dfrac{U^2}{\varepsilon^2} \sigma^2 \qquad (3.11)$$

式中：置信度 β 给定；U 由给定 β，经查 $\Phi\left(\dfrac{\beta+1}{2}\right)$ 确定；对 σ^2，用估计随机变量 X 样本量为 N_0 的方差 $S_{N_0}^2$ 代之。最后即可计算 N。

其中，计算 $S_{N_0}^2$ 采用的公式为 $S_{N_0}^2 = \dfrac{1}{N_0 - 1} \sum\limits_{i=1}^{N_0} (x_i - \overline{x})^2$，并有：$\overline{x} = \sum\limits_{i=1}^{N_0} x / N_0$。对 N_0，如取 100。

b. 当总体分布未知，且样本较小时，用切比雪夫不等式估计误差 ε，$\varepsilon = \dfrac{\sigma}{\sqrt{N(1-\beta)}}$，因而有

$$N = \dfrac{\sigma^2}{\varepsilon^2 (1-\beta)} \qquad (3.12)$$

在式 (3.11) 和式 (3.12) 中，误差 ε 和置信度 β 给定；对 σ^2，用估计随机变量 X 样本量为 N_0 的方差 $S_{N_0}^2$（$S_{N_0}^2$ 的计算同前）代之。最后即可计算 N。

2) 情况二：总体分布已知，随机变量模拟次数 N 的计算。用 t 分布估计误差 ε，$\varepsilon = \dfrac{S_N}{\sqrt{N}} t$，即有

$$N = \dfrac{S_N^2}{\varepsilon^2} t^2 \qquad (3.13)$$

对式 (3.13)，在给定误差 ε 和置信度 β 后，首先对随机变量 X 作 N_0 次模拟，得到子样方差 $S_{N_0}^2$（$S_{N_0}^2$ 的计算同前），并用 $S_{N_0}^2$ 替代样本量为 N 的方差 S_N^2；其次由 β 和 $N_0 - 1$ 查 t 表，得到 $t(N_0 - 1)$；最后即可计算 N。

3.3.2.3 伪随机数的产生

为了进行工程项目风险模拟，必须对随机变量取样，或者说产生服从某一分布的随机数。当已知随机变量的分布函数 $F(x)$ 以后，就可以借助于某种方法或手段得到服从该分布的随机数。但在这个过程中，必须首先产生一种连续分布的随机数，即所谓伪随机数。从理论上说，伪随机数只要连续分布即可。但由于 (0，1) 区间上的均匀分布是最简单、最基本的连续分布，所以通常都使用 (0，1) 分布的伪随机数，下文将在 (0，1) 区间上均匀分布的随机数简称伪随机数，用 r_i 表示。目前，用得比较多的随机数产生的方法有下列两种。

1. 乘同余法

用乘同余法产生伪随机数的递推公式为

$$x_{n+1} = ax_n \pmod{m}, \quad n=0, 1, 2, \cdots \tag{3.14}$$

式中：a 为乘子；x_0 为种子（初值）；m 称为模数。式（3.14）表示 x_{n+1} 是 ax_n 被 m 整除后的余数，叫做 x_{n+1} 与 ax_n 对模 m 的同余，于是得 $x_n \leqslant m$，从而有

$$r_{n+1} = \frac{x_{n+1}}{m} \tag{3.15}$$

利用乘同余法产生伪随机数的步骤如下：①取种子 x_0、乘子 a 和模数 m；②由式（3.14）获得一系列 $r_1, r_2, r_3, \cdots$；③由式（3.15）得到一系列 $r_1, r_2, r_3, \cdots$，这就是所要产生的伪随机数的序列。

从上述构造过程可知，x_{n+1} 最多有 m 个不同的值，因 $0 \leqslant x_{n+1} < m$，因此 r_{n+1} 也只有 m 个不同的值。这表明 x_{n+1} 和 r_{n+1} 是有周期的。例如取 $a=13$；$x_0=9$；$m=10$；$n=0, 1, 2, 3, 4$ 时，有

$\{x_n\} = 9, 7, 1, 3, 9$

$\{x_{n+1}\} = 7, 1, 3, 9, 7$

$\{r_{n+1}\} = 0.7, 0.1, 0.3, 0.9, 0.7$

上述表明，当产生到第 5 个伪随机数，就开始出现重复。

如何使产生伪随机数序列的周期充分大，这是人们所关心的。否则，仅加大模拟次数是没有意义的。

要使产生伪随机数序列的周期充分大，以及使它们满足独立性和周期性的要求，这取决于参数 a、x_0 和 m 的选择。为使伪随机数序列的周期充分大，对 32 位计算机，可取 $m=2^{k-1}$，其中 k 是计算机的计算字长，即取 32，也就是取 m 为计算机能表示的最大数。显然，对老旧的 32 位计算机，在 (0, 1) 区间内可取 21 亿个不重复的随机数。这对于一般的风险管理问题已完全满足要求。可以证明，当取 $a=8t\pm 3$（其中 t 为任意正整数）、x_0 取任意的正奇数时，伪随机数序列的周期为 $T=2^{k-2}$。其中，一般还要求 a 和 x_0 是不能被 3 和 5 整除的较大的奇数。

由于一般计算机系统无取模运算，因此在应用中常将式（3.14）和式（3.15）转换为下列算法：

$$r_{n+1} = ar_n - [ar_n], \quad n=0, 1, 2, \cdots \tag{3.16}$$

$$r_0 = \frac{x_0}{m} \tag{3.17}$$

式（3.16）中 [·] 为运算后取整。式（3.16）的证明如下：

由式（3.14）得

$$ax_n = mk + x_{n+1}$$

故
$$x_{n+1}=ax_n-mk$$
$$\left[\frac{ax_n}{m}\right]=\left[\frac{mk}{m}\right]+\left[\frac{x_{n+1}}{m}\right]=k+0=k$$

由式（3.15）得
$$r_{n+1}=\frac{x_{n+1}}{m}=\frac{1}{m}(ax_n-mk)=a\frac{x_n}{m}-k=ar_n-\left[a\frac{x_n}{m}\right]=ar_n-[ar_n]$$

所以
$$r_{n+1}=ar_n-[ar_n]$$

用乘同余法产生伪随机数的步骤如图 3.4 所示。

2. 线性同余法

线性同余法也称混合同余法，用其产生伪随机数的递推公式如下：

$$x_{n+1}=ax_n+c(\bmod m),\ n=0,1,2,\cdots \quad (3.18)$$

式中：a 为乘子；x_0 为种子（初值）；常数 c 称为增量；m 称为模数。这些均是非负整数，而且 a、c 均小于 m。式（3.18）表示 x_{n+1} 是 (ax_n+c) 被 m 整除后的余数，叫做 x_{n+1} 与 (ax_n+c) 对模 m 的同余，于是得 $x_n\leqslant m$，从而有

$$r_n=\frac{x_n}{m} \quad (3.19)$$

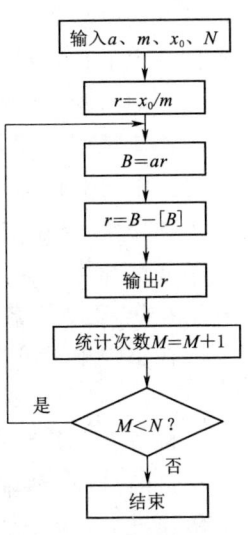

图 3.4 乘同余法产生伪随机数框图

式中：r_n 为随机数，其是区间（0，1）上的数列。

例如，当 $x_0=a=c=7$，$m=10$ 时，由式（3.18）得

$\{x_n\}=7,6,9,0,7,6,9,0,\cdots$

$\{r_{n+1}\}=0.7,0.6,0.9,0,0.7,0.6,0.9,0,\cdots$

显然，这是一个周期为 4 的周期数列。与乘同余法相类似，式（3.19）中的 r_n 也具有周期性。为加大序列 $\{r_n\}$ 周期内数据的个数，一般取 $m=2^k-1$，其中 k 为计算机的字长。

当计算机没有取模运算功能时，可将式（3.18）和式（3.19）转化为下列实用算法。

$$r_{n+1}=ar_n+\frac{c}{m}-\left[ar_n+\frac{c}{m}\right],\ n=0,1,2,\cdots \quad (3.20)$$

$$r_0=\frac{x_0}{m} \quad (3.21)$$

对式（3.20）和式（3.21），合理地选择 a、c、x_0 和 m 可以使重复周期充分长。为获得满周期，要求满足：①c 与 m 互为质数，即同时整除 c 和 m 的数为 1；②如 q 为质数，若 m 能被 q 整除，则 $a-1$ 也能 q 整除，即 m/q 为整数，

$(a-1)/m$ 也为整数；③若 m 可被 4 整除，则 $(a-1)$ 也可被 4 整除，即 $m/4$ 为整数，$(a-1)/4$ 也为整数。

用线性同余法产生伪随机数的步骤如图 3.5 所示。

不论是乘同余法还是线性同余法产生的伪随机数序列，要确定其是否为 (0，1) 均匀分布随机变量的独立样本，一般还需对其进行统计检验。检验的主要内容包括：独立性和均匀性等。目前一些计算机高级语言均已具备了通过检验且性能良好的伪随机数发生器，对这些软件产生的伪随机数序列一般均已作了独立性和均匀性等方面的检验。但要注意到，在应用这些软件时，其和所用计算机要匹配，在字长不同的计算机间引用这些软件时，常要对伪随机数发生器进行修改，甚至有必要编制子程序来生成伪随机数，这时需要对伪随机数序列进行独立性和均匀性方面的检验。

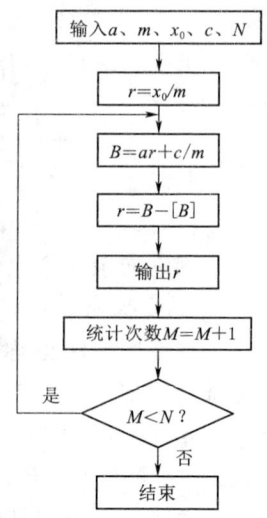

图 3.5 线性同余法产生伪随机数框图

3.3.2.4 随机变量的抽样

在工程项目风险模拟分析中，所遇到的不仅是 (0，1) 均匀分布的随机变量，更多的是其他各种不同分布的随机变量，甚至是随机过程。产生这种不同分布的随机变量的过程称为随机变量抽样，其是把已取得的伪随机数 r，通过给定分布的抽样模型，使伪随机变数 r 转变为给定分布的随机变量的样本。

随机变量抽样的方法很多，如逆变换法、舍选法、变换法和近似法等。为方便应用，本章拟介绍工程项目风险管理中常用的分布抽样方法，而不是将随机变量抽样方法逐一介绍。

1. 连续型随机变量的抽样

这里分别介绍均匀分布、正态分布、指数分布、三角分布、极值分布（Ⅰ型）和 β 分布等随机变量的抽样方法。

（1）均匀分布随机变量的抽样。对任意 $a<b$，在 $(a，b)$ 上均匀分布的概率密度函数 $f(x)$ 和分布函数 $F(x)$ 分别为

$$f(x)=\begin{cases} \dfrac{1}{b-a}, & a \leqslant x < b \\ 0, & 其他 \end{cases}$$

$$F(x)=\begin{cases} 0, & x<a \\ \dfrac{x-a}{b-a}, & a \leqslant x < b \\ 1, & x \geqslant b \end{cases}$$

由于在 $[a, b]$ 上 $F(x)$ 连续，且严格单调递增，因此，有了伪随机数 r 就可得：

$$F(x) = \frac{x-a}{b-a} = r$$

对上式作逆变换，得 $x = a + (b-a)r$，因而得到均匀分布随机数 u 的抽样公式：

$$u = a + (b-a)r \tag{3.22}$$

(2) 正态分布随机变量的抽样。

1) 用逆变换法抽取正态分布的随机变量。正态分布的密度函数为

$$f(x) = \frac{1}{\sqrt{2\pi}\sigma} e^{-(x-\mu)^2/(2\sigma^2)}, \quad -\infty < x < \infty$$

取 2 个伪随机数 r_1 和 r_2，利用二元函数变换得到标准正态分布 $N(0, 1)$ 的抽样公式：

$$\begin{aligned} u_1^* &= \sqrt{-2\ln r_1} \cos 2\pi r_2 \\ u_2^* &= \sqrt{-2\ln r_1} \sin 2\pi r_2 \end{aligned} \tag{3.23}$$

对非标准正态分布 $N(\mu, \sigma^2)$，作变换 $u = \mu + \sigma u^*$ 得

$$\begin{aligned} u_1 &= \mu + \sigma\sqrt{-2\ln r_1} \cos 2\pi r_2 \\ u_2 &= \mu + \sigma\sqrt{-2\ln r_1} \sin 2\pi r_2 \end{aligned} \tag{3.24}$$

2) 用近似法抽取正态分布的随机变量。取 n 个在 $(0, 1)$ 上均匀分布的伪随机数 $r_1, r_2, \cdots, r_n$，则有期望值和方差分别为

$$E(r_i) = \int_0^1 x f(x) \mathrm{d}x = \int_0^1 x \mathrm{d}x = \frac{1}{2}$$

$$Var(r_i) = E(r_i^2) - (E(r_i))^2 = \int_0^1 x^2 f(x) \mathrm{d}x - \left(\frac{1}{2}\right)^2 = \frac{1}{3} - \frac{1}{4} = \frac{1}{12}$$

由中心极限定理可知：

$$\frac{\sum_{i=1}^n r_i - \frac{n}{2}}{\sqrt{n/12}} \sim N(0, 1)$$

因而可得标准正态分布 $N(0, 1)$ 的抽样公式：

$$u = \frac{\sum_{i=1}^n r_i - \frac{n}{2}}{\sqrt{n/12}}$$

当取 $n = 12$，则得到标准正态分布 $N(0, 1)$ 的抽样公式：

$$u^* = \sum_{i=1}^{12} r_i - 6 \tag{3.25}$$

对非标准正态分布 $N(\mu, \sigma^2)$，作变换 $u = \mu + \sigma u^*$ 得

$$u = \mu + \sigma \left(\sum_{i=1}^{12} r_i - 6 \right) \tag{3.26}$$

用式（3.26）计算 $N(\mu, \sigma^2)$ 的随机样本极为方便。虽其为近似公式，但有相当的精度，因而具有实用价值。

(3) 指数分布随机变量的抽样。指数分布的概率密度函数 $f(x)$ 和分布函数 $F(x)$ 分别为

$$f(x) = \begin{cases} \dfrac{1}{\beta} e^{-x/\beta}, & x \geqslant 0 \\ 0, & \text{其他} \end{cases}$$

$$F(x) = \begin{cases} 1 - e^{-x/\beta}, & x \geqslant 0 \\ 0, & \text{其他} \end{cases}$$

有了伪随机数 r 及 $F(x) = 1 - e^{-x/\beta} = r$，直接应用逆变换法 $u = F^{-1}(r)$，即，可得随机变量 u 的计算公式：

$$u = -\beta \ln(1-r) \tag{3.27a}$$

因为 r 为 $(0, 1)$ 上均匀分布的随机数时，$(1, r)$ 也为 $(0, 1)$ 上均匀分布的随机数，所以有

$$u = -\beta \ln r \tag{3.27b}$$

(4) 三角分布随机变量的抽样。三角分布的概率密度函数 $f(x)$ 和分布函数 $F(x)$ 分别为

$$f(x) = \begin{cases} \dfrac{2(x-a)}{(b-a)(c-a)}, & a \leqslant x \leqslant c \\ \dfrac{2(b-x)}{(b-a)(b-c)}, & c < x \leqslant b \\ 0, & \text{其他} \end{cases}$$

$$F(x) = \begin{cases} 0, & x < 0 \\ \dfrac{(x-a)^2}{(b-a)(c-a)}, & a \leqslant x < c \\ 1 - \dfrac{(b-x)^2}{(b-a)(b-c)}, & c \leqslant x < b \\ 1, & b \leqslant x \end{cases}$$

有了伪随机数 r，直接应用逆变换法 $u = F^{-1}(r)$ 可得随机变量 u 的计算公式：

$$u = \begin{cases} a + \sqrt{(b-a)(c-a)r}, & 0 \leqslant r < \dfrac{c-a}{b-a} \\ b - \sqrt{(b-a)(b-c)(1-r)}, & \dfrac{c-a}{b-a} \leqslant r \leqslant 1 \end{cases} \tag{3.28}$$

式中：a、b、c 为三角分布的参数。

（5）极值分布（Ⅰ型）随机变量的抽样。极值分布（Ⅰ型）的分布函数为

$$F(x)=\exp\{-\exp[-\alpha(x-\upsilon)]\}$$

有了伪随机数 r，直接应用逆变换法 $u=F^{-1}(r)$ 可得随机变量 u 的计算公式：

$$u=\upsilon-\frac{1}{\alpha}\ln\left(\ln\frac{1}{r}\right) \tag{3.29}$$

式中：υ、α 为极值分布（Ⅰ型）的参数。

（6）β 分布随机变量的抽样。β 分布的密度函数 $f(x)$、均值 μ 和方差 σ^2 分别为

$$f(x)=\frac{\Gamma(r+s)}{(b-a)^{r+s-1}\Gamma(r)\Gamma(s)}(x-a)^{r-1}(b-x)^{s-1},$$

$$a\leqslant x\leqslant b, r>0, s>0 \quad \mu=a+(b-a)\frac{r}{r+s}$$

$$\sigma^2=(b-a)^2\frac{rs}{(r+s)^2(r+s+1)}$$

在工程项目风险管理中，β 分布应用很广，如在施工进度风险估计、工程单价分析等施工活动中的许多随机变量可用 β 分布描述。当这些随机变量的值用"三点法"估计时，其期望持续时间 D_{ij} 和方差 σ^2 分别为

$$D_{ij}=\frac{a+4m+b}{6}$$

$$\sigma^2=\frac{(b-a)^2}{36}$$

因此，在工程项目风险估计中，用以上两式作为 β 分布的均值和方差的估算值时，可以得到：

$$\frac{a+4m+b}{6}=a+(b-a)\frac{r}{r+s} \tag{3.30}$$

$$\frac{(b-a)^2}{36}=(b-a)^2\frac{rs}{(r+s)^2(r+s+1)} \tag{3.31}$$

由式（3.30）和式（3.31）可求出 r 和 s。

工程项目风险估计中，采用舍选法对 β 分布抽取随机变量的步骤如下：

1）用"三点法"估计各随机量的 3 个值：a、b 和 m。
2）由式（3.30）和式（3.31）计算 r 和 s。
3）计算 $f(m)$，其中 m 为众数。

$$m=\frac{b(r-1)+a(s-1)}{r+s-2} \tag{3.32}$$

4) 生成伪随机数 r_1 和 r_2。

5) 计算 $f[a+(b-a)r_1]$ 的值。

6) 比较式 $\dfrac{1}{f(m)}f[a+(b-a)r_1]\geqslant r_2$ 是否成立。若成立，则有 $u=a+(b-a)r_1$；否则，重复 4) 到 6)，直到不等式满足为止。

2. 离散型随机变量的抽样

这里主要介绍伯努利分布、二项分布和泊松分布 3 种离散型随机变量的抽样。离散型随机变量抽样的基本方法是逆变换法，即由分布函数 $F(x)$ 的反函数 $F^{-1}(x)$ 求随机数 u。其要求按 u_i 递增顺序对 $p(u_i)$ 加以排序，然后进行区间搜索。

(1) 伯努利分布随机变量的抽样。伯努利分布的密度函数为

$$p(x)=\begin{cases}1-p, & x=0\\ p, & x=1\\ 0, & \text{其他}\end{cases}$$

有了伪随机数 r，直接应用逆变换法得随机变量 u 的抽样计算公式：

$$u=\begin{cases}1, & r\leqslant p\\ 0, & r>p\end{cases} \tag{3.33}$$

(2) 二项分布随机变量的抽样。二项分布的分布律为

$$p(x)=P(X=k)=C_n^k p^k q^{n-k},\ k=0,1,2,\cdots,n$$

二项分布是 n 次独立伯努利试验中成功次数（每次试验成功概率为 p）的概率分布。因此，可由 n 个伯努利分布随机数构成二项分布随机数，其算法为：①产生 n 个独立的伯努利分布的随机变量 $y_1, y_2, \cdots, y_n$；②求二项分布随机变量 u，$u=y_1+y_2+\cdots+y_n$。

(3) 泊松分布随机变量的抽样。泊松分布的密度函数 $p(x)$ 和分布函数 $F(x)$ 分别为

$$p(x)=\dfrac{\lambda^x e^{-\lambda}}{x!},\quad x=0,1,2,\cdots,n$$

$$F(x)=\begin{cases}0, & x<0\\ e^{-\lambda}\sum\limits_{i=0}^{x}\dfrac{\lambda^i}{i!}, & x\geqslant 0,\lambda>0\end{cases}$$

分析 $p(x)$ 的特点，显然有

$$p(i)=\dfrac{e^{-\lambda}\lambda^i}{i!}=\dfrac{\lambda}{i}\dfrac{e^{-\lambda}\lambda^{i-1}}{(i-1)!}=\dfrac{\lambda}{i}p(i-1)$$

即

$$p(i)=\dfrac{\lambda}{i}p(i-1) \tag{3.34}$$

同样分析，对分布函数 $F(x)$ 有
$$F(i)=F(i-1)+p(i) \tag{3.35}$$
从而可得到泊松分布随机变量的抽样算法：① 令 $i=0$，$p(i)=e^{-\lambda}$，$F(i)=0$；② 产生伪随机数 r_{i+1}；③ 令 $p(i+1)=\dfrac{\lambda}{i+1}p(i)$ 和 $F(i+1)=F(i)+p(i+1)$；④ 若 $F(i+1)\leqslant r_{i+1}<F(i-1)$，则 $x=i+1$；否则，$i=i+1$，并返回③。

3. 经验分布随机变量的抽样

经验分布随机变量的抽样方法和离散型随机变量的抽样方法相类似。

（1）阶梯形经验分布随机变量的抽样。阶梯形经验分布函数为
$$F_n(x)=\begin{cases} x, & x<x_i \\ \dfrac{i}{n}, & x_i\leqslant x<x_{i+1} \\ 1, & x\geqslant x_n \end{cases}$$

其中 x_1，x_2，$\cdots$，x_n 为原始的实际数据值，按递增方式排列，即 $x_1\leqslant x_2\leqslant\cdots\leqslant x_n$；$n$ 为样本量，$i=1,2,\cdots,n-1$。

采用逆变换法，其步骤为：① 产生伪随机数 r；② 令 $p=(n-1)r$，$i=[p]+1$，其中 $[p]$ 表示取整；③ 求随机数 u，$u=x_i+(p-i+1)(x_{i+1}-x_i)$。

（2）逐段线性连续经验分布随机变量的抽样。逐段线性连续经验分布函数为
$$F(x)=\begin{cases} \dfrac{1}{n}+\dfrac{x-x_i}{n(x_{i+1}-x_i)}, & x_i\leqslant x<x_{i+1},\ i=0,1,\cdots,n-1 \\ 1, & x_n\leqslant x \end{cases}$$

式中：x_0 为 0。

对逐段线性连续经验分布函数曲线，可得到各点：$[x_1,F(x_1)]$，$[x_2,F(x_2)]$，$\cdots$。$F(x)$ 在 $x_i\leqslant x<x_{i+1}$ 这段中的斜率为
$$K=\dfrac{F(x_{i+1})-F(x_i)}{x_{i+1}-x_i} \tag{3.36}$$

采用逆变换法得到逐段线性连续经验分布随机变量抽样的步骤：
1）产生伪随机数 r。
2）若 $r=F(x_i)$，则：随机数 $u=r$；否则，做下步。
3）若 $F(x_i)<r<F(x_{i+1})$，则有：$\dfrac{r-F(x_i)}{u-x_i}=k=\dfrac{F(x_{i+1})-F(x_i)}{x_{i+1}-x_i}$，即
$$u=x_i+[r-F(x_i)]\dfrac{x_{i+1}-x_i}{F(x_{i+1})-F(x_i)} \tag{3.37}$$

MC 方法于 20 世纪 40 年代伴随着计算机的发明而提出，20 世纪 70 年代

后一些学者就试图研发 MC 方法的通用计算机软件（裴鹿成，1992），但并不成熟。随着计算技术和计算机技术的发展，MC 方法的通用计算机软件的开发进展迅猛，并进入商业化状态。商业化软件各有特色，但也有其局限性。因而，在应用这些软件时，有必要把握拟解决问题的一些特性，如变量随机特性、变量间的关系，以及需解决问题的一些条件与软件不适应时如何处理等。总之，了解 MC 方法基本原理还是有必要的。

[案例 3.4] 堤防工程边坡稳定风险估计

1. 堤防工程结构失效风险定义

堤防工程结构破坏的形式有两种：一是堤的边坡滑动，包括上下游边坡滑动；二是堤身或堤脚处产生渗透变形。但不管属哪种形式的破坏，可将其风险定义为：当洪水位超过某一界限时，堤防工程的荷载超过抗力，导致其失效的概率（祝玉学，1990）。

堤防工程所受荷载用 Z 表示，它可以是堤防工程的挡水水位、堤防工程边坡的滑动力矩，也可以是堤身在水力作用下的渗透坡降；堤防工程的抗力用 Z' 表示，它可以是堤顶高程或设计水位、堤边坡的抗滑力矩，也可以是堤身土体的抗渗能力。

堤防工程结构失效，即风险发生的概率用 P_r 表示，因而其数学表达式为：

$$P_r = P(Z > Z') \tag{3.38}$$

式中：Z 和 Z' 均是随机变量。此外，仅当洪水位超过规定值，如，在警戒水位以上时，讨论式（3.38）才有意义。因为在枯水位期间，堤防工程也有可能出现滑坡事故，但这时防洪堤的滑坡对保护对象来说并不构成任何风险。因此，不将这种事故计入防洪堤结构风险之内。

2. 堤防工程结构不确定性影响因素分析

影响堤防工程边坡滑动和发生渗透变形的因素很多，如水位、土质的物理力学性质指标、堤防的结构尺寸、施工质量等。若堤防在抗洪过程中，这些因素的值和设计值相吻合，那么，只要设计不出差错，堤防工程在边坡滑动和渗透变形方面就不会有任何风险。但事实上做不到这一点，这些因素存在不确定性，因此就存在堤防工程失稳的风险。可以说，影响堤防工程稳定因素的不确定性的研究是项很复杂的工作，而且某些因素的不确定性的研究还极其困难。为简化这方面的研究，这里仅作概括性分析。

(1) 水位不确定性分析。洪水位的不确定性，对堤防工程稳定的风险有较大的影响，特别对各种形式的渗透变形，其影响更为明显。由洪水的年最高水位的随机变化规律，得到了水位-频率曲线如图3.6所示。

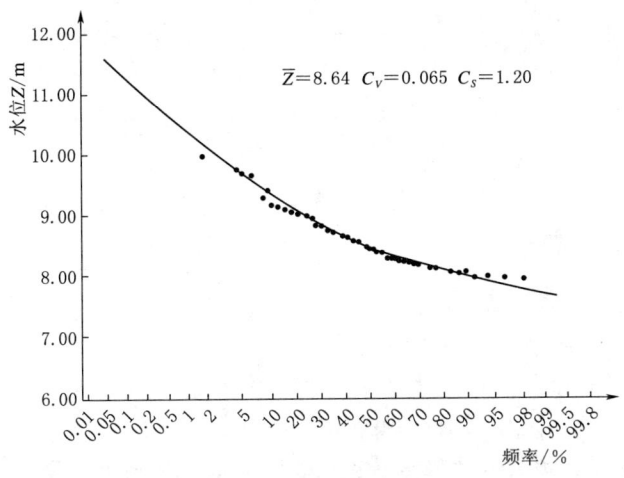

图3.6 水位-频率曲线图

（2）影响堤防工程边坡抗滑稳定的不确定性分析。根据有关文献（王卓甫等，2005），一般土坡稳定风险的主要影响因素是土质的物理力学性质指标，包括凝聚力 C、摩擦角 φ 和容重 γ。因此影响堤防工程边坡抗滑稳定的不确定因素主要有：洪水位堤身和基础土质的凝聚力 C、摩擦角 φ 和容重 γ 等物理力学性质指标。引起土质的物理力学指标不确定性的原因在于：土质物理力学指标的变异、取样、试验和计算等过程中存在着各种各样的误差。对这种不确定性的描述，从统计角度看，需要收集大量的数据进行分析，然后寻找出各断面的土质物理力学指标不确定性的规律及其特征值。但事实上，这样做费用很高，一般的工程上均难做到。常是根据收集到的有限数据，来估算凝聚力 C、摩擦角 φ 和容重 γ 等的均值、标准差 σ 及离差系数 C_v，并假定其服从正态分布，然后将其作为分析计算堤防工程结构失效风险的基础。

（3）影响堤防工程土质抗渗性的不确定性。堤防工程产生渗透变形的条件可以描述为：在堤防工程结构一定的情况下，随着堤外洪水位的上升，堤防工程内渗透坡降不断提高，当该渗透坡降超过了堤身土质的抗渗临界坡降时，渗透变形就发生了。显然，堤防工程产生渗透变形的不确定性可分为土质抗渗临界坡降的不确定性和堤防工程内渗透坡降不确定性。根据土力学理论和试验，堤防工程土体抗渗临界坡降大小与土质颗粒的大小、颗粒级配及结构、孔隙率、容重、施工质量等因子有关，而这些因子均又有不确定性。若通过研究这些因子的随机性来分析临界坡降的不确定性，势必会使问题复杂化，以至于找不到答案。为了简化分析计算，一般认为可直接讨论土质渗透临界坡降的不确定性。其方法是收集土质渗透临界坡降分布范围的资料，并假定其服从三角分布。根据收集到的数据，经综合分析，得到典型断面附近土质临界水力坡降的密度函数：

$$f(x)=\begin{cases} \dfrac{x-0.1}{0.2025}, & 0.1 \leqslant x < 0.55 \\ \dfrac{1.0-x}{0.2025}, & 0.55 \leqslant x \leqslant 1.0 \\ 0, & 其他 \end{cases}$$

3. 堤防工程失效风险计算

堤防工程的边坡滑动和渗透变形虽均是在水力作用下引发的，但它们的破坏机理完全不同，发生的部位也不尽相同。因此可假设在水力作用下这几种失稳事件是相互随机独立的。于是，可以将堤防工程边坡失稳风险率 P_{r1} 和渗透变形失稳风险率 P_{r2} 分别讨论，并根据独立事件概率计算的特点，计算堤防工程结构风险率 P_r，即有

$$P_r = P_{r1} + P_{r2} \tag{3.39}$$

（1）堤防工程边坡失稳风险模型。根据土力学一般理论，土堤边坡失稳由于其荷载滑动力矩 M_S 大于其抗力抗滑力矩 M_R。因此，计算堤防工程边坡失稳风险率 P_{r1} 的数学模型可表达为

$$P_{r1} = P(M_S > M_R) = \int_{M_R}^{\infty} f(M_S) \mathrm{d}M_S \tag{3.40}$$

式中：$f(M_S)$ 是堤防工程滑动力矩的概率密度函数。

用上式直接计算显然很困难。一方面 M_S 和 M_R 均和洪水位有关；另一方面 M_S 和 M_R 还与许多不确定的土质的物理力学性质指标有关。但可以利用概率组合的方法，间接估算 P_{r1}。设滑动力矩 M_S 与洪水位 H 的概率联合密度分布为 $f(M_S, H)$，则有

$$f(M_S, H) = f(M_S/H) f_0(H) \tag{3.41}$$

式中：$f(M_S/H)$ 为给定某一水位 H 情况下 M_S 的条件概率密度函数。$f_0(H)$ 为洪水位概率密度函数。利用全概率公式就可得

$$f(M_S) = \int_{-\infty}^{\infty} f(M_S/H) f_0(H) \mathrm{d}H$$

因此，式（3.40）可作如下列变化。

$$\begin{aligned} P_{r1} &= P(M_S > M_R) \\ &= \int_{M_R}^{\infty} \left[\int_{-\infty}^{\infty} f(M_S/H) f_0(H) \mathrm{d}H \right] \mathrm{d}M_S \\ &= \int_{0}^{\infty} \left[\int_{M_R}^{\infty} f(M_S/H) \mathrm{d}M_S \right] f_0(H) \mathrm{d}H \end{aligned}$$

令，$F_S(H) = \int_{M_R}^{\infty} f(M_S/H) \mathrm{d}M_S$，则

$$P_{\mathrm{r}1} = \int_0^{\infty} F_S(H) f_0(H) \mathrm{d}H \approx \int_{H^*}^{H^{**}} F_S(H) f_0(H) \mathrm{d}H$$

式中：H^* 为开始考虑防洪风险时的规定水位；H^{**} 为考虑堤防工程风险时的最高水位。实际计算时可将式（3.41）离散化，可得

$$P_{\mathrm{r}1} = \sum_{i=1}^{N} F_S(\overline{H}_i) \cdot \Delta F_0(\overline{H}_i) \tag{3.42}$$

式中：$F_S(\overline{H}_i)\left(=\int_{M_R}^{\infty} f(M_S/H) \mathrm{d}M_S\right)$ 为给定 $\overline{H}_i$ 时，滑动力矩 M_S 大于抗滑力矩 M_R 的概率；$\Delta F_0(\overline{H}_i)$ 为洪水位频率曲线第 i 段区间概率；N 为洪水位频率曲线计算段数。

（2）堤防工程渗透变形风险模型。由土体渗流理论，产生渗流变形（管涌或流土）的原因是渗透坡降 J 超过了土体的临界坡降 i_k，即 $J > i_k$，因此，计算堤防工程渗透变形风险的数学模型可表达为

$$P_{\mathrm{r}2} = P(J > i_k) = \int_{i_k}^{\infty} f(J) \mathrm{d}J \tag{3.43}$$

式中：$f(J)$ 为堤防工程渗透水力坡降的概率密度分布函数。用式（3.43）计算 $P_{\mathrm{r}2}$ 也有较大的困难。因 $f(J)$ 不仅同土质、堤防工程的结构有关，而且和洪水位也有直接的关系。采用和求 $P_{\mathrm{r}1}$ 相同的处理办法，可得到计算 $P_{\mathrm{r}2}$ 离散化的公式：

$$P_{\mathrm{r}2} = \sum_{i=1}^{N} F_J(\overline{H}_i) \cdot \Delta F_0(\overline{H}_i) \tag{3.44}$$

式中：$F_J(\overline{H}_i)\left(=\int_{i_k}^{\infty} f(J/H) \mathrm{d}J\right)$，为给定 $\overline{H}_i$ 时，渗透坡降 J 大于临界坡降 i_k 的概率；$\Delta F_0(\overline{H}_i)$ 和 N 的意义同前。

（3）堤防工程结构失效风险计算。

1）堤防工程边坡失稳风险计算。计算时利用式（3.42），其中 $\Delta F_0(\overline{H}_i)$ 利用实际数据。在求 $F_S(\overline{H}_i)$ 时，先确定最小稳定安全系数对应的滑弧，然后根据毕肖普极限状态方程：

$$g(x) = \{\sum[C_i b_i + (W_i - u_i b_i)\tan\varphi_i]\sin\theta_i/(1+\tan\varphi_i\tan\theta_i)\} - \sum W_i \sin\theta_i \tag{3.45}$$

式中：C_i、φ_i 为土抗剪强度指标；u_i 为孔隙压力；W_i 为土条重；b_i 为土条宽度；θ_i 为土条底部中点切线与水平线夹角。

最后，利用 MC 方法计算，其步骤为：①计算堤边坡最小安全系数，并确定滑弧；②确定模拟次数 N；③产生伪随机数；④对随机量 C_i、φ_i 等

的抽样；⑤根据最小安全系数所对应滑弧计算 $g(x)$；⑥统计 $g(x)<0$ 出现的次数，并记为 M；⑦重复③～⑥ N 次；⑧计算 $F_S(\overline{H_i})$，$F_S(\overline{H_i}) = M/N$。

2) 堤防工程渗透变形风险计算。式（3.44）中 $\Delta F_0(\overline{H_i})$ 和堤防工程边坡失稳风险计算相同。利用式（3.44）计算 P_{r2} 的步骤如下：

a. 根据堤防工程典型断面确定不同水位下的渗透坡降。根据水力学方法计算出各种水位条件下渗点高度，然后估算渗径，并计算各种不同水位下的渗透坡降。

b. 考虑渗透坡降 J 的不确定性。考虑到计算的误差、实际断面尺寸削弱和动植物破坏等因素，显然 J 存在不确定性。假定 J 服从三角分布，并认为由计算所得 J 是可靠的，估计其最大值为 $1.03J$，最小值为 $0.85J$。

c. 计算在某水位 H_i 下渗透坡降 J 大于 i_k 的概率 $F_J(\overline{H_i})$。计算 $F_J(H_i)$ 时，仍采用 MC 方法。

d. 计算发生渗透变形的风险度 P_{r2}。根据式（3.44）计算发生渗透变形的风险度 P_{r2}。

[解析] 上述为一个较为典型的两个风险因素影响风险事件的案例，这两个风险因素与风险事件间存在的逻辑可以用数学表达式描述，因此，可以找到较为精确的数值解。

3.4 风险事件发生后损失的估计

工程项目风险损失估计是风险估计的一个重要方面，其估计的精度直接影响到项目决策或项目风险应对措施的选择。

3.4.1 工程项目风险损失的标的

工程项目风险损失是指项目风险一旦发生，将会对工程项目目标的实现产生不利的影响。这种影响对象，即损失的标的，一般包括下列4个方面：

（1）进度（工期）拖延。反映在各阶段工作的延误或工程工期的滞后。如因恶劣的气候条件导致施工中断，处理质量事故要求暂停施工等。

（2）费用超计划。反映在项目费用的各组成部分的超支，如价格上涨引起材料费超出计划值，处理质量事故使费用增加等。

（3）质量事故或技术性能指标严重不达标。它是指质量严重不符合有关标准的要求，而且一般要求返工（rework），造成经济损失或工期的延误。

（4）安全事故。它是指在工程建设活动中，由于操作者的失误、操作对象的缺陷以及环境因素等，或它们相互作用所导致的人身伤亡、财产损失和第三者责任等。

上述 4 类损失分属不同的性质。如超支用货币来衡量，而进度则属时间的范畴，质量事故和安全事故既涉及经济，又可导致工期的延误，显得更加复杂。但在工程项目风险管理中，质量和安全的影响问题常可归结为费用和进度的问题。在某些场合还可进一步将工程项目的进度问题归结为费用的问题去分析处理。

3.4.2 进度/工期损失的估计

对于一般工程项目活动持续时间不确定性的进度风险计算问题，将在第 6 章介绍。此处主要考虑风险事件对工程项目引起进度/工期方面损失的估计问题，一般应分下列两步展开。

（1）风险事件对工程局部进度影响的估计。风险事件对工程局部进度影响的估计是分析风险事件引起工程项目进度/工期损失的基础。这项分析既要确定影响局部进度风险事件的发生时间，又要确定局部施工活动延误的时间。

对于影响局部进度风险事件发生的时间，可根据工程整体的进度计划和工程建设环境的发展变化作出分析判断。

对于风险事件发生后对局部施工活动延误时间的计算，要根据工程实际情况进行。如发生了一个较大的质量事故，这个质量事故对局部施工活动延误时间的计算应包括：质量事故调查分析所要的时间、质量事故处理所要的时间和质量事故处理后验收所需要的时间等。在合同管理和实行监理的建设环境下，质量事故对局部施工活动延误的时间一般应为发出暂停工令到发出复工令这段时间。又如，突发洪灾对工程局部施工活动延误时间的计算应包括恢复生产（施工）所需要的时间和恢复工程所需要的时间。

（2）风险事件对整个工程工期影响的估计。当风险事件对局部施工活动延误的时间确定后，就可借助于关键线路法进行分析，以确定风险事件发生后对工程项目工期的影响程度。一般而言，对关键路线上的施工活动，其时间上的滞后即为工程项目工期滞后的时间；对非关键线路上的施工活动，其时间上的滞后，对工期是否有影响要作具体分析。对非关键线路上的某一些施工活动，其完成时间虽有滞后，但对工程项目的正常完成可能没有影响。

3.4.3 费用损失的估计

费用损失的估计，和风险发生概率的估计相比，在风险管理中占有同样重要的地位，特别在风险决策分析中，费用损失估计不准，可能会导致相反的结果，选择完全不同的方案。对风险管理者而言，费用损失估计需要估计风险事件带来的一次性最大损失和对工程项目产生的总损失。

（1）一次性最大损失的估算。风险事件的一次性最大损失（maximum possible loss）是指一次标的在最坏情况下可能发生的最大可能损失额。这一指标常常很重要，因为数额很大的损失若一次发生在某一个工程项目中，项目很可能因流动资金不足而终止，永远失去该项目可能带来的机会；而同样数额的损失，若是在较长的时间里，分几次发生，则项目班子或许可以设法弥补，使工程项目能继续进行下去。

一次性最大损失应包括在同一时段发生的各类风险引起的损失之和，包括经济、工期、质量、安全和第三者责任等引起的损失。

（2）对项目整体造成损失的估计。工程项目风险发生后，经常会马上出现损失，这就是一次性的损失。有一些风险除一次性损失外，对后阶段项目的实施还会有影响，即还会有损失，这种损失可能包括经济、工期、质量和安全等几方面。在进行风险决策、风险控制方案选择方面常常不仅需要估计项目风险事件发生后一次性的损失费用，还要估计这种对后阶段项目实施带来的损失。

（3）各种不同类型风险损失的具体估算。

1）因经济因素而增加费用的估算。因经济因素而引起费用的增加，可直接用货币的形式来表现。这些因素包括价格、汇率、利率等的波动或工程建设资金筹措不当等。

2）赶工程进度而增加费用的估计。工程进度和经济问题密切相关，由赶工程进度而引起的费用增加包括两个方面：

a. 资金的时间价值。进度风险的形成可能会对现金流造成影响，从而在利率作用下引起经济损失。

b. 赶工的额外支出。为赶进度而增加的成本，包括建筑材料供应强度增加而增加的费用、工人加班而增加的人工费、机械使用费和管理费等的增加等。

3）处理质量事故而增加费用的估算。质量事故导致的经济损失包括直接经济损失，以及返工、修复、补救等过程发生的费用和第三者的责任损失。具体可分为下列全部或若干项：①建筑物、构筑物或其他结构倒塌或报废所造成的直接经济损失；②修补措施的费用；③返工费用；④引起工期拖延引起的损失；⑤工程永久性缺陷对使用功能引起的损失；⑥第三者责任引起的损失。

4）处理安全事故而增加费用的估算。处理安全事故而引起的损失包括：①伤亡人员的医疗或丧葬费用，以及补偿费用；②财产损失费用，包括材料、设备等的损失费用；③引起工期延误带来的损失；④为恢复正常实施而发生的费用；⑤第三者责任引起的损失。

（4）工程项目风险损失的估计应注意的问题。工程项目风险损失是否科学合理直接关系到风险评价或风险决策的结果。在工程项目风险损失估计时一般应注意下列问题：

1）有关工程损失费用的计算和原工程估价的计算口径最好一致，包括基础单价标准、费率标准、工程的计量方法等。

2）当计算工程进度损失、质量和安全事故的费用损失时，一方面要考虑到直接损失和间接损失；另一方面要紧密结合工程的实际情况。因为不同工程的差异性很大，同样或类似的风险事件，对不同的施工条件或不同的工程结构，其经济损失会相之甚远。

3）对工程项目风险决策或风险控制措施选择等问题，在计算不同方案的风险损失时，其方法要一致，计算参数选择、工程计量方法、基础单价标准等方面要统一，这样才有可比性，所得方案才是满足优化目标的方案。

3.5 风险事件等级划分

不同工程项目风险事件等级划分有不同的方法，但一般是基于风险事件的概率和产生的后果，但有时也仅取决于风险的后果。这取决于风险事件等级划分的用途。

3.5.1 等风险图法

工程项目风险的大小不仅和风险事件发生的概率有关，而且还与风险损失的多少有关。因而一些文献中常依据等风险图法划分风险事件等级，或评估风险的大小，等风险图如图 3.7 所示。

在图 3.7 中，工程项目风险量的大小 R 为风险出现概率 P_r 和潜在损失值 q 的函数，这在第一章已给出了表达式，如式（1.2）：

$$R = f(P_r, q)$$

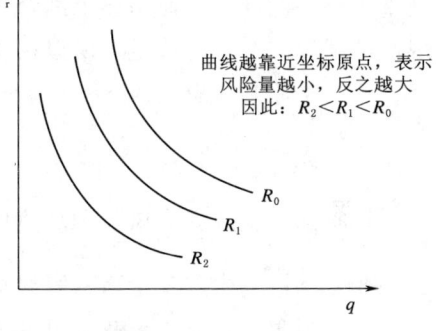

图 3.7 等风险图

R 具有下列性质：

（1）在工程项目风险管理中，一般认为，潜在损失对 R 的影响较大。有严重潜在损失的风险，其虽不经常出现，但比经常发生但无大灾的风险要可怕。

（2）若两种风险的潜在损失相类似，则其发生频率高的风险具有较大的 R。

（3）风险评价图中每条曲线代表一个风险事件，不同曲线风险程度不一样。曲线距离原点越远，期望损失越大，一般认为风险就越大。

（4）工程项目风险发生频率与潜在损失的乘积就是损失期望值，即风险量大小是关于损失期望值的增函数。因此，可得到图 3.7 中等风险图的大致形状。在风险理论中常用下列公式来计算 R：

$$R = f(P_r, q) = P_r q \tag{3.46a}$$

或

$$R = \sum_{i=1}^{n} P_{ri} q_i \tag{3.46b}$$

式中：i ($i=1, 2, 3, \cdots, n$) 表示工程项目的第 i 风险事件。

式（3.46）的最大局限性是没有考虑到风险评估者或风险接受方对风险的偏好。这主要在于对不同类型风险，人们对风险发生的概率和风险发生后出现损失的认同程度可能是不一致的。

3.5.2 综合评估法

住房和城乡建设部在《城市轨道交通地下工程建设风险管理规范》（GB 50652—2011）明确提出，要根据人员伤亡、环境影响、经济损失、工期延误与社会影响这 5 方面确定风险损失等级高低，这本质上是一种综合评估的方法，金淮等（2012）认为评估有一定的难度。王熠琛（2019）等引入基于性能的风险损失等级（Performance - Based Risk Loss Level，PBRLL）理念优化《城市轨道交通地下工程建设风险管理规范》（GB 50652—2011）中风险损失分级标准。PBRLL 以工程性能水平作为衡量风险损失严重程度的指标。性能水平涵盖了很广的范围，能符合不同工程的具体要求，并且性能水平的确定不是基于统一的准则，而是要求结合工程的特点、业主的主观需求，以及相应的规范准则等综合进行确定，所以很难给出 PBRLL 建立的统一步骤，但可以给出一些基本原则与思路。

3.5.3 案例分析

在我国，生产安全风险和环境风险方面均已经有风险/事故等级划分标准。

[案例 3.5] 生产安全事故等级标准

根据生产安全事故（以下简称事故）造成的人员伤亡或者直接经济损失，事故一般分为以下等级：

（1）特别重大事故，是指造成 30 人以上死亡，或者 100 人以上重伤（包括急性工业中毒，下同），或者 1 亿元以上直接经济损失的事故。

（2）重大事故，是指造成 10 人以上 30 人以下死亡，或者 50 人以上 100 人以下重伤，或者 5000 万元以上 1 亿元以下直接经济损失的事故。

(3) 较大事故，是指造成 3 人以上 10 人以下死亡，或者 10 人以上 50 人以下重伤，或者 1000 万元以上 5000 万元以下直接经济损失的事故。

(4) 一般事故，是指造成 3 人以下死亡，或者 10 人以下重伤，或者 1000 万元以下直接经济损失的事故。

上述所称的"以上"包括本数，所称的"以下"不包括本数。

[解析]　本案例用伤亡或者直接经济损失作为划分安全风险等级的标准，其主要用途是事件发生后的应急处置，而不是事件发生前的应对。

[案例 3.6]　突发环境事件分类标准

1. 特别重大突发环境事件

凡符合下列情形之一的，为特别重大突发环境事件：

(1) 因环境污染直接导致 30 人以上死亡或 100 人以上中毒或重伤的。

(2) 因环境污染疏散、转移人员 5 万人以上的。

(3) 因环境污染造成直接经济损失 1 亿元以上的。

(4) 因环境污染造成区域生态功能丧失或该区域国家重点保护物种灭绝的。

(5) 因环境污染造成设区的市级以上城市集中式饮用水水源地取水中断的。

(6) Ⅰ类、Ⅱ类放射源丢失、被盗、失控并造成大范围严重辐射污染后果的；放射性同位素和射线装置失控导致 3 人以上急性死亡的；放射性物质泄漏，造成大范围辐射污染后果的。

(7) 造成重大跨国境影响的境内突发环境事件。

2. 重大突发环境事件

凡符合下列情形之一的，为重大突发环境事件：

(1) 因环境污染直接导致 10 人以上 30 人以下死亡或 50 人以上 100 人以下中毒或重伤的。

(2) 因环境污染疏散、转移人员 1 万人以上 5 万人以下的。

(3) 因环境污染造成直接经济损失 2000 万元以上 1 亿元以下的。

(4) 因环境污染造成区域生态功能部分丧失或该区域国家重点保护野生动植物种群大批死亡的。

(5) 因环境污染造成县级城市集中式饮用水水源地取水中断的。

(6) Ⅰ类、Ⅱ类放射源丢失、被盗的；放射性同位素和射线装置失控导致 3 人以下急性死亡或者 10 人以上急性重度放射病、局部器官残疾的；放射性物质泄漏，造成较大范围辐射污染后果的。

(7) 造成跨省级行政区域影响的突发环境事件。

3. 较大突发环境事件

凡符合下列情形之一的，为较大突发环境事件：

(1) 因环境污染直接导致 3 人以上 10 人以下死亡或 10 人以上 50 人以下中毒或重伤的。

(2) 因环境污染疏散、转移人员 5000 人以上 1 万人以下的。

(3) 因环境污染造成直接经济损失 500 万元以上 2000 万元以下的。

(4) 因环境污染造成国家重点保护的动植物物种受到破坏的。

(5) 因环境污染造成乡镇集中式饮用水水源地取水中断的。

(6) Ⅲ类放射源丢失、被盗的；放射性同位素和射线装置失控导致 10 人以下急性重度放射病、局部器官残疾的；放射性物质泄漏，造成小范围辐射污染后果的。

(7) 造成跨设区的市级行政区域影响的突发环境事件。

4. 一般突发环境事件

凡符合下列情形之一的，为一般突发环境事件：

(1) 因环境污染直接导致 3 人以下死亡或 10 人以下中毒或重伤的。

(2) 因环境污染疏散、转移人员 5000 人以下的。

(3) 因环境污染造成直接经济损失 500 万元以下的。

(4) 因环境污染造成跨县级行政区域纠纷，引起一般性群体影响的。

(5) Ⅳ类、Ⅴ类放射源丢失、被盗的；放射性同位素和射线装置失控导致人员受到超过年剂量限值的照射的；放射性物质泄漏，造成厂区内或设施内局部辐射污染后果的；铀矿冶、伴生矿超标排放，造成环境辐射污染后果的。

(6) 对环境造成一定影响，尚未达到较大突发环境事件级别的。

上述分级标准有关数量的表述中，"以上"含本数，"以下"不含本数。

[解析] 本案例与 [案例 3.5] 类似，主要用途是事件发生后的应急处置，但风险等级划分的影响因素更多。

3.6 小　　结

工程项目风险评估包括风险事件发生概率的评估和由该事件带来的损失或负面影响的评估。对风险事件发生概率的评估，可分为单因素和多因素两种情况进行；而对多因素作用下风险事件发生概率的评估，一般首先要根据研究的对象，对风险进行定义，或构建风险模型。由于风险因素不确定性概率分布数学表达式的复杂性，对风险模型一般难以获得解析解，而只能采用 MC 方法，即模拟仿真法。其基本路径为：分析风险因素的概率分布→根据风险事件与其因素的内在关系，构建数学模型→采用模拟仿真（MC）方法，估计风险事件发生的概率。MC 方法最大的局限性是要求风险因素相互是独立的。对风险事件发生后损失的估计，常比风险事件发生概率的估算要更复杂，如对费用损失的估计，一般需要估计风险事件带来的一次性最大损失和对工程项目带来的总损失。这主要在于风险事件发生后损失不仅是风险事件发生时观察到的损失，还包括可能存在的后续损失或负面影响。对于大的质量、安全和环境风险事件，国家已经有了等级标准，作为处理这几类风险事件的依据。但对于较小质量风险或质量缺陷、或小的安全风险事件，以及费用风险事件等还没有等级标准。事实上，各建筑企业应在工程实践中逐步积累项目风险管理数据资料，提出企业的风险等级标准，为风险管理提供支持。

第4章 工程项目风险应对与监控

4.1 工程项目风险常用应对策略

工程项目风险常用的应对策略或措施包括：风险规避、风险转移、风险缓解、风险自留、风险利用（王卓甫，2003）。

4.1.1 风险规避

4.1.1.1 风险规避内涵

风险规避（risk avoidance）就是通过变更工程项目计划，从而消除风险或消除风险产生的条件，或者是保护工程项目的目标不受风险的影响。从风险管理的角度看，风险规避是一种最彻底的消除风险影响的方法。虽然工程项目的风险是不可能全部消除的，但借助于风险规避的一些方法，对某一些特定的风险，在它发生之前消除其发生的机会或其可能造成的种种损失还是有可能的。

风险规避的方式有如下两种：
(1) 规避风险事件发生的概率。
(2) 规避风险事件发生后可能带来的损失。

在工程项目风险管理中，风险规避可采用上述两种方式中的任一种，很多情况可能是上述两种方式同时在使用。例如，在施工方案制订过程中，尽可能采用一些成熟的施工工艺和方法，而不是去采用一些不成熟的新方法，这就在某一程度上防止了由施工方案选择引发风险的可能性；在某工程项目施工分包中，尽可能地选择一些熟悉的，并具有类似工程施工经验的分包商，而不是去选择不了解的分包商，这基本上也可从源头上消除在选择分包上出现的风险。又如，高空作业中设置安全网，这并不能规避作业人员坠落的风险，但其可有效地防止高空作业人员坠落而引起的伤亡风险，即避免风险所引起的损失。

4.1.1.2 风险规避方法

在工程项目风险管理中，规避风险的具体方法有终止法、工程法、程序法和教育法等。

(1) 终止法。终止方法是规避风险的基本方法，其是通过终止（或放弃）

项目或项目计划的实施来避免风险的一种方法。例如，某工程项目在经过可行性分析后，若发现在实施该项目后会面临较大的经济风险，此时立即停止该项目的实施，并放弃这一项目的计划，这样就可从根本上避免受到更大的风险损失；又如，对于大体积混凝土，当采用一般水泥会出现温度裂缝时，就应该立即终止原设计计划，而采用新的措施，如改用低热水泥，或采用其他温控措施，以彻底消除混凝土温度裂缝这种质量风险；再如，当投标人分析了某工程的招标文件和面临的投标竞争对手后，认为其不能中标的可能性较大，因而就放弃了该工程的投标，这从根本上规避了投标的风险。

（2）工程法。其以工程技术为手段，消除物质性风险的威胁。例如，施工单位在安全管理中，在高空作业下方设置安全网；在楼梯口、预留洞口、坑井口等设置围栏、盖板或架网等均是十分典型的工程法规避风险的措施。工程法的特点是：每一种措施总是与具体的工程设施相关联，因此采用该方法规避风险的成本较高，在风险措施决策时应充分考虑这一点。用工程法规避风险具体有下列多种措施：

1）避免风险因素发生。在项目实施或开始活动前，采取必要的工程技术措施，防止风险因素的发生。

2）消除已经存在的风险因素。在施工现场，若已经发现了某些电气设备有漏电现象，则立即采取措施，一方面找到漏电的原因，并有针对性地采取措施；另一方面做好电气设备的接地。这样就可有效地防止伤亡安全风险的发生。

3）将风险因素同人、财、物在时间和空间上隔离。风险事件引起风险损失的原因在于：在某一时间内，人、财或物，或他们的组合处在其破坏力作用的范围之内。因此，将人、财、物与风险源在空间上隔开，并避开风险发生的时间，这样可有效地规避损失或伤亡。

工程法在规避工程项目安全风险等方面得到广泛的应用。然而要注意到，任何工程措施均是由人设计和实施的，人的因素在其中起主导作用，在使用工程法的过程中要充分发挥人的主导作用。此外，任何工程措施都有其局限性，并不是绝对的可靠或安全，过分依赖工程措施的观点是片面的，要将工程措施和其他措施结合起来使用，以达到最佳的规避风险的效果。

（3）程序法。与工程法相比，程序法是无形的风险规避方法，其要求用标准化、制度化、规范化的方式从事工程项目活动，以避免可能引发的风险或不必要的损失。在宏观上，我国工程项目建设中规定有工程建设基本程序，其是工程项目建设技术经济内部规律的反映。在工程项目的实施过程中，要求按照该程序一步一步进行，对于一些重要的环节，要求完成一步后，要进行评审或验收，以防给以后的环节留下不利的条件，引发风险的因素。在微观上，工程项目的施工过程是由一系列作业组成的,作业之间有些存在着严格的先后逻辑关系。对于这种情况,在工程施工中就要求严格按照规定的作业程序施工,不能随意安排,以避免项目风险的发生。

(4) 教育法。工程项目风险管理的实践表明,项目管理人员和操作人员的行为不当是引起风险的重要因素之一。因此要避免工程项目风险,对项目人员广泛开展教育,提高大家的风险意识,这是避免工程项目风险的有效途径之一。教育的内容一般包括工程经济、技术、质量和安全等方面。教育的目的是让大家认识到个人的任何疏漏或不当的行为均会给工程项目带来很大的损失,并使大家认识或了解工程项目前所面临的风险,了解和掌握处置风险的方法或技术。

4.1.1.3 风险规避的局限性分析

风险规避是应对风险的一种行之有效的策略,但应清楚地看到,使用该策略存在着许多局限性,并不是在任何场合、任何工程项目上和任何条件下均可采用。这些局限性可归纳为下列几方面:

(1) 在工程项目管理的某些条件下,规避风险会丧失机会或阻碍创新。风险规避最有效的办法是通过终止(或放弃)某项目或计划来实现的,但在工程项目的一些活动中,不冒一定的风险就不可能有机会。其最典型的例子就是工程投标,工程项目投标总存在风险,不能中标总会发生一定的经济损失,而只有去参加投标才能有获利的机会,不去投标就永无获利的机会。显然,对投标这种风险采用规避的策略是行不通的。又如,在工程项目中采用新技术、新材料和新工艺无疑会存在一定的风险,若在工程项目中放弃或改变采用这些计划,则工程领域的创新和进步就无从谈起。

(2) 在工程项目实施中,风险规避的策略有时不太现实。风险规避的策略是:当原计划存在风险时,人们便终止、放弃原计划,或彻底改变原计划,这常常是不太可能的。这样做可能会使正常的项目活动陷于停顿,或者要另起炉灶重新计划,这些均须付出较昂贵的代价。

(3) 风险规避策略的选择受到信息不完整的制约。风险规避,一般是建立在对风险事件的发生概率和风险损失充分认识的基础上的。若对风险的识别和估计还没有充分把握时,风险规避的策略就没有任何意义了。而事实上,在工程项目实施过程中,自然和社会环境变幻莫测,加上信息总是滞后于客观世界的变化,人们不可能对所有风险都能去识别和估计。因此,风险规避策略存在很大的局限性。

(4) 在工程项目实施中,风险规避策略实际上不可能完全回避风险,当前的风险避免了,新的风险可能又出现了。例如,在工程项目进度控制中,当发现工期目标不能实现时,可采用调整关键路线作业的组织方式或采用增加关键路线作业施工强度的方法来回避工期的风险。然而应当注意到,虽然这种调整项目工期风险消除了,但资源供应风险和成本风险可能就随之产生了。

4.1.2 风险转移

在工程项目风险管理中,不仅需要规避风险,以控制风险的发生和消除风险的损失,或者降低风险发生的概率和减少风险的损失,而且有时还需要面对风险。此时,就必须借助于其他风险应对措施,风险转移就是直面风险,而又能有效地处置风险的措施之一。

4.1.2.1 风险转移内涵

风险转移(risk transference)是设法将某风险的结果连同应对风险的权利和责任转移给他方。转移风险仅将风险管理的责任转移给他方,其并不能消除风险。

在工程项目中,风险转移的方式各种各样,例如,组织联营体或联合集团进行工程投标,工程保险担保等工具,选择适当的合同计价方式,工程分包和转包等方法。不管是哪种风险转移方式,其特点是共同的,就是使自身免受种种风险损失。当然,在下面讨论的风险转移是指正当的、合法的转移方式或手段,而不是无限制、无约束的,甚至是带有欺诈性的风险转移。例如,我国法律规定工程项目不得转包,则工程转包这种风险转移的方式就不能采用。

值得注意的是,在工程项目风险管理中,提到风险转移,并不意味着一定是将风险转移给了他人,也不意味着他人肯定会受到风险损失。在某些环境下,风险转移者和接受风险者会取得双赢。例如,某承包人承包某一个工程,对工程中的某一部分子项目的施工并不是很擅长,在技术和施工设备上均有一定的问题,若由其自身完成,则在工程的质量和施工成本方面均存在着风险。因此,在建设单位同意的条件下,该承包人对这部分工程进行分包,选择一家经验丰富的专业承包商承担施工任务。对该承包人而言,这样避免了这部分子项工程施工所面临的质量和成本方面的风险。对该分包方而言,这并不一定存在风险,其充分利用技术和经验的优势,不但完全可以保证质量,而且还可以有盈利。

4.1.2.2 非保险风险转移的方式和分类

工程项目风险转移分保险和非保险两种方式,这里仅介绍工程项目非保险风险转移,有关工程项目保险问题将在后面介绍。工程项目实施中,工程项目的业主或承包人常采用的非保险风险转移方式有工程担保或履约保函、工程分包、采用适当的工程合同计价方式、运用合同条件的拟定或变更等。

(1) 工程项目非保险风险转移的方式。

1) 采用工程担保或履约保函方式转移风险。工程项目招标或履行合同过程中，业主为避免出现承包人在中标后不签承包合同、签合同后不履约以及在预付款支付后不实施合同义务和责任等风险，业主一般在投标过程中、签订合同前以及支付预付款前，分别要求承包人提交由担保公司出具的履约担保或由银行出具的履约保函，将承包人可能会出现的违约风险转移给出具担保的担保公司或出具保函的银行。

2) 采用分包方式转移风险。承包人在履行合同的过程中，当遇到一些特殊的施工，如水下施工作业，将面临较大的安全风险。对于这种情况，承包人一般将其分包，把这种安全风险转移给分包人。在一些工程的承包中，当承包人发现自身施工力量不足，难以按期完工，或某些施工内容本身缺乏施工设备，或施工技术不过硬，或施工经验不足等，面临施工工期、施工成本或施工质量风险时，其总是向发包方提出申请，将各种各样风险的施工内容分包给其他承包人，以实现将风险转移。当然，这种对原承包人具有风险的施工内容，对分包人不一定存在风险，可能还是机会。这决定于具体施工内容和分包人的具体条件。

3) 采用适当的合同计价方式转移风险。对于工程发包方而言，根据具体工程条件，选择适当的施工合同计价形式，是转移项目风险的一种方式。一般当工程设计达到一定的深度，工程工期不是太长，而且工程结构在施工过程中不可能作较大变化时，发包方经常选择总价合同，即将工程量和工程单价均固定下来。对于这种类型合同，实际上将可能出现的风险就转移给了承包方。事实上，设计深度如何、工程结构变化大小，以及施工期内物价的变化的大小均是相对的，总会存在一定的变化。当设计改变引起工程量的增加较多，或物价上升幅度较大时，引起的工程成本风险就会较大。在施工总包合同的条件下，发包方就将这些工程成本的风险全部转移给了承包人。在各类施工合同中，固定单价和固定工程量的总价合同转移风险的程度最为明显。对于其他合同类型，如单价合同，其风险转移的程度要小于总价合同。

4) 运用合同条件转移风险。工程项目合同中，建设单位可运用某些合同条件来转移风险。例如，建设单位在施工合同条件中规定，基础单价在施工期间不作调整。对于这样的规定，若施工过程中物价上涨，施工成本肯定存在风险，而且物价上涨幅度越大，其风险也越大。在这样的合同条件规定下，实质上是业主利用合同条件将物价上涨的风险转移给了承包人。

（2）非保险风险转移方式分类。可将其归纳为两类：

1) 改变风险量的风险转移方式。这类风险转移方式在风险转移的过程中，风险发生的概率或风险引起的损失会发生变化。例如，承包方的工程分包等属于这类风险转移，其改变了投标的主体结构或改变了完成工程任务的主体，对原主体存在风险的任务由另一主体去完成时就不一定是风险，或风险量有了大大降低。

2) 风险量不变的风险转移方式。这类风险转移方式在风险转移的过程中风险量没有发生变化。例如，利用担保或履约保函转移风险的方式、采用适当合同计价形式转移风险的方式和运用合同条件转移风险的方式等。这些方式在风险转移中，风险量并没有发生变化，仅是将原属业主的风险转移给了担保人、银行或是工程承包商，即由他人承担了风险可能带来的绝大部分损失。

4.1.2.3 非保险风险转移的特点和局限性

（1）工程项目非保险风险转移的特点。

1) 在大多数情况下，风险转移并不能消除风险，而主要是将风险转移给他人。这和采用保险方式的特点类似，而和风险规避相比就存在较大的差别。

2) 工程项目非保险风险转移是一种较为灵活的风险转移方式，对工程项目业主而言，在某些情况下，非保险风险转移能否获得成功，主要取决于灵活地、巧妙地运用各种合同条件、合同语言，否则是难以将风险转移的。

3) 工程项目某些非保险风险转移方式可以改变风险量，例如一些工程的分包，对这种情况的风险转移方式是值得运用的。当然这要作较为细致的分析，并不是每一工程项目的分包都能做到这一点。

4) 工程项目的非保险风险转移几乎不需任何成本，只是在合同条件及合同语言上下功夫，是一种经济的风险转移的方式。

（2）工程项目非保险风险转移的局限性，主要表现如下。

1) 工程项目非保险风险转移受到国家法律和标准化合同文本限制。工程转包是一种十分典型的工程项目非保险风险转移的方式，但在我国法律中明确规定是不允许工程转包的；对于工程分包，在我国法律法规中也明确规定主体工程是不能分包的。因此，对这两种情况实质上是不允许将风险转移的。又如，目前在工程上广泛应用了标准化的合同条件，对这种合同条件，其有明确的法律意义与标准，而且被广泛接受。在这样的条件下要实现风险转移，必须寻找合同文本的不明确性和漏洞，使风险合理合法地转移出去。

2) 工程项目非保险风险转移存在一定的盲目性。一方面，风险转移决策，是建立在风险分析的基础上的，若所用的信息不准，则可能会失去机会；另一方面，在风险转移的对象上，若其本身就没有这种抗风险的能力，最终可能会导致更大的风险。如工程分包，若分包商选择不当，其施工经验、能力和信誉均较差，而分包时对其又没有充分地认识，这极有可能潜伏着比原来更大的风险。

3) 从理论上讲，工程项目的非保险风险转移是十分经济的，但在某些风险转移中，可能会支付较高的费用。例如，在某些条件下，利用法律或合同条件实现了风险转移，然而在风险发生后，双方可能会发生争端，当该争端不能解决时，不可避免地要依靠法律程序去解决，这势必要支付一笔不小的费用。

总之，工程项目非保险风险转移有其优点，但也有其局限性。在具体应用这一措施时，应与其他应对风险的措施相结合，以取得最佳的效果。一般而言，工程项目非保险风险转移只能作为一种补充手段，而不是主要的手段。

4.1.3 风险缓解

风险规避、风险转移是工程项目风险管理中经常采用的风险应对措施，但在某些条件下，采用减轻风险的措施可能会收到更加好的技术经济效果，这就是风险缓解的问题。

4.1.3.1 风险缓解的内涵

工程项目风险缓解（risk mitigation），又称风险减轻，是指将工程项目风险的发生概率或后果降低到某一可以接受程度的过程。风险缓解既不是消除风险，也不是避免风险，而是减轻风险，包括减少风险发生的概率或控制风险的损失。

风险缓解要达到什么目标，将风险减轻到什么程度，这主要决定于项目的具体情况、项目管理的要求和对风险的认识程度。对于已经明确的风险，工程项目管理者可以在很大程度上加以控制。如对某工程项目，经分析，已经明确其进度滞后。此时，该项目管理者，在资源供应允许的范围内，可以通过调整施工活动逻辑关系、压缩关键路线上关键工序的持续时间或加班加点等措施来缓解工程项目的进度风险。对于不是十分明确的风险，要将其减轻困难是很大的。工程项目管理者首先要进行深入细致的调查研究，把握风险出现的可能性和可能引发的损失；其次，再考虑应对该风险的其他策略。

在制定缓解风险措施前，必须将风险缓解的程度具体化，即要确定风险缓解后的可接受水平，例如，风险发生概率控制在一个什么范围内，或风险损失应控制在什么标准之内，这些是制定缓解风险措施的基础。一般而言，早期采用缓解风险的措施，比在风险发生后再亡羊补牢会有更好的效果。

风险缓解采用的形式可能是选择一种减轻风险的新方案。例如，采用更简单一些的施工程序；对于新的工程结构，做一些模型试验或数值分析后确定具体方案，以及选择可靠的材料或设备供应商等。风险缓解还可能涉及变更环境条件，以使风险发生的概率降低。例如，增加项目资源的供应，或延长工期，这些对缓解工程进度风险会起到重要的作用。

4.1.3.2 风险缓解的措施

风险缓解的措施主要包括以下内容。

(1) 降低风险发生的可能性。采取各种预防措施，以降低风险发生的可能性是风险缓解的重要途径。例如,生产管理人员通过加强安全教育和强化安全措施,以减少事故发生的机会;施工承包商通过提高质量控制标准和加强质量控制,以防止工程质量不合格以及由质量事故而引起的工程返工或罚款。

(2) 控制风险损失。指在风险损失不可避免地要发生的情况下,通过各种措施以遏制损失继续扩大或限制其扩展的范围。例如,业主在确信承包商无力继续实施其委托的工程项目时,决定立即撤换该承包商;施工安全事故发生后,立即采取紧急救护措施;在建筑工程中,当出现雨天无法进行室外施工时,尽可能地安排各种人员从事室内作业;工程项目投资人严格控制内部核算,制定种种资金运作方案等都是为了达到减轻风险损失的目的。控制风险损失的主要措施包括:①预防风险源的产生;②减少构成风险的因素;③防止已经存在的风险扩散;④降低风险扩散的速度,限制风险的影响空间;⑤在时间和空间上将风险和被保护对象隔离;⑥借助物质障碍将风险和被保护对象隔离;⑦迅速处理风险已经形成的损失,控制其继续蔓延。

(3) 分散风险。指通过增加风险承担者,以达到减轻总体风险压力的目的,其是缓解风险的措施之一。参加工程投标必定面临着风险,对于大型工程,为了在激烈的投标竞争中取胜,一些承包商往往相互联合组成一个临时性的或长期性的联合承包组织,以发挥各承包商的优势,增加竞争实力。一旦失标,对某一个投标人而言,该风险并不需要其一人承担,而是作了分散。进而,对于大型工程,特别是国际工程,即使中标,风险因素也很多,如经济方面的风险、技术方面的风险和管理方面的风险等。这些风险若由一家承包商承担对其是十分不利的,而将风险分散,即由多家承包商承担可能出现的风险,可以减少他们的压力,并进一步将风险转化为发展的机会。

(4) 后备应急措施。风险发生后,若事先考虑了后备应急措施,则风险的损失将会受到遏制,对工程项目目标的实现不会造成太大的影响。工程项目风险管理中的后备应急措施包括进度、技术(质量)和费用三个方面。

4.1.3.3 风险缓解的特点

与风险规避及风险转移相比,风险缓解有下列特点:

(1) 风险缓解的前提是承认风险事件的客观存在,然后再是考虑适当措施去降低风险出现的概率或者消减风险所造成的损失,而不是设法去消除风险,以实现工程项目的目标。

(2) 在工程项目风险管理中,当有能力消除风险时,一般总希望采取措施消除之,当某风险不能消除时,则只能采用风险缓解的应对措施。

(3) 对于项目主体而言,风险缓解不是从根本上消除风险,在这一点上其和风险规避及风险转移的效果是不一样的。因此,一般而言其在众多的风险应对措施中,仅作为一种辅助措施。

4.1.4 风险自留

在工程项目风险管理中,对一些不是很严重的风险,或者用其他措施应对不是很适合的,或者采用其他应对措施后残余的一些风险,风险管理者常采用风险自留的方式处置。

4.1.4.1 风险自留的内涵

工程项目风险自留(risk retention),也称风险接受(risk acceptance),是一种由项目主体自行承担风险后果的一种风险应对策略。这种策略意味着工程项目主体不改变项目计划去应对某一风险,或项目主体不能找到其他适当的风险应对策略,而采取的一种应对风险的方式。项目主体完全是可以通过保险或非保险等方式处置风险的,但出于经济性和可行性的考虑,将风险自留。

采用风险自留应对策略时,一般需要准备一笔费用,风险发生时将这笔费用用于损失补偿,如果损失不发生,则这笔费用即可节余。

4.1.4.2 风险自留的特性与种类

1. 风险自留的特性

(1) 风险自留是一种风险财务技术,其明知有风险发生而不去转移或控制。风险自留是指风险损失出现后,依靠项目主体自己的财力,去弥补财务上的损失。风险自留不同于风险规避,其不去设法避免风险,而是任由风险发生,并承担风险损失;风险自留不同于风险转移,其不是将风险转移给他人,而是由自己承担;风险自留也不同于各种风险损失控制方法,其不去采取专门的预防措施。

(2) 风险自留要求对风险损失有充分的估计,其损失不超过项目主体的风险承载能力。采用风险自留应对措施,其风险全由该项目主体承担,因此风险可能的损失有多大,以及是否超出了项目主体的承载能力,这些是必须要把握的。从这一点也可知,风险自留的前提是应有较完备的风险信息。

(3) 风险自留要求工程项目主体制定后备措施。风险自留一般在事先对风险不加控制,但有必要制订一个应对计划,以备风险发生之用。提前制定风险应对计划可以大大降低风险发生时应对行动的成本。

(4) 风险自留主要用于处置残余风险。一方面工程项目风险难以精确地识别和估计,项目主体的风险承载能力也有限,因此,风险自留一般并不直接应用于处置某一风险事件;另一方面,工程项目在实施过程中面临着种种风险因素,往往难以把握所有风险及损失的后果,也不可能使用一种或数种风险应对措施就可将所有的风险全部处置。因而对于一些残留下来的风险损失,就由工程项目主体自己承担或保留。从上述两方面看,风险自留主要处置残余风险,在某种意义上也可说,其是一种处置残余风险的方法。

2. 风险自留的类型

（1）主动风险自留。指工程项目风险管理者在识别风险及其损失，并权衡了其他风险处置技术后，主动将风险自留作为应对风险的措施，并适当安排了一定的财力准备。主动风险自留的特点是：已经掌握了风险及其可能的后果，并比较了其他处置方式的利弊，是在不愿意采用其他处置方式后作的选择。从风险管理的角度看，若能直接用于处置风险事件，其是较经济的。但要注意到，这种方式的应用条件是对风险发生的可能性和损失后果应充分把握，且不能超过工程项目主体的风险承受能力。

（2）被动风险自留。指没有充分识别风险及其损失的最坏后果，没有考虑到其他处置风险措施的条件下，不得不由自己承担损失后果的处置风险的方式。显然，被动风险自留是不可取的，其没有任何准备，包括风险管理者心理上的准备，以及应对风险财力和物力上的准备。这常常会造成工程项目上很坏的财务后果，对承包商而言，在某些情况下可能会危及其正常的生存和发展。

4.1.4.3 风险自留的局限性

（1）风险自留可能面临更大的风险。风险自留以具有一定的财力为前提条件，使风险发生后的损失得到补偿。在工程项目的某些情况下，如对不可保风险或保险的除外责任，风险自留是一种不得已而为之的一种措施。但若从降低成本、节省工程费用出发，将风险自留作为一种主动积极的方式应用时，则可能面临着某种程度的风险及损失后果。甚至在极端情况下，风险自留可能使工程项目主体承担非常大的风险，以至于可能危及工程项目主体的生存和发展。例如，在水利水电工程土石坝枢纽施工导流中，汛期洪水对在建大坝所形成的风险是十分明确的，若汛期既不加高挡水围堰，又不采取措施保护在建大坝，这实际上是一种风险自留的策略。一般而言，只有在施工导流后期，大坝已建到了相当的高度后才能这样。因为这时一方面选择其他避免风险的策略代价很高；另一方面，在建大坝被毁损的风险也很小。在施工导流前期，采用这种方案度汛是绝对不允许的，因为此时在建中的大坝被毁风险出现的可能性比较大。而在建的大坝若被毁，则损失又是巨大的。因此，风险自留只是在一定条件下采用的风险财务工具，超过一定限度就会给工程项目带来不利的后果。对于可能发生导致严重后果的风险，是绝对不能采用风险自留这一应对策略的。

（2）在工程项目风险管理中，掌握完备的风险事件的信息是采用风险自留策略的前提。因为没有相关的风险信息，风险事件的发生概率和可能损失就不知道，也就不能确定项目主体能否承受该风险事件的后果。因此，从这一角度看，风险自留这一策略可能更适合于应对损失后果不大这类风险，如工程材料价格波动风险、工程设计不足风险、施工现场条件恶劣风险和有关法规的变化风险等。而对于有明显后果的风险一般就不能采用风险自留策略，只能采用风险规避和风险转移等其他策略，如水利水电工程施工导流风险、施工安全风险和国际工程的战争风险等。

4.1.5 风险利用

应对风险不仅只是回避、消除风险，或减轻风险的负面影响，更高一个层次的应对措施是利用风险。当然，风险并不是对任何人、任何场合和任何环境均是可以利用的。

4.1.5.1 风险利用的可能性和必要性

风险利用（risk speculation）主要针对投机风险而言。在工程项目风险管理中，这类风险的利用是可能的，也是完全有必要的。

（1）风险利用的可能性主要表现如下。

1）影响工程项目风险的因素是在变化的，风险发生于多种因素的变化之中，若能驾驭风险，就有可能利用风险，化不利的后果为发展的机遇。众所周知，工程项目投标，其价格因素一般是中标的主要因素，但这并不是唯一标准。对某些工期紧迫的工程，工期和质量保证措施可能会比较重要。在这种情况下，发包方对报价并不追求最低。在工程报价一定的基础上，如中等报价，发包方很有可能选择工期和质量保证措施更落实的投标人中标，而不是报价最低者。若能把握这一点，不仅可消除不能中标的风险，而且由于报价不低，为日后赢得更多的利润打下了基础。

2）风险的后果也在发展变化，关键在于如何把握和应对风险。所谓风险及其后果，均是人们预测的结果，是随着项目的发展而不断发展变化的。工程项目在实施过程中，其建设环境在变化，项目管理者对项目风险的认识及工作重心也在不断变化。例如，原预测的某子项工程的某目标风险，由于项目经理较为重视或预先已采取了应对措施，最后可能就不再是风险。相反，原笃定的部分却可能因麻痹大意而构成了大的风险，造成了大的风险损失。常言道"小河沟里翻船"，就是这个道理。

（2）工程项目风险利用不仅是可能的，而且是完全有必要的。其必要性表现如下：

1）风险是社会生产发展的动力。在市场机制条件下，不论是进行工程项目经营活动，还是其他经营活动，总是存在着竞争，而竞争总伴随着风险。因此，从这一角度看，风险是社会生产发展的动力，正是这种竞争和风险的存在，才促进社会生产的发展。当然，这在工程项目建设领域也不例外。

2）风险中蕴藏着机会。盈利的机会并不是显而易见的、随处可有的，恰好相反，其蕴藏在风险之中，而且开始时还表现出较大的风险。例如，某投资者拟投资一个回报期3年的工程项目。对周期如此长的工程项目，刚开始，可能会有较大风险的感觉。但当其对此项目作了详细的分析论证，得到该项目回报率高、市场前景好的结论后，可能会认识到在该风险下蕴藏着发展机会。又如，众所周知，工程投标是具有风险的，不能中标，就可能有成千上万元，甚至数十万元的经济损失。然而，在市场经济的环境下，若承包商不去参与投标竞争，不去冒这种风险，则其将是一事无成；仅当你去参与竞争，才有生存和发展的机会。

3）冒一定的风险才能换取高额利润或长期利润，这是许多成功项目经营者的理念。他们认为，这些小的牺牲可换取较大的利益或长远的利益。例如，在20世纪80年代初，我国刚开始对外开放，某水电工程的引水工程项目实行国际招标，众多国外承包商参与投标竞争。他们普遍考虑，中国的建设市场刚开放，水利水电市场前景广阔。因此纷纷压低报价，希望中标。然后，在未来中国水利水电工程项目上谋求更大的发展，争取长期的利益。最后，中标承包方的报价还不到工程初步设计概算的50%。

4.1.5.2 风险利用要点

理论上而言，投机风险大部分有被利用的可能，但并不是轻而易举能取得成功的。要充分分析所处环境、把握时机、讲究策略和缜密考虑应对措施。一般利用风险的步骤和要点如下。

（1）分析风险利用的可能性和价值。风险利用的第一步是要分析利用某风险的可能性和价值。在识别风险的基础上，风险管理者就应对各类风险的可利用性和利用价值进行分析。利用可能性不大和利用价值不大的风险均不作为利用的对象。该分析的主要内容包括：①存在的风险因素及其可能的变化；②风险事件最后可能导致的结果；③由各风险因素的特点，探求改变或利用这些因素的可行办法；④风险利用可能得到的结果等。

（2）分析风险利用的代价、评估承受风险的能力。冒任何风险均要付出代价。在决定是否利用某风险前，必须对利用风险所需的代价进行分析，以提供决策支持。分析计算利用风险的代价需要考虑直接费用和间接费用，还要考虑风险利用可能带来的隐性损失。这种隐性损失一般不是直接表现的，但有时其损失的量可能较大。例如，工程项目进度风险损失，不是简单的工期延误，其和费用直接相关。如为保证按期完工，势必要赶工或改变施工逻辑关系，而这不仅是加班加点的问题，还和资源供应有联系。这些均会增加施工成本。

在风险利用代价分析的基础上，需要客观地检查和评估自身承受风险能力。承受风险是为了获取更大的利润。若一时承受不了风险的压力，就会被风险所压垮，更谈不上去主动地驾驭风险，即利用风险首先要具有承受风险的能力。若某承包商参与工程投标连可能会损失3万元的风险都承担不了，则他就不可能去参加投标，更谈不上去利用投标这一风险去谋求发展。又如，某项目投资 200 万元，若成功，每年可赚 60 万元；若失败，每年可能亏损 30 万元。一般而言，这对实力雄厚的投资人是可以冒此风险的，但对负债经营的企业而言，就不该冒此风险了，因为靠负债经营的企业经受不起亏本经营的风险。

(3) 风险利用策略。当决定利用某一风险后，紧接着是如何去利用。项目决策人员或风险管理人员应制定相应的策略和行动步骤。例如，当投标人在报价时不考虑预期利润，采用低报价的策略，其目标是在后续项目上争取机会，以及寄盈利希望于索赔。在这种情况下，一方面，投标人就要注重和业主协调好关系，发挥其整体优势，并树立良好的形象；另一方面，自合同签订之日起，就应研究节省工程施工成本、争取更多利润的措施。例如，提高有关人员的施工索赔意识，把握索赔机会，通过有理有节的索赔，以争取更多的经济效益。在风险利用过程中，一般要注意把握下列几点：

1) 风险利用的决策要当机立断。风险利用实质上是利用风险后面的机会，但这种机会前面的风险也是十分明显的，把握该机会需付出一定的代价，也有一定的难度。然而这种机会和一般商业机会一样，并不是随时可有的，常常也是一闪即逝。这就要求风险管理者对此类机会有深刻的认识，在此基础上，做出风险利用的决策。

2) 要量力而行，实现风险利用的目的。承担风险要有实力，而利用风险则对实力有更高的要求。除此之外，还要有驾驭风险的能力，即要具有将风险转化为机会，或利用风险创造机会的能力。这是由风险利用的目的所决定的。如投标人在投标中投低价，面临的将是不能盈利甚至亏损的风险，若其在项目实施过程中不能发挥优势，采取节省施工成本和争取施工索赔等多种措施，以争取获利或争取在后续项目上获利，则是绝对不能采用低报价方案的。因为，投标人的最终目标是挣利润，不管是当前利润，还是长期利润。

3) 要制定多种应对方案。风险利用在事先做好充分准备的基础上，要设计多种应对方案，既要研究充分利用，扩大战果的策略，又要考虑退却的部署，绝不能打无准备之仗。例如，众所周知，做房地产项目有较大的风险，如何在该风险中抓住机会。不能只想到高额利润的一面，还要计划滞销等风险的应对措施。只有这样，才能遇险不惊，抓住机遇，实现项目目标。

4) 严格风险监控。一般而言，可利用的风险均具有两面性，是机会还是风险，这是不确定的，是在不断发展变化的。这就要求风险管理人员加强监控，因势利导。若发现问题，要及时采取转移或缓解风险等措施；若出现机遇，要把握时机，扩大战果。但绝对不能掉以轻心，风险总是一种潜在的威胁。同时要注意到，风险监控不能停留在表面，要分析影响风险事件因素的发展和变化，由此，分析风险事件可能出现的结果。

4.1.6 特殊风险转移方式：保险

保险（insurance）作为转移风险的一种特殊方式，是应对工程项目风险的一种重要措施。工程项目保险是指发包人，或承包人，或其他被保险人（assured）向保险人（assure）缴纳一定的保险费（premium），一旦所投保的风险事件发生，造成财产或人身伤亡时，则由保险人给予补偿的一种制度。从风险管理角度看，保险本质上是一种风险转移，将原应由发包人，或承包人，其他被保险人承担的风险责任转移给保险人承担。不过这种转移是有偿的，需要工程项目发包人，或承包人，或其他被保险人事先向保险人交纳一笔保险费用（龙卫洋等，2005）。

4.1.6.1 保险基本要素

保险是转移风险、补偿损失的一种手段，是人们在与灾害损失斗争中总结出的处置风险的一种方法。随着社会经济的发展，保险在人们生活中经常碰上，是一种独特的经济补偿制度。保险的成立基于下列几个基本要素。

（1）风险损失补偿的迫切要求是保险成立的基本要素。人们在和自然的斗争中，积累了抵御风险的种种经验和技术，并掌握了一些灾害损失后抢险和补救的措施。随着生产和经济的发展，如何处置灾害损失后的补偿以及相应生产生活的恢复，则成为人们更加关心的问题。正是由于这种风险给人们带来的经济上的损失和渴望及时得到补偿的要求，形成了保险机制，并促进了保险业的发展。

（2）共济互助是保险成立的另一基本要素。保险这种经济补偿机制，其实质在于分散风险、分摊损失。而分散和分摊是建立在许多被保险人参与、众人合作、共济互助的基础上的。试想若无许多人参与，没有众多被保险人交纳保险费，是无法实现损失分摊和损失补偿的。

（3）订立保险合同是保险成立的又一基本要素。保险体现了被保险人和保险人之间的一种经济关系。在商品经济的环境下，靠什么来确立这种经济关系，那只能是合同。借助于合同，可明确保险人和被保险人在保险期内各自的权利、义务和责任。对保险人而言，他有收取保险费的权利，同时也有向被保险人赔偿损失的义务；对被保险人而言，其具有缴纳保险费用的义务，也有享受受灾后得到补偿的权利。

4.1.6.2 可保风险

可以保险的风险称可保风险（insurable risk）。保险是转移风险的一种方式，它能使投保的受害人事后及时得到经济的补偿。但并不是所有的破坏物质财富或威胁人身安全的风险，保险人都可以承保。尤其对工程项目承发包而言，并不是所有风险均可成为保险保障的对象，即并不是所有风险均是可保险的。

要注意到，可保风险不等于一定要采用保险的方法去应对，而是要根据工程项目的具体情况和项目主体的实际，决定是否选择保险和选择哪一种保险。

一般而言，可保风险具有这样一些特性，它是偶然的、非投机的、意外的和损失较大的，以及这些损失是可以估计的等。

（1）风险是偶然的、非投机性的。保险人承保的工程项目风险一定是偶然的和不可预知的。如果风险肯定不发生，则项目主体决不会去投保；如果工程风险必然会发生，保险人一般是不予承保的。所谓偶然的和不可预知的，是指对每一个具体单独的保险标的而言，事先是无法知道它是否会发生损失，以及发生损失的程度如何。

按风险的性质，可将风险分为纯风险和投机风险。纯风险是指只有损失而无获利可能的风险，其主要是自然力不规则运动而引起的各种自然灾害或由人的行为不慎而引起的各种损失。投机风险是既有损失可能，又有获利机会的风险。可保风险一般仅针对这种纯风险，而投机风险不列入。因为投机风险具有两重性，如作为可保风险，往往会带来更大的投机性，承保这类风险时，风险标的受损，可及时得到补偿，但风险不发生时，也能获利。

（2）风险既要求其大量标的均有受损失的可能，又要求其必须是意外的。根据保险的原理，只有在众多风险标的存在的前提下，而且存在具有同一损失可能性的大量风险主体，保险才有可能成立。若风险标的成为可保风险，许多人必须面临遭受损失的可能，并且被保险人愿意接受保险费率。

数理统计中的大数定律是保险的理论基础。根据大数定律，虽个体不可预期损失情况，但在大量观测的情况下，就可得到损失的较理想的预测。保险人在其财力允许的限度内，承保最大限度的风险标的，考虑非常有利于损失的预测和实施补偿。这有利于保险人实力的增强。保险人也希望承保具有同一风险特征的某一类风险，并且看其是否具有大量独立的被保险的标的物，以便使损失额保持在一个合理的水平上。

同时，保险所承保的风险标的必须是意外的、不确定的。例如，工程投标具有风险，众多人投一个标，其中标的只有一人，其他人的失败是必然的。因此，保险人对投标本身不予承保。施工中的安全伤亡事故和遭受的超标准洪水等风险事件是不确定的、意外的，而不是由被保险人行为引起的，一般给予承保。当然，保险人对被保险人的故意行为或不采取合理预防措施所造成的损失，肯定是不予赔偿的。显然，这也符合大数定律，大数定律中所观测的是大量随机的、不确定的事件。

（3）风险预期的损失较大，且是可以计算的。工程项目可保风险一般是指那些可能引起较大损失的风险。对于损失较小的风险，对工程项目主体不会产生任何威胁，其一般采用风险自留策略。事实上，对太小的风险投保，总体上在经济上也不合算。因为，在保险费用中，除了损失补偿金外，还包含保险人的业务开支的盈利。此外，在保险合同期内，预期的风险损失应是可以计算的。为确定保险费水准，保险人必须能够估计到一个保险期内可能的损失额，以便收取不同水平不同标准的保险费。同时，估计出预期风险损失大小，也是确定承保条件的客观要求。

4.1.6.3 工程项目保险种类

(1) 按保障范围，常将工程项目保险分为以下几种。

1) 建筑工程一切险。主要是以建筑工程为标的的一种险，它既对在施工期间工程本身、施工机具或工地设备所受到的损失给予赔偿，也对因施工对第三者造成的物资或人员伤亡承担赔偿责任。

2) 安装工程一切险。它主要是以机械和设备为标的的一种险，它承保机械和设备在安装过程中因自然灾害和意外事故所造成的损失，包括物质损失、费用损失以及第三者损害的赔偿责任。

3) 人身保险。它是以人的生命或身体为保险标的，当被保险人发生意外导致死亡、残疾或丧失劳动能力等损害，保险人应按约定对其进行经济赔偿。

4) 保证保险。它承保的是一种信用风险，即由保险人提供保险单（保险合同）代替银行担保，负责赔偿权利人（如业主）因被保人（如承包人）不履行合同义务而受到的损失。施工承包合同履约保证保险就属这种保险。

5) 职业责任保险。它是承保各种专业技术人员，如设计人、（监理）工程师，因工作上的疏忽或过失，并造成他们的当事人或他人的人身伤害或财产损失的经济赔偿责任的一种保险。这种保险在国外办理得较为普遍。

(2) 按实施形式，将其分为以下几种。

1) 自愿保险。在自愿的原则下，投保人与保险人订立保险合同，构成保险关系，这称为自愿保险。自愿保险体现在，投保人可以选择是否保险，投多少保和自由选择保险人；保险人也可以决定是否承保和承保多少。

2) 强制保险，也称法定保险。它是在国家保险法令的效力作用下构成的被保险人与保险人的权利和义务的关系。它的特点是，只要是国家保险法令范围内的保险对象均要参加保险；其保险责任是自动产生的，即不论被保人是否愿意或是否办投保手续。此外，保险金额是国家统一规定的。强制保险在是否保险上虽是强制的，但在选择保险人上，在一些情况下是自由的，即被保险人可自由选择保险人。因此，从签订保险合同这方面来说，又是自愿的。不过，所订保险合同必须符合国家法律有关的各项规定。

4.1.6.4 建筑工程一切险

(1) 投保人与被保险人。建筑工程一切险可由业主或承包商负责投保。在多数合同中规定由承包商负责投保。在这种情况下，若承包商因故未办理或拒不办理投保，发包方可代为投保，费用由承包商负担。若总承包商未曾就分包部分购买建筑工程一切险的话，负责分包工程的分包商也应办理其承担的分包任务的这种保险。建筑工程一切险的保险合同生效后，投保人就成为被保险人，但保险的受益人同样也是被保险人。该被保险人必须是在工程进行期间承担风险责任或具有利害关系即具有可保利益的人。如果被保险人不止一家，则各家接受赔偿的权利以不超过其对保险标的的可保利益（insurable interest）为限。建筑工程一切险的被保险人一般可包括：①业主或工程所有人；②总承包商；③分包商；④业主或工程所有人聘用的监理工程师；⑤与工程有密切关系的单位或个人，如贷款银行或投资人等。凡以上被保险人有一方存在时，均须由投保人负责交纳保险费，并应及时通知保险人有关保险标的在保险期内的任何变动。

(2) 承保范围。包括工程范围和责任范围两个维度。

1) 承保的工程范围。

a. 建筑工程，包括永久和临时工程及材料。它指由总承包商和分包商为履行合同而实施的全部工程，包括：准备工程，如便道的土方、水准测量；临时工程，如引水、保护堤、混凝土生产系统；在建的永久性主体工程；全部存放于工地的为施工所必需的材料。

b. 施工用机具、设施和设备。其包括：大型陆上运输和施工机具、吊车及不能在公路上行驶的工地用车辆，不管这些机具属承包商所有还是其租赁物资；活动房、存料库、配料棚、搅拌站、脚手架、水电供应设施，以及其他类似设施。

c. 安装工程项目。如果建筑部分占主导地位，也就是说，如果机器、设备或钢结构的价格及安装费用低于整个工程造价的50%，也应投保建筑工程一切险。如果安装费用高于工程造价的50%，则应投保安装工程一切险。

d. 场地清理费。这是指在发生灾害事故后，为清理工地现场而必须支付的一笔费用。

e. 工地内现有的建筑物。指不在承保的工程范围内的、所有人或承包人所有的工地内已有的建筑物。

f. 所有人提供的物料及项目。

g. 所有人或承包人在工地上的其他财产。要求将这些财产在保险单上列明。

2) 承保的责任范围。具体包括下列方面引起的损失。

a. 火灾、爆炸、雷击、飞机坠毁及灭火或其他救助所造成的损失。

b. 海啸、洪水、地震、暴雨、风暴、雪崩、山崩、冻灾、冰雹及其他自然灾害。

c. 盗窃和抢劫。当其由被保险人或其代表授意或默许时，保险人不负责任。

d. 由于工人、技术人员缺乏经验、疏忽、过失、恶意行为或无能力等对保险标的所造成的损失；但恶意行为必须是非被保险人或其代表所为，否则不予赔偿。

e. 原材料缺陷或工艺不妥所引起的事故。其仅赔偿原材料缺陷或工艺不妥所造成的其他保险财产的损失，对原材料本身损失不负责任。

f. 保险合同除外责任以外的其他意外事件。

（3）除外责任：属于建筑工程一切险的除外责任，即保险人不予赔偿的，通常有以下几种情况。

1）被保险人及其代理人的严重失职或蓄意破坏而造成的损失、费用或责任。

2）战争、类似战争行为、敌对行为、武装冲突、没收、征用、罢工、暴动引起的损失、费用或责任。

3）核反应、辐射或放射性的污染引起的损失、费用或责任。

4）自然磨损、氧化、锈蚀。

5）设计错误而造成的损失、费用或责任。

6）因施工机具本身原因，即无外界原因情况下，造成的损失。

7）换置、保修或校正标的本身原材料缺陷或工艺不善所支付的费用。

8）全部停工或部分停工引起的损失、费用或责任。

9）文件、账簿、票据、现金、有价证券、图表资料的损失。

10）保险单中规定应由被保险人自行负担的免赔额。

11）各种后果损失，如罚金、耽误损失、丧失合同。

12）领有公共运输用执照的车辆、船舶和飞机的损失。

13）盘点货物当时发现的短缺。

14）建筑工程第三者责任险条款规定的责任范围和除外责任。

4.1.6.5　建筑工程第三者责任险

（1）建筑工程第三者指除保险人和所有被保险人以外的单位的人员，不包括被保险人和其他承包人所雇佣的在现场从事施工的人员。如果一项工程中有两个以上被保险人时，为避免被保险人之间相互追究第三者责任（third party liability），由被保险人申请，经保险人同意，可加保"交叉责任"。具体内容有：除所有被保险人的雇员及可在工程险保险单中承保的物质标的外，保险人对保险单所载每一个被保险人均视为单独保险的被保险人，对他们之间的相互责任而引起的索赔，保险人均视为第三者责任赔偿，不再向负有赔偿责任的被保险人追偿。

(2) 第三者责任险的保险责任包括以下内容：

1) 在保险期内，对因工程意外事故造成的工地上及邻近地区的第三者人身伤亡、疾病或财产损失，依法应由被保险人负责时，应由保险人赔偿。

2) 事先经保险人同意的，被保险人因此而支付的诉讼费用，以及事先经保险人书面同意支付的其他费用等赔偿责任。

3) 对每一事故的赔偿金，以法律或政府有关部门裁定的应由保险人赔偿的数字为准，但不得超过保险单列明的赔偿限额。

(3) 第三者责任险的除外责任。

1) 保险单明细表列明由被保险人自行负责的免赔额。

2) 被保险人和其他承包人在现场工作的职工的人身伤亡和疾病。

3) 被保险人和其他承包人或他们的职工所有的或由其照管、控制的财产损失。

4) 由于震动、移动或减弱支撑而造成的其他财产、土地、房屋的损失或由于上述原因造成的人身伤亡或财产损失。

5) 领有公共运输用执照的车辆、船舶和飞机的损失。

6) 被保险人根据与他人的协议支付的赔偿或其他款项。

4.2 工程项目风险应对计划与策略选择

人们在实践中已经总结出了多种工程项目风险应对的措施，什么条件下用什么措施，或如何综合利用这些措施，这存在应对计划和应对措施优选的问题。

4.2.1 风险应对计划

工程项目风险应对计划（risk response planning）编制是一个制定应对风险策略（或方案）和应对措施的过程，目的是为了提升实现工程项目目标的机会、降低对其的威胁。编制工程项目风险应对计划必须充分考虑风险的严重性、应对风险所花费用的有效性、采取措施的适时性以及和工程项目环境的适应性等。在编制项目风险应对计划时，经常需要考虑多个应对方案，并从中选择其中一个优化的方案。

4.2.1.1 编制风险应对计划的依据

(1) 工程项目风险管理计划和风险清单。风险管理计划包括风险管理方法、岗位划分和职责分工、风险管理费用预算等；风险清单一般应包括的内容有不同风险事件发生的可能性、风险事件发生后对工程项目目标的影响等。

(2) 工程项目风险的特性。通常工程项目应对措施主要是根据风险的特性制定的。例如，对不同把握程度的风险，即对风险信息完备程度不一的风险就采用不同的应对措施；对于工程项目的进度、质量和费用方面的风险，经常也需要采用可能完全不同的应对措施。

（3）工程项目主体抗风险能力。项目主体抗风险能力即项目主体能够承受多大的项目风险，这也直接影响到项目主体对于工程项目风险应对措施的选择。工程项目主体抗风险能力包括许多因素，既包含项目经理承受风险的心理能力，也包括项目主体能够提供资源（包括资金）的能力等。

（4）工程项目风险详细分析资料。它包括项目风险因果分析资料、风险的最大损失值和项目风险发展趋向分析资料等。在工程项目风险中，一些风险可能是由一个共同因素引起的。对这种情况可能会大大降低应对风险的成本，即可能会出现这样的机会：采取一个应对措施就能应对两个或两个以上风险事件。

（5）可供选择的风险应对措施。对于某一具体风险，有哪些可供选择的风险应对措施，以及选择某种应对措施的可能性，这是制定风险计划要做的一项重要工作。如果对某一风险只有一种应对措施，则制定风险应对措施就简单了，但如果存在多种选择，则情况就不同了，有必要通过选择最有效的方案去应对风险。

4.2.1.2 风险应对计划的内容

工程项目风险应对计划是项目风险应对措施和项目风险控制工作的计划与安排，是项目风险管理的目标、任务、程序、责任和措施等内容的全面规划。其内容具体包括：

（1）工程项目风险已识别风险的描述，包括项目分解、风险成因和对项目目标的影响等。

（2）工程项目风险承担人及他们应分担的风险。

（3）风险分析及其信息处理过程的安排。

（4）针对每项风险，所用应对措施的选择和实施行动计划。

（5）采取措施后，预计残留风险的水平的确定。

（6）风险应对的费用预算和时间计划。

（7）处置风险的应急计划和退却计划。

4.2.2 风险应对策略选择

对某一工程项目风险，可能有多种应对策略或措施可供选择；同一种类的风险问题，对于不同的工程项目主体采用的风险应对策略或应对措施可能是不一样的。因此，从理论上说，需要根据工程项目风险的具体情况和风险管理者的心理承受能力，以及抗风险的能力去确定工程项目风险应对策略或应对措施。但在工程项目风险管理的实践中，人们也总结出了应对工程项目风险常用的策略或措施。表 4.1 是工程承包方在国际工程承包中常用的风险管理策略及其应对措施。

表 4.1　　　　　工程承包方常用风险管理策略及应对措施

风险类型		风险管理策略	风险应对措施
工程设计风险	设计深度不足	风险自留	索赔
	设计缺陷或疏忽	风险自留	索赔
	地质条件复杂	风险转移	合同条件中分清责任
自然环境风险	对永久结构的损坏	风险转移	购买保险
	对材料、设备的损坏	风险缓解	加强保护措施
	造成人员伤亡	风险转移	购买保险
	火灾	风险转移	购买保险
	洪灾	风险转移	购买保险
	地震	风险转移	购买保险
	泥石流	风险转移	购买保险
	塌方	风险缓解	预防措施
社会环境风险	法律法规变化	风险自留	索赔
	战争和内乱	风险转移	购买保险
	没收	风险自留	运用合同条件
	禁运	风险缓解	降低损失
	宗教节日影响施工	风险自留	预留损失费
	社会风气腐败	风险自留	预留损失费
	污染及安全规则约束	风险自留	制订保护和安全计划
经济风险	通货膨胀	风险自留	执行价格调值
			投标时考虑应急费用
	汇率浮动	风险转移	投保汇率险，套汇交易
		风险自留	合同中规定汇率保值
		风险利用	市场调汇
	分包商或供应商违约	风险转移	履约保函
		风险规避	进行资格预审
	业主违约	风险自留	索赔
		风险转移	严格合同条件
	项目资金无保证	风险规避	放弃承包
	标价过低	风险分散	分包
		风险自留	控制成本，加强合同管理

续表

风险类型		风险管理策略	风险应对措施
工程施工过程风险	恶劣的自然条件	风险自留	索赔，预防措施
	劳务争端或内部罢工	风险自留	预防措施
		风险缓解	预防措施
	施工现场条件恶劣	风险自留	改善现场条件
		风险转移	投保第三者险
	工作失误	风险缓解	严格规章制度
		风险转移	投保工程一切险
	设备毁损	风险转移	购买保险
	工伤事故	风险转移	购买保险

注 资料来源于雷胜强（2012），略修改。

上述均是针对单个风险而考虑的应对策略，而在工程实践中经常面临两个或两个以上的风险需要同时面对（张尧，2014；Zhang，2016），以及两个以上风险具有相关性（陈曦，2017；关欣等，2017）。在这些情景下，风险应对策略选择的研究已经取得了一些成果，并提出了一些应对策略优化的方法，但还有待深入和发展。此外，还存在针对某一种风险考虑两种或两种以上应对策略或措施组合的问题。以谋求最佳的效果，一般体现为应对风险成本最小。

4.3 工程项目风险监控

4.3.1 风险监控的时机、依据和内容

工程项目风险监控，即对工程项目风险的监视和控制。风险监视是在采取风险应对措施后，对风险和风险因素的发展变化的观察和把握；风险控制则是在风险监视的基础上，采取的技术、作业或管理措施。在某一时段内，风险监视和风险控制交替进行，即发现风险后经常需要马上采取控制措施，或风险因素消失后立即调整风险应对措施。因此，常将风险监视和风险控制整合起来考虑。

4.3.1.1 风险监控的时机

什么时候进行监控，以及将付出多大的代价进行监控，这是项目风险管理中需要把握的。这一般决定于经过识别和评价的风险是否对工程项目造成了或将要造成不能接受的威胁。如果是，那是否有可行的办法规避或缓解之？对此，在工程项目的不同阶段，其处理方法不尽相同。

在项目的决策阶段，一般要做两项比较：一是把接受风险得到的直接收益

和可能蒙受的直接损失进行比较；二是把接受风险得到的间接收益和可能蒙受的间接损失进行比较。综合两项比较结果，决定项目是否继续。当项目需要继续，而项目风险又比较大时，则需要对其进行监控。

在项目实施阶段，当发现项目风险对实现项目目标威胁较大，且需要采用规避、转移和缓解等应对措施时，一般也需要对其采取监控。采用多大的力度进行监控，即监控拟付出多大的代价，这决定于项目风险对项目目标的威胁程度，这一般须作适当的风险成本分析，然后采取合理的监控技术和措施。

4.3.1.2 风险监控的依据

工程项目风险监控的主要依据如下。

（1）风险管理计划。对于已识别的风险的管理活动都是按这一计划展开的，但在新的风险出现后要立即对其更新。

（2）风险应对计划。其是风险应对措施和项目风险控制工作的具体计划与安排，是工程项目风险监控的直接依据之一。

（3）工程项目的变更。对工程项目做出变更后，可能会出现新的风险。

（4）在工程项目实施中新识别的风险。随着工程项目的进展，建设环境也在不断发生变化，新的风险常常也随之而生。

（5）已发生的风险事件。某一风险事件发生后，对工程项目的建设环境一般会有一定的影响。这对其他风险事件发生的可能性或可能的后果一般也会产生影响。

4.3.1.3 风险监控的内容

工程项目风险监控不能仅停留在关注风险的大小上，还要分析影响风险事件因素的发展和变化，具体风险监控包括以下内容。

（1）风险应对措施是否按计划正在实施。

（2）风险应对措施是否如预期的那样有效，收到显著的效果，或者是否需要制订新的应对方案。

（3）对工程项目建设环境的预期分析，以及对项目整体目标实现可能性的预期分析是否仍然成立。

（4）风险的发生情况与预期的状态相比是否发生了变化，并对风险的发展变化作出分析判断。

（5）识别到的风险哪些已发生，哪些正在发生，哪些有可能在后面发生。

（6）是否出现了新的风险因素和新的风险事件，它们的发展变化趋势又是如何等。

4.3.2 风险监视方法

工程项目进度、质量和费用三大目标是风险监视的主要对象。对不同的目标应采用不同的监控方法；对同一目标也应分层次，采用适当的方法分别进行监控，以取得分析判断风险发展变化的信息。

4.3.2.1 进度风险监视方法

可以用横道图法（gantt chart）和前锋线法监视局部工程进度情况，用 S 形曲线法监视整体工程进度实施情况。

1. 横道图法

利用横道图进行进度控制时，可将每天、每周或每月实际进度情况定期记录在横道图上，用以直观地比较计划进度与实际进度，检查实际执行的进度是超前、落后，还是按计划进行。若通过检查发现实际进度落后了，则有可能存在工程项目的进度风险。横道图法如图 4.1 所示，图中用实心和空心的横道线分别表示实际进度与计划进度，差别容易分清。通过对 9 日的检查，就会发现活动 E 已提前完成，其他活动按计划进行。

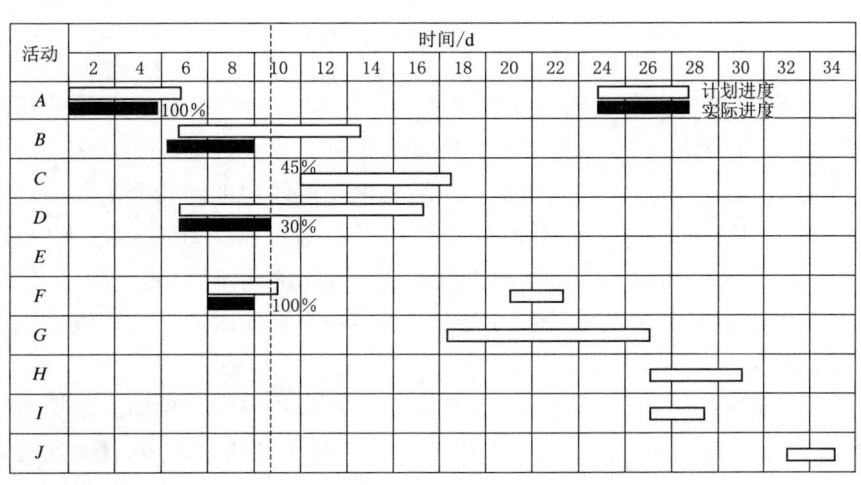

图 4.1 横道图法监视工程进度示例

2. 前锋线法

前锋线法又称为实际进度前锋线（practical program vanguard line）法，它是在网络计划执行中的某一时刻正在进行的各活动的实际进度前锋的连线。前锋线一般是在时间坐标网络图上标示的，从时间坐标轴开始，自上而下依次连接各线路的实际进度前锋，即形成一条波折线，这条波折线就是前锋线，如图 4.2 中的波折线。

（1）画前锋线的关键是标定各活动的实际进度前锋位置。其标定方法有两种：

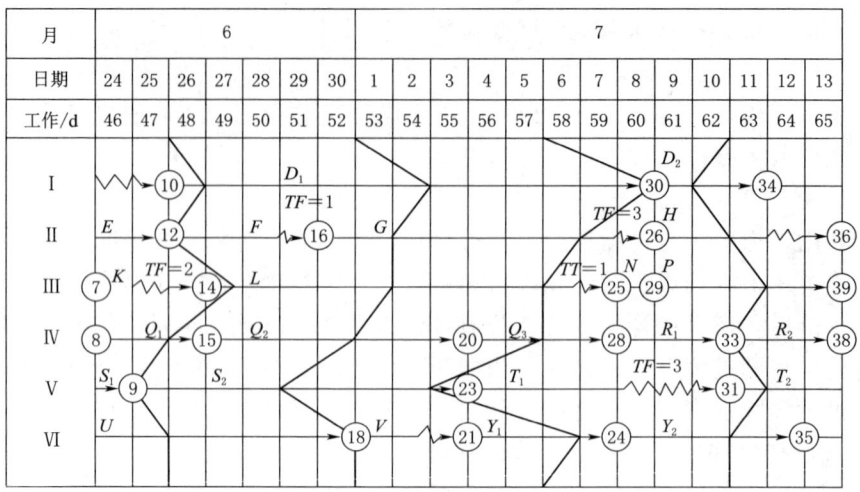

图 4.2 前锋线法示意图

1)按已完成的工程实物量比例来标定。时间坐标网络图上箭线的长度与相应活动的历时对应,也与其工程实物量成比例。检查计划时刻某活动的工程实物量完成了百分之几,其前锋点自左至右标在箭线长度的几分之几的位置。

2)按尚需时间来标定。有时活动的历时是难以按工程实物量来换算的,只能根据经验或用其他办法来估算。要标定该活动在某时刻的实际进度前锋,就用估算办法估算出从该时刻起到完成该活动还需要的时间,从箭线的末端反过来自右到左进行标定。

图 4.2 为一份时间坐标网络计划用前锋线进行检查的示例图。该图有 4 条前锋线,分别记录了 6 月 25 日、6 月 30 日、7 月 5 日和 7 月 10 日 4 次检查的结果。

(2)实际进度前锋线的功能包括两个方面:分析当前进度和预测未来的进度。

1)分析当前进度。以表示检查时刻的日期为基准,前锋线可以看成描述实际进度的波折线。处于波峰上的线路,其进度相对于相邻线路超前,处于波谷上的线路,其进度相对于相邻线路落后。在基准线前面的线路比原计划超前,在基准线后面的线路比原计划落后。画出前锋线,整个工程在该检查计划时刻的实际进度状况便可一目了然。按一定时间间隔检查进度计划,并画出每次检查时的实际进度前锋线,可形象地描述实际进度与计划进度的差异。检查时间间隔愈短,描述愈精确。

2)预测未来的进度。通过对当前时刻和过去时刻两条前锋线的分析比较,可根据过去和目前情况，在一定范围对工程未来的进度变化趋势作出分析。

将前后两条前锋线间某线路上截取的线段长度 ΔX 与这两条前锋线之间的时间间隔 ΔT 之比称进度比，并用 B 表示。进度比 B 的数学计算式为

$$B=\frac{\Delta X}{\Delta T} \tag{4.1}$$

B 的大小反映了该线路的实际进展速度的大小。某线路的实际进展速度与原计划相比是快、是慢或相等时，B 相应地大于 1、小于 1 或等于 1。根据 B 的大小，就有可能对该线路未来的进度是否存在风险作出定量的分析。

以图 4.2 为例，6 月 25 日和 6 月 30 日两条前锋线的时间间隔是 5 天，它们在线路 I 上截取的长度为 6 天，则有

$$B=\frac{\Delta X}{\Delta T}=\frac{6}{5}=1.2$$

即平均每天完成原定 1.2 天的任务。6 月 30 日线路 I 比原计划超前 2 天，如果进展速度不变，可以预测再过 5 天，即到 7 月 5 日，线路 I 的前锋线将到达 7 月 8 日位置，比原计划超前 3 天，实际情况如图 4.2 中 7 月 5 日前锋线所示。又如线路 III，在该时段内 $B=4/5=0.8$，6 月 30 日实际进度比原计划超前 1 天，到 7 月 5 日它将不再超前，说明该时段内进度减慢了。若按此进度发展，其进度存在着风险。

3. S 形曲线法

S 形曲线法利用了如图 4.3 所示监视图，能直观地反映整个工程项目计划进度和实际进度的情况，是在宏观的层面上对工程项目风险进行分析的方法。

工程项目实施过程中，每隔一段时间将实际进展情况绘制在原计划的 S 形曲线上进行直观比较。通过比较，可得如下信息：

(1) 实际工程进展速度；

(2) 进度超前或延迟时间（存在的进度风险）；

(3) 工程量的完成情况；

(4) 后续工程进度预测。

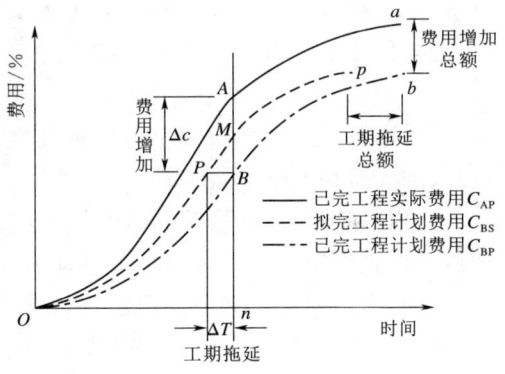

图 4.3 S 形曲线示意图

4.3.2.2 技术性能或质量风险监视方法

对工程项目技术性能或质量风险监视问题主要在项目施工阶段，其监视应分施工过程和工程产品两个层面。对这两个层面的风险监视，均可采用控制图。

控制图（control charts），也称管理图，它既可用来分析施工工序是否正常、工序质量是否存在风险，也可用以分析工程产品是否存在质量风险。

控制图的一般模式如图 4.4 所示。该图一般有基本的三条线，上控制线（Upper Control Limit，UCL）为控制上限；下控制线（Lower Control Limit，LCL）为控制下限；中心线（Center Limit，CL）为平均值。把被控制对象发出的反映质量状态的质量特性值用图中某一相应点来表示，将连续打出的点顺次连接起来，形成表示质量波动的折线，即为控制图图形。

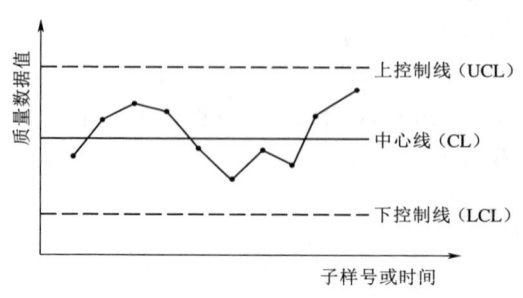

图 4.4　质量监视控制图示意

按照控制对象，可将控制图分为计量值控制图和计数值控制图两大类。不同的控制图，其控制界限的具体计算公式也不同，但它们均是根据数理统计理论和工程项目的技术要求来确定的。经常是根据质量数据点是否在上下控制界限内和质量数据间的排列位置来分析工程项目质量风险的。

（1）连续 25 个质量数据的点均在上下控制线内，或连续 35 个点中最多只有 1 个点超出上下控制界限等均属正常范围，否则存在质量风险。

（2）控制图中点出现下列排列现象，即可判为存在质量风险。

1）数据点在中心线一侧连续出现 7 次以上者。

2）连续 7 个以上点在上升或下降者。

3）数据点出现周期性变化者。

4）连续 3 个点中有 2 个点出现在控制界限附近者等。

4.3.2.3　费用风险监视方法

费用风险监视可采用横道图法和挣值分析法，前者可用于对局部费用风险分析，后者则用于对工程项目的整体风险作分析。

（1）横道图法。用横道图法进行费用偏差分析，是用不同的横道标志已完工程计划费用，拟完工程计划费用和已完工程实际费用，横道的长度与其金额成正比例。图 4.5 是某工程编号为"01"的子项目用横道图法比较并监视其费用风险的一个例子。

（2）S 曲线法/挣值（earned value）法。该方法的分析对象一般是整个工程项目或某一个合同工程项目，可用于分析费用和进度风险，如图 4.3 所示。其将完成实际工程费用与已完工程计划费用相比较，可确定工程费用是否存在风险。同时，也可将拟完工程计划费用与已完工程计划费用进行比较，分析工程进度是否存在风险。该方法有下列 3 个参数：

项目编码	项目名称	各费用数额/万元	费用偏差/万元	进度偏差/万元	原因
011	土方开挖	60 60 60	0	0	-
012	土方外运	80 75 75	5	0	①
013	桩制作	100 95 90	10	5	②
014	打桩	70 60 65	5	−5	③
015	基础	100 110 100	10	10	④
	……	0 20 40 60 80 100 120			
合计		420 400 390 0 100 200 300 400 500 600	30	10	

图例： 已完工程实际费用 拟完工程计划费用 已完工程计划费用

图 4.5 横道图法监视费用风险

1）拟完工程计划费用（Budgeted Cost of Work Scheduled，BCWS），记为 C_{BS}：指根据进度计划安排在某一给定时间内所应完成的工程内容的计划费用。

2）已完工程计划费用（Budgeted Cost of Work Performed，BCWP），记为 C_{BP}：指在某一给定时间内实施完成的工程内容的计划费用。

3）已完工程实际费用（Actual Cost of Work Performed，ACWP），记为 C_{AP}：指在某一给定时间内完成的工程内容所实际发生的费用。

在时间—费用坐标系下，上述 3 个参数所对应的曲线如图 4.3 所示。

有了 3 条费用曲线，相应地，就有 ΔC_1 和 ΔC_2 两种费用偏差变量（cost variance），它们的计算公式分别为

$$\Delta C_1 = C_{AP} - C_{BS} \tag{4.2}$$

$$\Delta C_2 = C_{AP} - C_{BP} \tag{4.3}$$

挣值分析法便是通过计算这几个参数和费用偏差变量来进行费用比较、分析风险的。但在实际中，实际的工程进度不可能完全按计划进度实现，因而从费用比较的要求来看，费用偏差 ΔC_1 并没有什么实际意义，以下所讨论的费用偏差均指费用偏差 ΔC_2。同时，由于工程的发生与工程进度有着密切的关系，因此为了能准确反映费用偏差的情况，引入了进度偏差 ΔT 这一参数。

$$\Delta T = \text{拟完工程实际时间} - \text{已完工程计划时间} \tag{4.4}$$

为了使进度偏差与费用偏差联系起来，也可用上述费用参数表示为
$$\Delta T = C_{BS} - C_{BP} \tag{4.5}$$
上两式中，结果为正值表示工期存在风险，结果为负值表示工期提前。

4.3.3 工程项目风险控制措施

通过项目风险监视，不但可以把握工程项目风险的现状，而且还可以了解工程项目风险应对措施的实施效果和有效性，以及出现了哪些新的风险事件。在风险监视的基础上，应针对发现的问题，及时采取措施。这些措施包括：权变措施、纠正措施，以及提出项目变更申请或建议等。并对工程项目风险重新进行评估，对风险应对计划作重新调整。

4.3.3.1 权变措施

风险控制的权变措施（workaround），即指未事先计划或未考虑到的应对风险的措施。工程项目是一开放性系统，建设环境较为复杂，有许多风险因素在风险计划时是考虑不到的，或者对其没有充分的认识。因此，对其应对措施可能会考虑不足，或者事先根本就没有考虑。而在风险监控时才发现某些风险的严重性甚至是一些新的风险。若在风险监控中面对这种情况，就要能随机应变，提出应急应对措施。对这些措施必须做好有效记录，并纳入项目和风险应对计划之中。

4.3.3.2 纠正措施

纠正措施（corrective action）就是使项目未来预计绩效与原定计划一致所做的变更。借助于风险监视的方法，或发现被监视工程项目风险的发展变化，或是否出现了新的风险。若监视结果显示，工程项目风险的变化在按预期发展，风险应对计划也在正常执行，这表明风险计划和应对措施均发挥了有效的作用。若一旦发现工程项目列入控制的风险在进一步发展或出现了新的风险，则应对项目风险作深入分析和评估，并在找出引发风险事件影响因素的基础上，及时采取纠正措施（包括实施应急计划和附加应急计划）。

4.3.3.3 工程变更申请

工程变更申请（change requests），例如，提出改变工程项目的范围、改变工程设计、改变实施方案、改变项目环境、改变工程项目费用和进度安排等的申请。一般而言，如果频繁执行应急计划或权变措施，则需要对项目计划进行变更以应对项目风险。

在工程项目施工阶段，在合同的环境下，工程变更无论是工程发包、监理、设计还是承包单位，认为原设计图纸、技术规范、施工条件、施工方案等方面不适应工程项目目标的实现，或可能会出现风险，均可向监理工程师提出变更要求或建议，但该申请或建议一般要求是书面的，并应遵循一定的原则

(王卓甫，2018)。

(1) 工程变更的必要性与合理性。

(2) 变更后不降低工程的质量标准，不影响工程完建后的运行与管理。

(3) 工程变更在技术上必须可行、可靠。

(4) 工程变更的费用及工期是经济合理的。

(5) 工程变更尽可能不对后续施工在工期和施工条件上产生不良影响。

4.3.3.4 风险应对计划更新

风险是一个随机事件，可能发生，也可能不发生。风险发生后的损失可能不是太严重，比预期的要小；也可能损失较严重，比预期的要大。通过风险监视和采取应对措施，可能会减少一些已识别风险的出现概率和后果。因此，在风险监控的基础上，有必要对项目的各种风险重新进行评估，将项目风险的按次序重新进行排列，对风险的应对计划也相应地进行更新，以促使新的和重要的风险能得到有效控制。

4.4 小　　结

人们在应对各类风险的实践中，已经总结出了多种应对的方法，包括规避、转移、缓解、自留和利用等。其中，风险利用是应对风险的最高境界，而保险是转移风险的一种特殊的方法，其并没有对降低风险发生概率和减少风险损失产生任何影响，某些条件下可能还是相反，这主要在于投保方过分依赖保险公司，而缺乏应对风险的积极性。应对风险的措施众多，各有特色，对工程项目风险管理者而言，有必要对风险应对做出计划，根据工程项目特点和建设条件，选择最合适的风险应对方案，用最低成本实现工程项目的目标。此外，针对多个相互独立或多个具有相关性风险的应对策略的选择问题目前虽有一些研究成果，但更深入的研究还有待继续。这涉及多个独立或相关风险同时出现，应对这些风险也有多种策略，如何组合这些策略？目标是将风险控制在可以接受的范围内，而使控制风险的总成本最小。

第 5 章　工程项目风险偏好与风险决策

5.1　风险偏好与效用

决策者的风险偏好对风险决策有直接的影响，如何考虑风险偏好对决策的影响一直是决策理论研究与应用领域中的热点问题。

5.1.1　风险偏好

5.1.1.1　风险偏好的内涵

风险偏好（risk appetite/preference）是指决策者对风险的态度。不同的人对事物的认识和感知是不同的，对风险环境所采取的态度是不同的，一般对符合自己思路和经验的风险分析评估信息容易接受，否则容易排斥。这种决策的偏好是客观存在的。

5.1.1.2　决策者对待风险的不同态度

决策者的经验、胆略、知识和判断能力等主观因素对决策有着不可忽视的影响。不同的决策者对待项目的风险可能会有厌恶、追求和介于两者之间/中性的 3 种不同类型的态度。

（1）厌恶风险者。他对风险损失的反应比较敏感，而对收益的反应比较迟钝，是一种谨小慎微、不求大利、厌恶风险的保守型决策者。

（2）追求风险者。和厌恶风险者相反，他对风险损失的反应比较迟钝，而对收益的反应比较敏感，是一种敢做敢当、追求大利、敢冒风险的冒险型决策者。

（3）中性者。其对风险的态度介于厌恶风险者和追求风险者之间，是一种循规蹈矩的稳妥式决策者。

5.1.1.3　工程项目主要参与方对项目风险的态度

在工程项目实施中，不同主体的决策者对项目风险的态度是不尽相同的。

（1）工程设计方。在我国目前的设计管理环境下，工程设计人员在设计方案的决策上总是属于保守型决策者。一方面因为设计费用是以工程设计概预算为基础计算的，在设计上搞优化，有可能要承担工程技术性能指标或质量上的风险;从另一方面看,设计上的优化在经济上也不值得。因此,对设计决策者而言,没有冒任何风险的动力。

(2) 工程承包方。承包人对风险的态度较为复杂。企业的经营现状和建设市场的状况对承包人在工程投标和报价等方面的决策会有较大的影响。当经营状况较好时,可投标的项目较多时,承包方会追求更大的利润,敢于承担不能中标的风险,采用高报价方案;反之,为了维持企业的正常运转,减轻不能中标的风险压力,积极争取中标,只能采用中等或低报价方案。对工程施工过程中进度和质量方面的一些决策,承包人通常更多地考虑经济效益,在进度和质量方面会敢于承担风险,是冒险型决策者。特别是在工程质量方面,对有些承包人,只要方案经济,并能通过现场验收,什么风险也敢于承担。

(3) 工程监理方。监理方是受业主的委托为其提供一种服务,并从这种服务中取得在监理合同中约定的薪酬,其主要与服务的数量和质量有关,而与工程造价无直接关系。在监理过程中,存在着许多决策,监理人要对其决策负责。这就决定了监理人做的决策一般是属于保守型的。

(4) 业主/项目法人。在我国目前的条件下,工程项目投资的失控一般不会过多地追究有关人员的责任,但工程项目质量的严重失控可能会追究有关人员的责任。因此工程项目法人的项目决策一般还是属于保守型的。

5.1.2 效用理论

工程项目风险的后果、效益和损失,经常是很难去计算的,即使能够计算,同一数量的效益或损失在不同人的心目中,其地位也是不一样的。为了反映决策者价值观念方面的差异,有必要引进效用理论。

5.1.2.1 效用的内涵

效用(utility)是指物品满足人的欲望或需要的能力。西方经济学认为,一物品是否具有效用或效用有多大,取决于该物品能否满足或在多大程度上满足人的欲望或需要(Erb 等,2002)。

效用的问题是普遍存在的,在工程项目管理中充满着各种效用现象。如对一个大型工程而言,投资增减5万元的影响并不大,因而这5万元的效用就不大。但在国际工程投标中,若因高于最低报价者5万元而失标,就可能失去了赚取数百万元,甚至数千万元的机会。显然这5万元十分重要、作用很大。这种现象在工程项目其他决策的决策者身上同样会反映出来。又如,在工程项目风险决策中,各个决策人对待风险的态度不一样,对同一个问题,不同的决策者所选择的方案往往也不同。有的偏于保守,有的又过于冒险。即使是同一个决策者处理同一个问题,由于时间和环境不一样,他的选择也可能不一样。人们把这些现象称为效用。更一般地说,效用就是当一种有形或无形的东西使某人的需要得到满足时，他对这个有形或无形的东西的评价。这个评价值就是这个有形或无形的东西的效用值。不同的人，评价也不一样。因此，效用值是一相对的概念。

5.1.2.2 效用函数的内涵

效用函数常用来表示消费者在消费中所获得的效用与所消费的商品组合之间数量关系的函数，以衡量消费者从消费既定的商品组合中所获得满足的程度。

工程项目风险事件的收益或损失（简称益损值），若能量化，则一般总可换算成金额，令其为 x。不同量的益损值在同一个决策者的心目中有不同的效用值。因此，效用值总是益损值 x 的函数，称其为效用函数，并用 $U(x)$ 表示。

一般而言，效用函数 $U(x)$ 由经验给出，其不是简单的线性关系。一些学者认为，效用函数可分为下列4种基本类型，如图5.1所示。

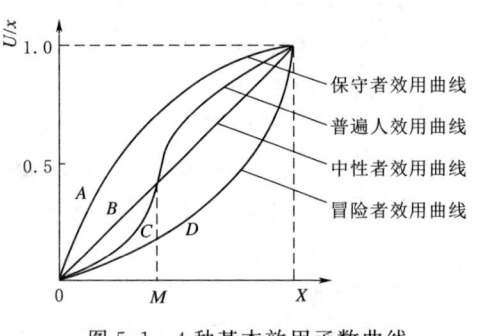

图 5.1 4 种基本效用函数曲线

（1）凸形效用函数。该函数所对应的曲线上凸下凹，如图 5.1 曲线 A。对曲线 A 求导数，显然有 $\frac{dU}{dx} > 0$，而 $\frac{d^2U}{dx^2} < 0$。因此凸形效用函数的特点是，随着益损值的增加，其效用值也在递增，但递增的速度在降低。该函数反映了项目决策者对亏损特别敏感，而对大量收益也不是十分有兴趣。其可用于描述保守型决策者的价值观念。

（2）凹形效用函数。该函数所对应的曲线上凹下凸，如图 5.1 曲线 D。对曲线 D 求导数，显然有 $\frac{dU}{dx} > 0$，而 $\frac{d^2U}{dx^2} > 0$。因此，凹形效用函数的特点是，随着益损值的增加，效用值不但在递增，而且递增的速度也在上升。该函数反映了项目决策者专注于获大利，而不在意亏损，敢冒风险的心态。其可用于描述冒险型决策者的价值观念。

（3）线性效用函数。该函数所对应的曲线是线性的，如图 5.1 曲线 B。该函数反映项目决策者对风险的态度是中性的。由于效用函数呈线性，其效用期望值最大的方案也是收益期望值最大的方案。因此，这种类型的决策者就不必去寻求效用函数，而可以直接以益损期望值作为评价和选择方案的标准。

（4）S形效用函数。该函数所对应的曲线是S形的，如图5.1曲线 C。对曲线 C 求导数，显然有 $\frac{dU}{dx}>0$。在点 M 处，$\frac{d^2U}{dx^2}=0$；当 $x<M$ 时，$\frac{d^2U}{dx^2}>0$；当 $x>M$ 时 $\frac{d^2U}{dx^2}<0$。因此，这种效用函数可描述决策者在益损值较小时，有一定的冒风险的胆略，但一旦益损值增大到 M 时，他就显得谨慎，采用了比较保守的策略。曲线 C 上的拐点就是决策者对待风险态度的转变点。显然，曲线 C 反映了决策者在益损值较小时敢于冒险，而在益损值较大时则转为保守的心态。

研究表明，关于风险和效用的关系比较复杂，效用中不仅蕴含着项目决策者对项目风险的态度，实际上还包含着项目决策者对风险后果的接受程度。

5.1.2.3 效用函数的确定

效用函数反映了项目决策者对风险的态度，不同的决策者有不同的效用函数，同一决策者在不同条件下也可能有不同的效用函数。因此，不存在统一的效用函数，要确定某决策者的效用函数必须深入工程项目实际进行调查了解。

下面以推求某投标人在工程项目投标问题上的效用函数为例，介绍效用函数的确定方法。

某承包商从媒体获得信息，有甲、乙两个工程项目适合去投标，其可从中选择投一个标，也可以一个都不投。经分析，这两个标能带来的标后利润（益损值）及相应的概率见表5.1。

表5.1 甲、乙项目中标后利润及概率值表

甲 项 目		乙 项 目	
标后利润/万元	概 率	标后利润/万元	概 率
800	0.6	500	0.5
100	0.1	300	0.3
−300	0.3	−100	0.2

甲、乙两个标的益损值期望值 E 如下：

$E_甲 = (0.6×800+0.1×100−0.3×300)$ 万元 $= 400$（万元）

$E_乙 = (0.5×500+0.3×300−0.2×100)$ 万元 $= 320$（万元）

若按益损值期望值最大的原则去进行决策，显然，甲项目优于乙项目，承包商会选择甲项目去投。但是，甲项目有30%概率带来300万元较大的损失，而乙项目只有20%的概率带来100万元较小的损失。如果投标人宁愿选乙项目，而不愿承担300万元损失的风险，这就涉及效用概念了。这就需要用效用

值的理论进行分析。

将标后利润按大小顺序排列：800，500，300，100，0，－100，－300（其中 0 为两个标均不投）。定义标后利润最大者的效用值为 1，标后利润最小者的效用值为 0，即有：$U(800\text{ 万元}) = 1$，$U(-300\text{ 万元}) = 0$，如图 5.2 所示。

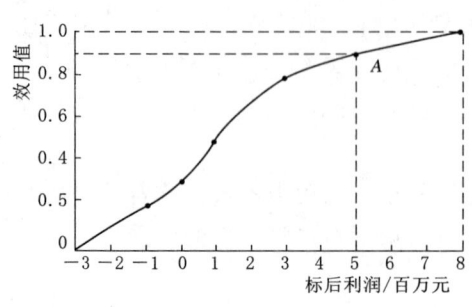

图 5.2　投标决策人效用曲线

然后采用提问方式确定投标人的效用值。基本的提问方法有两种：一种是改变风险值，而保持益损值不变；另一种是保持风险值不变，而改变益损值。因为这两种方法均是采用提问和回答的方式来确定效用值的，类似于物理学中采用试验的方法确定参数，采用不同方法出现的结果经常会不一致。下面采用前一种方法提问。

如要确定 $U(500\text{ 万元}) = ?$

问：在以下两种方案中，你选择哪一种？

（1）肯定可得 500 万元。

（2）75% 的可能性得到 800 万元，而 25% 的可能性失去 300 万元，期望值为 525 万元。

答：（2）太冒险了，选（1）。

问：若将上述（2）改成 95% 的可能性得到 800 万元，而 5% 的可能性失去 300 万元，期望值为 745 万元，你又如何选择？

答：选（2）。

问：若将上述（2）改成 85% 的可能性得到 800 万元，而 15% 的可能性失去 300 万元呢？

……

最后得到一种情况，投标人认为（1）和（2）没有什么区别，两者均可。此时提问结束。

假设这种情况是：90% 的可能性得到 800 万元，而 10% 的可能性失去 300 万元。则可得：

$$U(500\text{ 万元}) = 0.9 \times U(800\text{ 万元}) + 0.1 \times U(-300\text{ 万元})$$
$$= 0.9 \times 1 + 0.1 \times 0 = 0.9$$

因此 500 万元的效用值就为 0.9，如图 5.2 中 A 点所对应的值。用同样方法可算出其他几个标后利润所对应的效用值，见表 5.2。用表 5.2 数据可得到该投标人的效用曲线，如图 5.2 所示。

表 5.2 甲、乙项目中标后利润、概率值和效用值表

甲 项 目			乙 项 目		
标后利润/万元	概 率	效用值	标后利润/万元	概 率	效用值
800	0.6	1.0	500	0.5	0.9
100	0.1	0.5	300	0.3	0.8
−300	0.3	0.0	−100	0.2	0.2

注 两个标均不投的效用值为 0.3。

5.2 风 险 决 策

5.2.1 决策与风险决策

5.2.1.1 决策的内涵

决策（decision making）指决定的策略或办法，是信息搜集、加工，最后作出判断、得出结论的过程。

工程项目决策（project decision）就是人们为了实现项目的目标，在已有一定信息的基础上，从若干可能实施的方案（或技术、措施、行动）中，根据工程项目的建设环境，采用一定的理论和方法，经过对各个方案系统的分析、评价和判断，选出满意方案的过程。

5.2.1.2 风险决策的内涵

风险决策（decision making under risk），指决策者对决策对象的自然和客观条件比较清楚，也有比较明确的决策目标，但是实现决策目标必须承担一定的风险（王卓甫等，2007）。

工程项目风险管理中的决策问题，一般具有信息不完备的特点，因此均属于非确定型决策。非确定型决策一般又分为不确定型决策和风险型决策。

(1) 不确定型决策。决策者对项目未来环境出现某种状态的概率难以估计，甚至连可能出现的状态和可能的后果都不知道。例如，在工程投标时，有时可能不知道竞争对手到底有多少个，更无法知道他们的中标概率；又如，在国际工程投标中，一般难以把握工程建设的社会环境、政治环境，如果中标，在项目实施中政治、经济和建设市场到底会出现什么样的局面，在投标时也是难以知晓的。

(2) 风险型决策。决策者对项目未来环境出现某种状态和相应概率难以估计，但也并不是一无所知，有许多客观资料和决策者的实践经验可以

使他估计项目各种状态出现的概率。当然由于对项目各种状态的了解缺乏完备的信息,使得在这种情况下做决策要承担一定的风险。例如,在工程设计中决定采用新材料、新工艺或新的施工方法,在做此决策时,没有完备的信息能证明肯定成功,一般要注意到可能失败的风险,并考虑相应的应对措施。

在工程项目风险管理决策中,不确定型决策和风险型决策很难有明确的界限。对于不确定状态,人们仍可以主观地给出概率,尽管不是很精确。因此在有些文献中,不确定型决策和风险型决策不作过多的区分。

5.2.2 风险决策准则

所谓决策准则,即决策者进行决策的依据或原则。根据决策者对待风险的态度,可将决策准则分为:

(1) 最大益损准则。该准则以最大益损值为决策的依据。一个肯冒险的决策者才会选用这种准则,在工程项目风险管理中一般较少使用。

(2) 最大可能准则。该准则以最大可能状态作为决策的依据,当最大可能状态的益损值占绝对优势时,这种方法很有效;当各种状态发生的概率差不多时,使用这种准则要承担较大的风险。因此,用这种准则决策也不一定妥当。

(3) 期望值准则。该准则以期望值的最大值或最小值作为决策的依据。这一准则可能更适合于不愿冒风险的决策者使用。因为他们常常首先考虑的是不要受太大的损失,其次才是争取获得尽可能多的收益。期望值准则在工程项目风险管理中有较广泛的应用。在使用时一般要求结合考虑其他因素,把风险型决策问题当作多目标决策问题来处理。

5.2.3 基于效用理论的风险决策

对表 5.1 中算例进行评价决策。

采用期望值最大的准则,只不过这里要对效用值求数学期望值。由表 5.2,甲项目效用值数学期望值 $MU_甲$ 和乙项目效用值数学期望值 $MU_乙$ 分别计算如下:

$$MU_甲 = 0.6 \times 1.0 + 0.1 \times 0.5 + 0.3 \times 0.0 = 0.65$$

$$MU_乙 = 0.5 \times 0.9 + 0.3 \times 0.8 + 0.2 \times 0.2 = 0.73$$

2 个标均不投的效用值数学期望值 MU_0 为

$$MU_0 = 0.3 \times 1.0 = 0.3$$

由决策准则,显然,投标人应该选择乙项目去投标。这一结果和一般数学期望准则决策的结果刚好相反。

5.3 单目标风险决策

5.3.1 单目标风险决策方法：决策树

决策树方法的实质是期望值准则的应用，与该方法类似的还有决策表方法、矩阵方法等，在这里主要介绍决策树方法。

决策树的基本结构如图 5.3 所示，其由决策点、方案枝、状态点和概率枝构成，它们组合在一起形如横躺着的树，因此而得名。

决策树的起点是决策点，用矩形表示。从矩形方框引出的分枝称为方案枝，每一个方案枝代表一种可选的方案。各方案枝末端的圆圈称为状态点，亦称随机状态点，表示一种客观状态。在状态点引出的分枝则是概率枝。

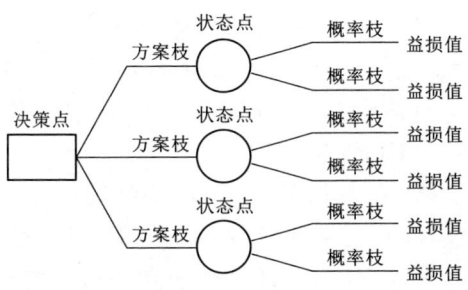

图 5.3 决策树基本结构图

决策树寻求优化方案的过程是比较各状态点的益损值期望值的过程。同时规定，遇到状态点就要计算益损值期望值；遇到决策点就要依据益损值期望值的大小选择方案。

5.3.2 决策树方法的应用

下面结合例子说明决策树方法的应用步骤。

[案例 5.1] 投标决策的决策权方法

现有甲乙 2 个工程项目适合某承包人投标，承包人根据企业经营状况，决定只选其中一个项目投标，或 2 个项目均不投。根据经验，承包人又采用高报价和低报价 2 个方案。因此，存在着 5 种方案，不同方案的可得利润和出现的概率见表 5.3。此外，若不中标，投甲标将损失 5 万元，投乙标将损失 10 万元，其无法得到补偿。

表 5.3　　　　　　　　不同方案利润和概率值表

方案	利润/万元	概率	方案	利润/万元	概率
甲高	500	0.3	甲低	400	0.2
	100	0.5		50	0.6
	−300	0.2		−400	0.2

续表

方案	利润/万元	概率	方案	利润/万元	概率
乙高	700 200 −300	0.3 0.5 0.2	乙低	600 100 −100	0.3 0.6 0.1
不投	0	1.0			

该方案决策的步骤如下：

(1) 绘制决策树。根据条件，得投标决策树如图5.4所示。

(2) 将状态概率和益损值填入决策树图中相应位置。

(3) 计算益损值期望值，并将计算结果写在状态点上方。计算从图5.4右边列各状态点 F、G、H、I 开始。如状态点 F 的益损值期望值 $E(F)$ 为

$$E(F)=0.3\times500+0.5\times100+0.2\times(-300)=140（万元）$$

同理，可得到 G、H、I 各状态点的益损值期望值，并标在图5.4中。在 F、G、H 和 I 各点益损值期望值计算的基础上，计算图5.4左边列各点 B、C、D、和 K 各状态点的益损值期望值，方法同前。结果表明：方案乙高的益损值期望值最大；方案甲低的益损期值望值最小。

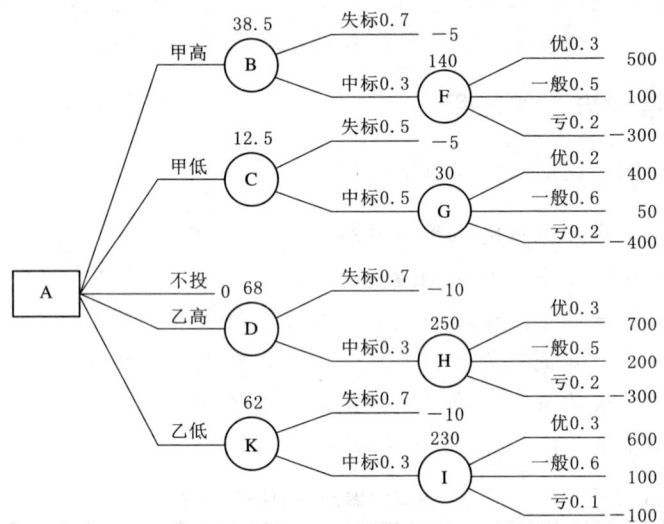

图5.4 投标决策树

(4) 确定一个合理的判断准则，比较各益损值期望值的大小，选择投标方案。本例中以益损值期望值最大为最优方案准则。因此，选定乙项

目，且报高价。

本例为仅有一个决策点的一级决策树，在工程中经常用到多级决策问题的多级决策树，其原理相同，这里不多介绍。

5.4 多目标风险决策

在工程项目风险管理中，很多决策为多目标决策问题。如在工程施工方案风险决策过程中，不仅应要求益损期望值最大，还要考虑到工程进度、质量和安全等诸多因素。在理论上，多目标风险决策方法很多，但在工程项目风险管理中可得到应用的并不是很多。下面介绍两种可供应用的多目标决策方法。

5.4.1 将多目标问题转化为单目标问题的决策方法

将多目标决策问题转化为单目标问题处理，是最为简单的多目标方法。基本原理为：首先将各种指标进行量化，然后对所有指标（包括风险指标）加权求和，再对加权求和的总指标进行优化。

表 5.4 列出了某一大型工程项目进行可行性研究所使用的指标体系。该体系包括了项目类别、评价指标（包括各种风险在内）以及权重体系三部分。

表 5.4 中的各种指标，有的是越大越好，有的则与此相反。为了统一，在决策分析时均归结为最小化问题，对优化值是极大值的情况，则在其前加一负号。

表 5.4 　　　　　某一大型工程项目评价指标体系

类　　别	评　价　指　标	分项加权	分类加权	
			方案 1	方案 2
1. 政策、法规类	(1) 国家经济建设总方针 (2) 地区建设规划	0.50 0.50	10	16
2. 市场类	(3) 市场落实 (4) 市场弹性 (5) 产品打入国际市场能力	0.40 0.20 0.40	10	16
3. 宏观经济、 经济效益类	(6) 国民收入 (7) 就业率 (8) 对其他工业发展的影响 (9) 对人民生活的影响 (10) 对科技发展的影响	0.40 0.20 0.10 0.20 0.10	8	8
4. 企业经济效益类	(11) 总产值 (12) 税前盈利率	0.50 0.50	8	8

续表

类别	评价指标		分项加权 方案1	分类加权 方案2
5. 外汇类	(13) 外汇平衡	1.00	约束条件	约束条件
6. 工程类	(14) 工程总投资 (15) 材料、占地基础设施 (16) 施工难度 (17) 工艺成熟程度 (18) 运行、维护难易及费用	0.35 0.15 0.20 0.15 0.15	6	8
7. 时间类	(19) 建设工期 (20) 投资回收年限	0.40 0.60	5	4
8. 环保类	(21) 环境污染 (22) 生态平衡	0.50 0.50	4	2
9. 风险类	(23) 资源风险 (24) 技术风险 (25) 经济（投资）风险	0.50 0.20 0.40	6	4

设备指标为 $f_{ij}(x, \alpha)$，其中，$i=1, 2, \cdots, n$ 为类别，$j=1, 2, \cdots, m$ 为分项，x 为可控变量向量，其他分量为各个可控变量，α 为不可控的（或外生的）变量向量，则加权求和后的总指标 F 可表示为

$$F(x, \alpha) = a_1[b_{11}f_{11}(x, \alpha) + b_{12}f_{12}(x, \alpha) + \cdots] + \\ a_2[b_{21}f_{21}(x, \alpha) + b_{22}f_{22}(x, \alpha) + \cdots] + \cdots + \\ a_n[b_{n1}f_{n1}(x, \alpha) + b_{n2}f_{n2}(x, \alpha) + \cdots] + \cdots \quad (5.1)$$

式中：$a_i(i=1, 2, \cdots, n)$ 为分类加权系数；b_{ij} ($i=1, 2, \cdots, n; j=1, 2, \cdots, m$) 为分项加权系数。

上述优化决策问题可表示为

$$\min F(x, \alpha) \quad (5.2)$$

其约束条件为：$g_k(x, \alpha) \leq 0, k=1, 2, \cdots, l$。

式 (5.2) 为单目标的优化问题。单目标问题如何优化有许多文献可供参考。

将多目标风险决策问题化为单目标问题去解决，似乎简单，但实际应用时会遇到一些困难。关键的问题是有些指标很难量化，加权系数也不易确定。

在工程项目实施管理决策中，工程承包方将面临多个目标（质量、工期、安全和成本）的实现问题，而它们均具有不确定性，因而属于风险决策的问题。对此，工程承包方一般是将质量、工期、安全作为约束条件，即只要其满

足合同规定的要求即可,而去追求工程成本最低,即获利最高,这可能是工程项目经常出现质量、安全等问题的根源之一。

5.4.2 工程项目进度风险-费用协调决策方法

5.4.2.1 工程项目进度风险和费用关系分析

工程项目可采用如图 5.5 所示的"时间/进度-费用"关系曲线对进度 t 和费用 f 进行分析。在图 5.5 中,曲线 A、B 形成了香蕉状的图,因此称其为香蕉图。

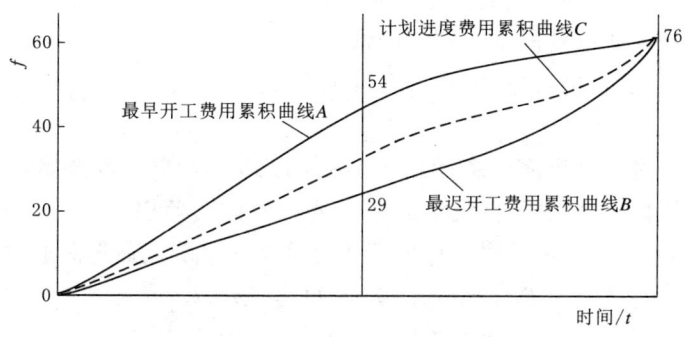

图 5.5 工程项目时间/进度-费用曲线

该香蕉图为人们提供了一些项目控制的信息。香蕉图中 A、B 或 C 曲线的曲率较小时,说明施工比较均匀;反之说明是施工高峰期,工作量可能过于集中。从 A、B 和 C 三条曲线的比较中,还能得到工程费用和工程进度的偏差(朱海南等,1999;王卓甫等,2000)。

在图 5.5 中设工程总工期为 T,工程总费用为 F,则可定义工程积压费用(建设资金) $f(t)$ 所对应的积压率 R 为

$$R = \frac{\int_0^F (T-t) \mathrm{d}f}{FT} \tag{5.3}$$

显然,若按图 5.5 中曲线 A 组织施工,其费用积压率要比按曲线 B 组织施工高,即按最迟开始时间组织施工的费用积压率要比按最早开始时间组织施工的费用积压率低。因此,从费用控制角度看,应按曲线 B 组织施工,即应按最迟开始时间组织施工,以取得较好的经济效益。

但从进度控制角度看,由于工程项目进度具有不确定性,若按最迟开始时间组织施工,其施工进度具有较大的风险性。

因此,从这个角度看,费用和进度控制是相互矛盾的,存在协调控制的问题。

5.4.2.2 工程项目进度风险和费用协调决策的模型及方法

协调决策的总体思路：在工程项目施工进度风险一定的条件下，使工程项目的费用（资金）积压率最小，即在施工进度风险一定的条件下，尽可能按最迟开始时间组织施工。

由 MC 方法可得初始施工进度风险率 P_{r0}，但应注意到，当 P_{r0} 较小时，说明某些工作可进一步推迟施工，以减少动态投资；当 P_{r0} 较大时，说明在规定工期内完工的可能性太小。一般总将 P_{r0} 控制在某一范围内，例如，取 $P_{r0}=5\%\sim30\%$。当超出这一范围时，应对初始网络计划进行调整，使其满足规定要求。当施工进度风险 P_r 在规定的范围内，即可开始进行优化配置。其协调控制的思路是，从进度网络计划图中最后一个节点开始，以此向前，将各项工作的开始施工时间尽可能推迟，但其施工进度风险率 P_r 不能大于规定的值 P_{r0}。

协调控制过程从进度网络计划图最后的第 $n-1$ 个节点开始，同样用 MC 方法，总模拟仿真 N 次。首先使第 n 个节点的计算期望工期 TL_n 和计划工期相等，即，$TL_n=TP$；其次，根据下式计算第 j 个节点最迟完成时间 TL_j。

$$TL_j = \min(TL_k - D_{jk}), \quad j < k < n \tag{5.4}$$

式中：D_{jk} 为工作 (j, k) 的期望持续时间。

然后用式（5.5）计算工作 (i,j) 从 i 节点到终节点 n 的最长持续时间 TC_{ijn}。

$$TC_{ijn} = TP - TL_j + D_{ij}, \quad i < j < n \tag{5.5}$$

$$\{TC_{ijn}\}_q, \quad q = 1, 2, \cdots, N \tag{5.6}$$

用与式（5.4）及式（5.5）类似的公式，计算 TC_{ijn} 的均值 $\overline{TC_{ijn}}$ 和标准差 S_{ijn}；式（5.6）中，q 为模拟仿真次数。在此基础上，可用式（5.7）计算在规定进度计划风险范围内工作 (i,j) 的最迟开始时间 LS'_{ij} 为

$$LS'_{ij} = TP - \overline{TC_{ijn}} - \lambda S_{ijn}, \quad i < j < n \tag{5.7}$$

上式中，λ 为难度系数，由 P_r 查正态分布表确定。

与工作 (i,j) 最早开始时间 ES_{ij} 相比，工作 (i,j) 按 LS'_{ij} 开始施工时，可推迟的时间 $\Delta T1_{ij}$ 为

$$\Delta T1_{ij} = LS'_{ij} - ES_{ij} \tag{5.8}$$

与工作 (i,j) 最迟开始时间 LS_{ij} 相比，工作按 LS'_{ij} 开始施工时，应提前的时间 $\Delta T2_{ij}$ 为

$$\Delta T2_{ij} = LS_{ij} - LS'_{ij} \tag{5.9}$$

5.4.2.3 工程项目进度风险和费用协调决策计算步骤

（1）设计规定施工进度风险 P_{r0}。

(2) 用 MC 仿真方法计算 P_r。

(3) 若计算的 P_r 不满足规定的 P_{r0},则调整初始网络;若计算的 P_r 满足规定的 P_{r0},则继续下一步。

(4) 确定仿真次数 N。

(5) 产生随机数 r_k,计算工作持续时间 D_{ij} 的随机值。

(6) 用式(5.5)计算从节点 i 到终节点 n 的最长持续时间的序列 $\{TC_{ijn}^k\}$,其中 $k=1, 2, \cdots, N$。

(7) 计算均值 $\overline{TC}_{ijn}$ 和标准差 S_{ijn}。

(8) 用式(5.7)计算在规定完工概率范围内工作 (i, j) 的最迟开始时间 LS'_{ij}。

(9) 用式(5.8)、式(5.9)计算可向后推迟的时间 $\Delta T1_{ij}$ 和 $\Delta T2_{ij}$。

5.5 小　　结

　　工程项目风险是一种可能发生的负面影响,而应对风险是需要成本的,因而项目管理/决策者对于风险就会存在不同的态度,即存在风险偏好的问题。风险偏好的不同,会直接影响决策者对项目管理方案的选择。此外,在不同环境下,项目管理/决策者对项目的追求也不尽相同,如在工程投标过程中,投标人考虑的一般是可能的收益问题,然后进行决策;而在项目实施过程中,管理者不仅是要考虑收益/成本,还要考虑工程质量、安全和进度等目标。因为这些目标的实现程度直接与收益/成本相关。因而,工程项目管理中就出现了单目标和多目标决策的问题。常将工程项目中的多目标决策问题转化为单目标决策问题解决,具体是将各种指标进行量化,然后对所有指标(包括风险指标)加权求和,再对加权求和的总指标进行优化。在工程项目实施过程中,工程承包方的决策包括工程质量、安全、进度、成本等目标,这些目标均具有不确定性。而工程承包方常将质量、安全、进度等设定为常量,满足工程合同要求即可,并作为项目决策时的边界条件,然后仅将工程成本列为优化决策的目标。这可能是工程中经常出现质量、安全问题的原因之一。

第 6 章　工程项目突发事件应急管理

6.1　突发事件与应急管理

6.1.1　突发事件

6.1.1.1　突发事件的内涵

突发事件（contingency）是指突然发生，造成或者可能造成严重社会危害，需要采取应急处置措施予以应对的自然灾害、事故灾难、公共卫生事件和社会安全事件。例如，2001年美国"9·11"事件；2007年开始的美国次贷危机，到2008年演化为一场全球性的金融危机；2008年5月12日四川汶川大地震；2020年初爆发的"COVID-19"新冠肺炎；2021年7月河南郑州的特大暴雨等。这些均是影响范围很大的突发事件。

将突发事件的概念引进工程项目管理，它是指突然、偶然发生，并对项目计划的正常实施产生较大冲击，对工程项目目标实现产生十分不利影响的事件。突发事件的内涵一般可以包括三个方面（王卓甫等，2006；江新等，2016）：

（1）该事件是突然、偶然发生的，或不易识别的。从概率的角度看，发生的概率比较小。

（2）该事件的出现对项目正常计划的实施会产生冲击，即会使项目中断，或不同程度上改变项目的原计划。

（3）对项目目标的实现产生严重的负面影响。

[案例6.1]　"11·24"丰城电厂冷却塔施工平台倒塌事故

2016年11月24日，江西丰城发电厂三期扩建工程发生冷却塔施工平台坍塌特别重大事故，造成73人死亡、2人受伤，直接经济损失10197.2万元。国务院组成调查组对事故进行调查。

调查组查明，冷却塔施工方施工现场管理混乱，未按要求制定拆模作业管理控制措施，对拆模工序管理失控。事发当日，在7号冷却塔第50节筒壁混凝土强度不足的情况下，违规拆除模板，致使筒壁混凝土失去模板支护，不足以承受上部荷载，造成第50节及以上筒壁混凝土和模架体系连续倾塌坠落。

调查组认定,工程总承包方对施工方案审查不严,对施工分包方缺乏有效管控,未发现和制止施工人员违规拆模等行为。其所属母公司未有效督促其认真执行安全生产法规标准;工程监理方未按照规定要求细化监管措施,对拆模工序等风险控制点失管失控,未纠正施工方违规拆模行为;建设单位/工程发包方未按规定组织对工期调整、施工安全影响进行论证和评估,项目建设组织管理混乱;中国电力企业联合会所属电力工程质量监督总站违规使用建设单位人员组建工程质量监督项目站,未能及时发现和纠正压缩合理工期等问题;丰城市政府及其相关职能部门违规同意及批复设立混凝土搅拌站,对违法建设、生产和销售预拌混凝土的行为失察。

[来源:11·24 丰城电厂施工平台倒塌事故 [EB/OL]. https://baike.baidu.com/item/11·24 丰城电厂施工平台倒塌事故 _ 百度百科(baidu.com)]

[案例 6.2] **某水电站工程高边坡突发塌滑事件**

某水电站工程坝区为一单薄的条形山脊,三面临江,岸坡较陡。坝址临近断裂带,流纹岩受区域构造作用,不仅岩体具有镶嵌碎裂结构的特征,而且次级破裂结构面,如节理裂隙等很发育,特别是顺坡节理,是控制边坡稳定的重要因素。在工程勘测阶段,对上述情况没有充分的认识,加之在工程设计中考虑工程措施不力。随着工程基坑开挖施工的进展,边坡坡脚下切,坡高和坡度均增加,顺坡向的挤压面及节理面被切断,使岩体稳定状态恶化,导致左岸坝肩边坡产生了约 10.6 万 m^3 的大面积塌滑,塌滑体后缘达到了大坝浇筑缆机平台坡外侧。这一突发事件发生后,对正常的工程建设产生严重冲击。

(1) 左岸开挖被迫中断,10.6 万 m^3 的塌滑等待处理。

(2) 已安装的 2 台 20t 缆机不得不停止运行或调试,原本可开始浇筑的坝段不具备浇筑施工的条件。

(3) 经分析,左岸边坡仍不稳定,有待加固处理。

(4) 整个工程建设计划全部打乱,主要合同的履行受到严重影响。

该工程左岸边坡滑塌事件发生后,尽管参建各方团结协作,共同努力,但对工程建设的目标仍产生了严重的负面影响。

(1) 在工期方面,影响总工期 1 年左右。

(2) 在工程投资方面,处理此项突发事件,增加投资 1 亿元左右。

[案例 6.1] 和 [案例 6.2] 均为工程建设领域十分严重的突发事件。前者人员伤亡数量在工程建设中罕见;后者虽没有出现人员伤亡,但经济损失

十分严重。

6.1.1.2 突发事件机理分析

突发事件出现的概率虽然较小，但总有一个形成过程。按形成机制，可将工程项目中的突发事件分为两大类：

（1）能量积累型突发事件。能量积累型突发事件，就像自然界的地震一样，当其能量积累到一定程度就会产生剧烈的爆发。在整个项目目标系统中，若存在某一不和谐的因素，最初可能对整个项目影响甚微，但其影响可能会通过某种机制逐渐被放大，当这种不和谐因素的能量积聚到一定程度时，就会以剧烈的形式爆发。此突发事件的形成会影响整个项目的进展和项目目标的实现。如［案例6.2］，随着基坑开挖的进展，当开挖切断结构面后，左岸边坡滑动的能量突然积聚，导致了左岸高边坡塌滑事件发生。该事件发生后，打破了该工程的全部施工计划，整个工程建设工期和投资目标的实现受到极大冲击。

（2）放大型突发事件。放大型突发事件，就像原子弹爆炸时的"级联放大"作用一样，由于系统的各个领域或单位之间紧密的耦合作用，某种危险性因素会通过强大的正反馈作用而迅速得到放大。例如，20世纪90年代某公司拟盖一座大厦，最初计划38层，大部分为自用，并没有考虑开发房地产。后来上级领导到公司视察，提出大厦位置很好，为什么不盖得更高一点？就这句话，改变了公司领导的主意，该大厦的设计从38层升高到54层，后来又决定盖70层。工程投资概算从2亿增加到12亿，建设工期从2年延长到6年。当时公司只有几百万元流动资金。该大厦动工后，公司投入6000万元，通过卖楼花筹集1.2亿元。但70层楼的地基做完就已经投入了1个多亿元。1996年6月该大厦完成了地下工程，同年11月首层大堂完工，大厦将进入几天一层的快速建设阶段。然而，由于公司将资金全部注入大厦建设，其他生产受到影响，资金供应中断，建设进度出现了拖延。大厦刚出地面，很快卖楼花的合同就已到期，客户纷纷上门。加上此时正值国家经济宏观调控，紧缩银根，不可能从银行取得贷款，该大厦建设资金枯竭。因此，工程建设资金短缺这一问题得到无限的放大，导致了工程全部停工事件的发生。显然，最初仅是决策上的失误，后来由于其他一些因素的作用，使这种危险性因素通过强大的正反馈作用而迅速放大，最终导致了因资金短缺而停工的突发事件。

6.1.1.3 突发事件与风险事件的关系

风险事件包含着突发事件。与一般风险事件相比，工程项目突发事件具有下列特点：

（1）不易识别或发生概率较小。

（2）影响因素多而复杂。

（3）预防成本较高。

（4）对项目的进展冲击大，对项目目标影响大。

6.1.2 应急管理

应急管理（emergency management）最早应用于军事和国家安全领域，后来人们认识到将突发事件作为管理对象是卓有成效的，于是应急管理的研究和应用范围被推广到生产安全、社会公共安全，如今已拓展到包括工程项目管理在内的更广泛的领域。

6.1.2.1 应急管理内涵

应急管理是指为更有效地降低突发事件所产生的负面影响，所采用的计划、组织、协调和控制及其措施的总和。

工程项目应急管理（project emergency management），则是针对工程项目突发事件的应急管理。项目应急管理可分为项目业主方的应急管理和项目施工承包方的应急管理，其要用最低的成本，采用计划、组织、控制等方法和手段降低突发事件所产生的负面影响，最大限度地实现工程项目的目标。

6.1.2.2 项目管理与应急管理

工程项目应急管理的直接目标虽是降低突发事件对项目的冲击程度，使项目实施尽快恢复正常，但最终目的还是保证工程项目目标的实现。因此，从这一点讲，项目应急管理是项目管理的一个组成部分。项目应急管理是针对突发事件的一种专门的管理，它是对项目管理的丰富和发展。事实上，项目应急管理的许多信息来源于项目管理，同时，项目应急管理中产生的许多信息又支持着项目管理。

6.1.2.3 项目风险管理与项目应急管理

工程项目到处充满着风险，工程项目主体每时每刻面对着风险。项目风险管理是通过对风险的识别、分析估计、应对和监控等环节，用最低的成本来实现项目的目标。项目风险管理强调的是风险事件发生前对风险的识别、评估，以及风险事件发生前的应对措施等。

突发事件与一般风险事件相比，发生的概率更小，发生后负面影响更大，在发生前若要预防、转移或减轻则成本会很高。例如，在水利水电施工导流中，一些工程初期导流设计时，选择频率为 5%～10%的洪水，即洪水的风险率为 5%～10%。在这一风险率下，一般风险发生后负面影响也不会太大。假设实际上出现了 0.5%的洪水，则可认为该工程出现了突发事件，负面影响会很大。而若在工程建设中就考虑抵御 0.5%的洪水，则会大量增加建设投资，这经常被认为是不合理的。因此，应急管理更强调突发事件出现后的应对，以及非突发事件发生前的预防。

在项目风险管理中，风险应对一般在风险事件发生前就进行，包括应对计划的拟定、应对措施的落实等。在应急管理中，突发事件的应对也必须在突发事件出现前就着手进行，但主要是做突发事件的应对预案，即应急预案，包括根据具体情况提出初步应对方案，以及对该应对方案的认证。在有条件的情况下，还要对应急预案进行模拟，以确保应急预案的可靠性。

显然，工程项目风险管理与应急管理有区别，但也有相同的地方，两者之间的配合或者集成会更有助于项目目标的实现。

6.2 应 急 预 案

工程项目应急预案，即在突发事件出现前做的应对该突发事件的方案。当突发事件发生后，按应急预案处置突发事件，以降低突发事件对实施中的工程项目的冲击和减少对工程项目目标的影响。

6.2.1 工程项目应急预案制订过程

通常情况下，应根据工程项目特性及其施工的特点，具体制订工程项目应急预案，但不同工程项目制订应急预案的过程大致相当。

(1) 从不确定性出发，分析工程项目及其施工特性。
(2) 确定不希望发生的不良事件。
(3) 描述不良事件发生时的情形。
(4) 研究不良事件发生后可能出现的后果。
(5) 初拟应急预案。
(6) 描述预期的系列事件。
(7) 应急预案的优化、评估。对于工程安全事故等应急预案，必要时还要进行演练。

6.2.2 工程项目应急预案的内容

(1) 分析工程项目及其施工特性，收集相应资料。制订工程项目应急预案，应从不确定性出发，分析工程项目的特性，收集工程相关资料，包括有关处理应急事件的所有技术、环境、组织和人员情况。例如，隧道工程经常出现的应急事件是坍方、渗漏和管涌流沙等。因此，应有目的地针对这些特性，收集与其相关的资料。

(2) 确定不良事件，描述不良事件出现时的情形，分析可能的后果。确定不良事件最简单的方法有两种：

1) 核查表法。此处与风险识别中核查表方法类似。
2) 初始灾害分析法。该方法用于确定不良事件及其影响和可能的原因，

表 6.1 为隧道工程塌方事件的例子。该方法便于应用，不需要复杂的理论知识，结果的可靠性在很大程度上依赖于分析人员的判断。

表 6.1　　　　　　　　隧道工程塌方事件

不良事件	原　　因	影响/后果
软土层隧道工程塌方	沉降、崩塌或涌水； 隧道四周崩塌或涌水； 管幕受损或破坏	地表建筑物沉降； 隧道内大量涌水； 隧道施工受阻，并有可能造成人员伤亡

在确定不良事件的同时，要进一步分析不良事件发生时的情形，这主要是为分析可能引发的其他系列事件，以及分析可能造成的损失提供支持。

6.2.3　工程项目应急预案编制要点

（1）应急预案的分类。对某一工程项目，可能会分析出若干不良事件，其中有明显的不太可能发生的情况，不可能对每一个可能发生的不良事件都拟定一个应急预案。应对不良效果进行评估，并大致根据相同的应急反应原则进行分类。

（2）对于每一类情况都要拟定出一个预案，说明出了什么问题及其可能的原因。方案还必须包括突发事件发生时的情况说明，以及应考虑突发事件出现的时间、现场施工人员及管理人员的数量、施工现场交通情况、救助设置情况的说明。预案要有所选择，以便能真实地说明发生突发事件期间可能存在的不利情况。

（3）预期系列事件。制订预案时，要设法对如何从突发事件的出现到恢复正常的施工状态的发展过程作出分析。一般首先要根据不良事件发生后的工程状况、工程建设的特点，明确如何组织恢复施工，并设计恢复施工整体方案；其次，在恢复施工的整体预案下，具体对施工布置、施工进度计划进行安排，并对施工机械、劳动力和其他施工所用资源作出安排。

（4）针对拟定的预案，分析可能的偏差并进行评估。在应急预案实施前，若分析判断者所做的分析判断和实际应急预案发生时的情况基本一致，则应急预案将是十分有效的，并在突发事件的处理过程中能够发挥重要作用。但若所做的应急预案与实际情况有较大偏差，特别是当一些问题没有预测到时，这可能会导致意外乃至出现更加危急的险情，或会妨碍采取应急措施。因此，分析可能发生的与突发事件相关的问题，以及分析所考虑问题的偏差对已经初拟的应急预案的影响是十分必要的。在此分析的基础上，应进一步对应急预案进行评估，内容包括：

1) 可行性评估。主要回答这样一些问题：应急预案在应对应急事件过程中能否有效，包括尽快恢复施工和降低对项目目标的影响；应急预案是否经济合理；某一应急预案和其他应急预案的协调性如何等。

2) 可操作性评估。工程项目应急预案是突发事件发生后必须立即启动的，因此要十分强调它的可操作性，为工程项目的相关参建方和相关人员所掌握。

3) 敏感性评估。实际发生的突发事件和做应急预案时的分析、判断相一致时，应急预案的有效性是毋庸置疑的。但当该分析、判断和实际情况有偏差时，应急预案的有效性也会有偏差。敏感性分析即是要分析实际突发事件的情况与做应急预案时判断的偏差对应急预案有效性影响的分析。好的应急预案应对分析判断偏差的反映不是很敏感。

6.3 应急预案框架分析

工程项目种类较多，即使同类工程项目也可能包括不同类型的突发事件。对不同突发事件，当然应有相应的应急预案。

6.3.1 水利工程施工期度汛方案和安全应急预案

水利工程施工度汛是一风险事件。综合考虑经济性和安全性，其施工度汛方案应对的洪水总量按某一洪水标准设计，如10~20年一遇，但实际洪水完全有可能超过这一标准。因此，水利工程建设相关规定中要求编制"度汛方案"和"安全事故应急预案"。

[案例6.3]　《水利水电工程施工期度汛方案》编写纲要

中国水利工程协会组织编制了《水利水电工程施工期度汛方案编制导则》（T/CWEA 6—2019）的编写纲要如下：

1　编制原则、目的
1.1　编制原则
1.2　编制目的
1.3　适用范围
1.4　编制依据
2　基本资料
2.1　流域概况
2.2　工程概况
2.3　工程现状
2.4　汛前检查

2.5 附图与附表

3 度汛标准与措施

3.1 度汛标准

3.2 度汛措施

4 水文气象预报

4.1 气象预报

4.2 水文预报

4.3 水文复核

5 险情抢护

5.1 巡查与监测

5.2 险情抢护

5.3 人员设备撤离

6 应急措施

7 后期处置

[解析] 上述内容中：度汛标准，即设计洪水标准或应对多少年一遇的洪水标准要明确；度汛措施或方案要科学制定，希望既能保证安全，又能体现经济性；气象和水文预报精准，以保证措施的合理选择。此处，应急措施要考虑周全。

[案例6.4] 水利工程施工期生产安全应急预案

某水利工程施工期，项目法人/建设单位依据相关法律法规编制的施工期生产安全应急预案纲目如下：

第1章 总则

1.1 编制目的

1.2 编制依据

1.3 适用范围

1.4 事故分级

1.5 工作原则

1.6 预案体系

1.7 现状分析与应急资源调查

第2章 应急组织体系及职责

2.1 应急组织体系

2.2 应急指挥机构及职责

第3章 预防、监测和预警

3.1 危险源监控

3.2 预防预警信息

3.3 预防预警行动

第4章 应急响应

4.1 响应分级

4.2 事故报告

4.3 响应程序

4.4 紧急处置

4.5 指挥和协调

4.6 应急结束

4.7 信息发布

第5章 后期处置

5.1 事故调查

5.2 善后处置

5.3 保　险

第6章 保障措施

6.1 通信与信息保障

6.2 应急队伍保障

6.3 应急物资装备保障

6.4 经费保障

6.5 其他保障

第7章 宣传、培训和演练

7.1 宣传

7.2 培训

7.3 演练

第8章 监督、检查与奖惩

8.1 监督、检查

8.2 奖惩

第9章 附　则

9.1 术语和定义

9.2 维护与更新

9.3 制定与解释

9.4 应急预案实施

第10章 附　录

10.1 有关应急部门、机构或人员的联系方式

10.2 政府主管部门电话

10.3 与重特大安全事故相关的应急预案

10.4 重特大安全事故报告基本内容及格式

[解析] 上述应急预案的要点有：工程项目生产安全应急管理实行属地化管理，并按事故等别分级管理。要科学分析危险源，并制定相应应对措施；要充分考虑可利用的应急资源，特别是充分考虑工程所在地的相关资源及其获得方式；建设项目法人/建设单位要构建应急管理领导小组，单位主要领导为总负责人，要有明确的分工和职责，项目参与单位主要负责人要纳入该组织体系。事故发生后，政府成立应急指挥部前，建设项目法人应急管理领导小组负责事故处理；政府成立应急指挥部后，积极配合应急指挥部工作。

6.3.2 施工安全事故救援应急预案

6.3.2.1 可能的施工安全事故

结合工程建设实际，按照安全事故发生的过程、性质和机理，施工安全事故主要包括：

(1) 土石方塌方和结构坍塌安全事故。

(2) 高空坠落事故。

(3) 特种设备或施工机械安全事故。

(4) 暴雨洪水灾害安全事故。

(5) 施工场地内道路交通安全事故。

(6) 火灾、触电及环境污染事故。

(7) 工程质量安全引起的事故。

(8) 工程建设质量引起的安全事故。

(9) 其他原因造成的安全事故。

6.3.2.2 施工安全事故应急预案原则

(1) 立足于安全事故的救援。

(2) 立足于工程项目参与方的自援自救。

(3) 立足于工程所在地政府和当地社会资源的救助。

6.3.2.3 施工安全事故应急预案的主要内容

(1) 工程项目和施工方基本情况。

1) 工程项目的地理位置、地形特点、工地外围环境、居民、交通情况，以及工程项目的施工特点。

2) 施工现场临时医务室及场外医疗机构，包括位置、联系电话、医务人员名单等。

3）工地现场内外的消防、救助设施及人员状况，并附施工消防平面布置图。在图上要标示消防栓、灭火器等设施的位置，以及易燃易爆物的位置等。

（2）可能发生事故的位置和影响。根据工程项目施工特点和任务，分析本工程可能发生的较大事故和发生位置、影响范围等。

（3）应急机构的组成、分工和责任。应急机构包括指挥机构和救援队伍。应急机构分工，即明确应急机构内领导和相关部门的分工。如总指挥，对整个应急救援工作负责；安全负责人，负责具体事故处置工作；后勤负责人，负责应急救援的后勤保障工作。应急机构的职责，即要明确指挥机构的职责。如指挥机构要负责组建应急救援队伍，落实组织和演练；检查督促做好重大事故的预防措施和应急救援的各项准备工作；组织事故调查和总结应急救援工作的经验教训。

（4）报警信号与通信。列出各救援电话及有关部门、人员以及他们的联络电话或方式。如消防报警119、公安110、医疗救护120等。

（5）事故应急与救援（巫永明，2004）。

1）明确应急程序：报告联络有关人员→实施应急救援、保护事故现场、上报有关部门等→善后处理。

2）明确事故的应急救援措施：根据工程项目可能发生的事故，采用列表方式，表示出事故类别、事故原因、现场救援措施等内容。表6.2为某项目现场应急救援措施示意。

表6.2　　　　　　　　　现场应急救援措施示意

序号	事故类别	事故原因	现场救援措施	备注
1	人工挖孔桩事故	①有毒气体中毒；②孔壁塌方；③未使用安全电压，并触电；④坠物或坠落伤人等	①最早发现者立即大声呼救，向有关人员报告或报警，原因明确可立即采取正确方法施救，但决不可盲目下去救助。②迅速成立指挥领导机构，按照应急程序处置。③迅速查明事故原因和判断事故发展状态，采取正确方法施救，如中毒，必须先向井下通风并带好防毒面具才可下井救人；未使用安全电压触电，必须先切断电源。④急救人员按照有关救护知识，立即救护伤员，在等待医生救治或送往医院抢救过程中，不能停止和放弃施救，如采用人工呼吸、清洗包扎或输氧急救等。⑤现场不具备抢救条件时，立即向社会求救；工地应配备气体检测仪、通风设备、防毒面具、担架、医用氧气瓶等急救用具。	
2	火灾	（略）	（略）	

（6）有关规定和要求。要写明有关的纪律，救援训练、学习等各种制度和要求。

（7）附有关常见事故自救和急救常识。包括：人工呼吸的方法，火灾逃生常识和常见消防器材的使用方法等。

6.4 小　　结

工程项目突发事件是指工程实施过程中突然发生，造成或者可能造成严重社会危害，需要采取应急处置措施予以应对的事件。一般建筑工程实施中最典型的突发事件是造成大量人员伤亡的重大、特大安全事故；在水利水电工程实施中，施工期度汛也是一类可能出现的突发事件，其不仅会导致施工现场严重的人员伤亡和财产损失，还可能引起工程下游一定范围内人员伤亡和财产损失。人们在工程实践中已经认识到，通过各种风险预控措施，突发事件虽已是小概率事件，但不可能完全避免，而若发生，其影响将会很大。因此，应急管理的问题就被提出来了，其是为更有效地降低突发事件所产生的负面影响，所采用的计划、组织、协调和控制的总和，这其中做好应急预案是一个重要方面。对不同类型工程项目，可能的突发事件不尽相同，因而应急预案不尽相同。对重大工程，一般需要编制总的应急预案，也有必要针对工程具体特点，适当编制分项应急预案。

下 篇
研究与应用

第 7 章　PPP 项目风险初始分配与再分配

7.1　PPP 项目风险及其分配

7.1.1　PPP 项目

7.1.1.1　PPP 项目的内涵

PPP 项目是指政府与企业/私人方合作的项目，其可以发挥政府与社会资本方各自的优势，促进基础设施项目建设效率和营运服务质量的提升。目前 PPP 项目已成为我国推进基础设施建设的有力工具（Song，2018）。人们也将这种合作方式简称为 PPP 模式。

我国第一个采用 PPP 模式的广西来宾 B 电厂，由广西壮族自治区人民政府与法国电力公司合作，1997 年双方正式签署特许协议；电厂装机容量为两台 360MW 火电机组，2000 年 11 月正式投入商业运行；2015 年 9 月特许经营期结束，并移交给广西壮族自治区人民政府电力部门。

2015 年 PPP 模式开始在我国广泛应用。2018 年中国采用 PPP 模式建设的基础设施项目有 1962 个，投资额达 2.6 万亿元。

7.1.1.2　PPP 项目的运作阶段与运作模式

（1）PPP 项目的运作阶段。一般 PPP 项目可分为项目前期规划、特许经营合同签订、项目建设、项目营运和移交等多个阶段。其中，在项目建设、项目营运期政府方与社会资本方存在风险分配或再分配的问题。项目建设期一般为 1~3 年，对于规模巨大、复杂的项目，建设期可能超过 3 年；PPP 项目特许经营期一般较长，为 30 年左右，这取决于项目投资回报率等方面的因素。大多 PPP 项目特许经营期满后，社会资本方就应将项目无偿地移交给政府，除非另有专门约定。

（2）PPP 项目的运作模式。PPP 模式是政府方与社会资本方合作的总称，事实上，在不同地区或国家，还存在其他一些类似的模式。

1）BOT（Build Operate Transfer）模式，即建造-运营-移交模式。自 1984 年土耳其总理首次将 BOT 模式应用于土耳其公共基础设施建设领域后，引起了世界各国，尤其是发展中国家的广泛关注。在我国，BOT 是政府通过与外商或私营部门签订特许权协议吸引外资或民间资本，加快基础设施建设的一种手段。BOT 有两种经典的衍生形式：①BOOT（Build Own Operate Transfer），即建造-拥有-运营-移交。与基本的 BOT 主要的不同之处是，项目公司既有经营权又有所有权，政府允许项目公司在一定范围、一定时期内和一定条件下将政府资产抵押给银行，以获得更优惠的贷款条件，从而使项目的产品或服务的价格降低，但特许期一般比基本的 BOT 稍长；②BOO（Build Own Operate），即建造-拥有-运营，其与 BOT 和 BOOT 的主要不同之处在于项目公司不必将项目移交给政府（即为永久私有化），目的主要是鼓励项目公司从项目全生命期的角度合理建设和经营设施，提高项目产品或服务的质量，追求全生命周期的总成本降低和效率的提高，使项目的产品或服务价格更低。

2) PFI（Private Finance Initiative），即私人主动融资模式，是指政府采取的促进私营部门有机会参与基础设施和公共物品的生产或提供公共服务的公共项目产出方式。PFI 起源于英国，是继 BOT 之后又一优化和创新的公共项目融资模式，主要用于解决政府基础设施建设资金不足的问题。究其实质，PFI 既是一种项目融资模式，又是一种经济发展模式。在公共项目开发领域推行，既可以有效地解决公共项目的融资问题，又可以加速民间资本，特别是闲置的民间资本的流动和周转，进而促进民营经济以及国民经济的发展。

7.1.2 PPP 项目风险

PPP 项目是一个参与主体众多的分层系统，其中第一层面的直接参与方为政府和社会资本方。在其建设和营运过程中，面临着众多风险。这些风险责任如何形成和分解？是首先要关注的。

7.1.2.1 PPP 项目风险形成逻辑

PPP 项目风险形成的主要因素包括法律变更、市场需求变化、市场收益不足、自然不可抗力、政府决策失误/冗长、政府信用、腐败等（亓霞等，2009；柳梦等，2018）。这些因素实际可归纳为 PPP 项目环境风险，包括自然环境风险和社会环境风险。对于项目环境风险，一方面是由于项目环境随着时间变化而发生变化，这是不以项目参与方的意志为转移的；另一方面是人认识世界的局限性而带来的风险，即人们对客观世界实际存在的风险在签订合同时没有识别到位（陈玮，2014；李良松，2019）。研究发现，PPP 项目主体行为风险主要表现为：一是由于技术或判断力方面的因素，主体会出现失误；二是人的有限理性造成的合同不完全所带来的"道德风险"，即在项目履行中信息占优的代理方会隐藏行为或信息，并使委托方面临着"道德风险"。根据上述分析，并结合对中国 PPP 项目实践的调查，得到 PPP 项目建设和营运过程风险形成逻辑，如图 7.1 所示。

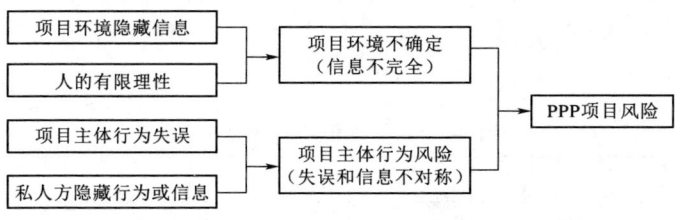

图 7.1 PPP 项目风险形成逻辑

图 7.1 中，项目外部环境不确定引起的风险大部分均存在分配的问题；政府方面临的由于社会资本方隐藏行为或信息而引发的"道德风险"，是在项目风险再分配中要关注的主要风险。

7.1.2.2 PPP 项目风险分解

为深入研究 PPP 项目中风险分配和再分配问题，按项目风险来源、风险承担主体，以及风险能否给责任/承担主体带来收益等几个维度，对 PPP 项目建设和营运风险进行分解，结果如图 7.2 所示。

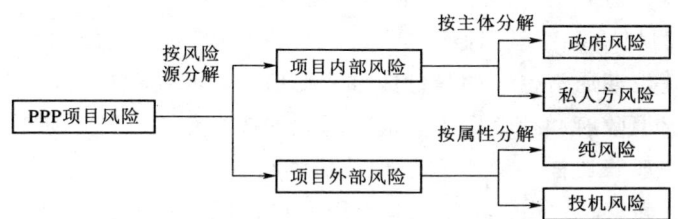

图 7.2 PPP 项目风险分解图

图 7.2 中，纯风险是指只有损失可能而无获利机会的风险；投机风险是相对于纯风险而言的，是指既有损失可能又有获利机会的风险。

7.1.3 PPP 项目合作主体的风险责任

按 PPP 项目的产权归属，可将其分为两大类：一类为 PPP 项目产权属政府，如 BOT 项目；另一类 PPP 项目产权属社会资本方，如 BOOT 项目，这两类 PPP 项目风险责任不尽相同。

对于 BOT 类项目，政府方拥有项目产权，基于公平关切角度，政府方和社会资本方各自应承担由于自身组织不当或决策失误等方面而引起的风险；而对于来自 PPP 项目建设或营运环境因素引起的项目外部风险，根据产权理论，以及风险和收益对等的原则（Benjamin，2006），应由政府方来承担 PPP 项目外部环境的风险责任。同理，对 BOOT 类项目，社会资本方拥有项目产权，除政府应承担自身组织和决策失误等方面的风险责任外，其他项目风险责任均应由社会资本方承担。据此，可得 PPP 项目主体风险责任的初始承担原则，见表 7.1。

表 7.1　　　　　　　　PPP 项目风险责任初始承担主体

责任主体	风险分类					
	政府方拥有 PPP 项目产权			社会资本方拥有 PPP 项目产权		
	政府方失误原因风险	社会资本方失误原因风险	项目外部环境原因风险	政府方失误原因风险	社会资本方失误原因风险	项目外部环境原因风险
社会资本方		√			√	√
政府方	√		√	√		

7.1.4　PPP 项目两类风险分配

根据 PPP 项目产权的归属，表 7.1 中由政府方或社会资本方初始承担 PPP 项目风险责任，在公平视角下是合理的。但对 PPP 项目整体绩效而言，这一 PPP 项目风险责任承担原则是不科学、不合理的。众所周知，就 PPP 项目而言，在建设期通常追求的是低成本或低造价；而在项目营运期，寻求高收益或高回报。但政府和社会资本方应对风险的成本是不同的，如对自然环境引发的风险，一般若让社会资本方应对其成本可能更低。由此引出了 PPP 项目主体风险责任转移/分配的问题，即将 PPP 项目风险责任在政府与社会资本方之间进行分配，以降低 PPP 项目的总造价，或提升项目营运整体效益或回报。分配方案包括：对某一本应由政府或社会资本方承担的风险全部或部分分配给另一方，而由政府或社会资本方向另一方补偿风险应对的成本，一些情况下还应补偿所失利润。

PPP 项目风险分配可分为初始分配和再分配。前者是指政府和社会资本方在签订项目（特许经营）合同时的风险分配，项目风险分配的方案在 PPP 项目合同中体现，对应风险分配方案的成本补偿也应在合同价中体现；后者是项目合同履行过程中，即项目建设或营运过程中新风险产生或原估计风险消失后，对原合同风险分配方案的调整，即风险再分配，调整后的风险分配方案在合同双方确认后，作为原合同的补充，纳入整个 PPP 项目合同体系。两者在分配过程或机制上的差异较大。

(1) PPP 项目风险初始分配过程为：政府首先策划 PPP 项目合同方案，其中包括 PPP 项目风险初始分配方案；然后通过招标或竞争性谈判（讨价还价）；最后签订合同，即完成PPP项目风险初始分配。显然，这一过程与一般建设工程项目交易的合同形成过程类似，风险分配方法也类似，其中政府占主导地位，但引进竞争机制后，风险转移产生的补偿得到合理体现。所不同的是，增加了项目的营运期，PPP项目合同期长，有许多风险在签订合同时没有被识别或还没有出现，因而PPP项目合同的不完全性在营运期会体现得更明显。

（2）PPP项目风险再分配的情景为：项目合同正在履行，社会资本方占有较多交易信息的优势。这与一般建设工程项目交易过程的变更或索赔的情景类似，其中社会资本方交易信息占优势。差异在于，因PPP项目合同的不完备性更明显，即不可预见的因素会更多，合同双方面临的风险会更大，因而PPP项目风险管理可参考一般建设项目变更的处理机制，但不能完全套用。

7.2 PPP项目风险分配与再谈判相关研究

PPP项目所涉及的政府与社会资本方合作时间长、影响因素多，项目风险形式多而复杂。目前有大量学者对PPP项目的风险分配问题进行了研究。Vega（1997）研究发现PPP项目风险分配没有唯一解，也没有固定的模式，应对具体项目作具体确定；Shaoul（2002）认为很难确定PPP项目风险应该转移到社会资本方的程度；而Froud等（2001）调查发现，一些PPP项目的风险分配过于主观，项目并没有达到预想的效果，要讲究客观和符合规律；许多学者不断探索PPP项目风险分配的规律性，包括PPP项目合同中风险分配原则、方法等，以及PPP项目合同履行中风险触发因素和再分配。

7.2.1 风险分配原则研究

何伯森等（2001）和孙洁等（2014）认为，PPP项目是政府方和社会资本方之间的合作项目，风险分配时应从项目整体效益出发，将风险分配给能最有效地控制风险，且能产生项目最大效能的那一方。刘新平等（2006）通过分析PPP项目风险因素提出风险分配应遵循的三项原则，即：①由对风险最有控制力的一方控制相应的风险；②承担的风险程度与所得回报相匹配；③承担的风险要有上限。Abednego（2006）提出了PPP项目风险分配的4项原则，即：①风险应由最具控制力的参与者进行承担；②风险承担者均应具有风险管控能力；③风险承担者必须具备与项目相关的技术与管理能力；④风险承担者应具备较强的自净能力。邓小鹏等（2008）从促使PPP项目合作方实现互惠共赢的目标出发，并对已有相关研究成果进行分析归纳，提出PPP项目风险分配的9项原则。显然，由于这些研究的视角、重点等方面存在差异，因而所得结果也存在较大不同。

7.2.2 风险分配方法研究

在签订 PPP 项目合同时，对已经识别的风险存在合理分配的问题。Li 等（2005）通过问卷调查及对所获取数据的统计，得出英国 PPP/PFI 项目风险的分配矩阵。Lam 等（2007）利用模糊数学将已有的 PPP/BOT 风险分配的原则和具体个案中的专家意见转化为可以量化的模型来尝试实现风险分配的最优。Xu 等（2010）建立了模糊综合评价模型，确定政府方和社会资本方之间的 PPP 项目风险的公平分配方案。这些 PPP 项目风险分配方法的研究并没有考虑 PPP 项目的分类。近几年，随着 PPP 项目风险分配研究继续深入，胡振等（2011）基于日本的 15 个案例，分析了 PPP"家族"三类合作方式（BOT，BOO 和 BTO）的风险分配方法，发现部分项目风险的分配方法与合作方式无关，而另一部分项目风险分配方法与合作方式选择高度相关。

7.2.3 项目再谈判触发因素相关研究

李以所（2012）在研究 PPP 项目再谈判时指出，PPP 项目的后续再谈判强度要比传统建设项目大得多。Guasch（2004）研究了 1000 份介于 1980—2000 年拉丁美洲特许经营合约后发现，其解决风险再分配问题历时较长，造成了资源的浪费和成本的增加。是哪些因素触发了 PPP 项目合同履行中风险的再分配与再谈判？Fatokun 等（2015）认为，社会资本方关注的重点在于投资变现、投资回报带来的经济利益，市场竞争越激烈，PPP 项目投标人出现投机行为的可能性就越大，项目风险再分配在所难免。Eduardo 等（2013）通过分析智利、哥伦比亚和秘鲁公路特许权再谈判的案例，指出社会资本方采取机会主义行为是引发项目再谈判较为常见的因素。周和平等（2014）通过对 12 个代表性 PPP 项目案例的分析，识别了 9 个影响风险再分配的因素，并对风险再分配的决定因素及其影响因子进行了探讨。Xiong（2016）的研究认为 PPP 项目再谈判的致因为：收益风险（私营部门发起再谈判）、剩余风险溢价（公共部门发起再谈判）。Guasch 等（2003）对拉丁美洲 PPP 项目再谈判研究的 307 个 PPP 项目中，有 162 个发生了再谈判，其中超过 70％的再谈判是由私人部门发起的。Trebilcock 等（2015）指出，制度不完善是影响 PPP 项目再谈判的一个重要因素。这些研究表明：人的有限理性、PPP 合同的不完备，以及社会资本方的机会主义行为等是造成 PPP 项目风险再分配的主要原因。

7.2.4 项目再谈判机制和程序研究

PPP 项目履行过程中风险的增加或消失，必然会影响到政府和/或社会资本方的利益或目标，双方在风险再分配过程中争端难以回避，在这种情境下再谈判无法避免（Fatokun等，2015）。关于再谈判效率和降低再谈判成本的研究，Zhul、马桑和居佳等借助讨价还价博弈理论构建再谈判模型，得到PPP项目风险再分配的影响因素为双方谈判各自的损耗系数；任志涛等（2017）进一步分析了谈判损耗系数的影响因子，并根据这些因子提出提升再谈判效率的措施。这些研究表明，风险再分配与风险的性质等无关，仅与谈判过程相关，这显然与工程实践存在偏差。孙慧等（2011）的研究从PPP项目国际经验出发，结合中国实际，分析找出PPP项目再谈判的关键影响因素，提出了进一步完善PPP立法、改进合同设计、规范竞争性招标、加强监管以及明确相应惩罚制度等提升再谈判效率的措施。还有一些研究从合理设计PPP项目合同出发，考虑提升再谈判效率。陈富良等（2015）提出，在PPP项目中应设计再谈判救济方式、谈判机制和程序；Nikolaidisa（2013）基于PPP项目的实践探讨了风险再分配谈判的框架；Domingues等（2015）认为在PPP合同初始缔约时注入柔性，以赋予不完全契约再谈判的余地，使得项目再谈判顺利进行；刘婷等（2016）的研究认为应在PPP合同中设立弹性条款，并明确再谈判机制；陈婉玲（2018）认为，PPP立法应强制PPP合同嵌入可变更、可调整条款，并设置相应的修补程序，在特定阶段，安排政府与社会资本方进行协商与再谈判，才能缓释冲突，挽救合作危机。

综上分析，基础设施PPP项目风险分配与再分配问题关注度较高，研究成果也相当丰富，这些成果为后续研究的开展提供了一定的支撑。然而，目前关于PPP项目风险分配与再分配的研究还存在一定的不足。首先，学者关于PPP项目风险再分配的研究既没有考虑PPP项目的类型，也没有考虑待再分配风险的属性，研究结果不具说服力；其次，关于PPP项目风险再分配的原则上，学者的研究结果并不统一，呈现出"碎片化"的状态，造成实际应用中的困难。因此，此处试图基于PPP项目风险的特性，从PPP项目立项开始，基于产权理论、不完全合同理论和风险管理理论，研究PPP项目合作双方应承担的项目风险责任，以及项目风险初始分配和再分配问题，并提出相应理论和方法框架。

7.3 PPP项目风险初始分配

7.3.1 PPP项目合同与两类风险

（1）PPP项目（特许经营）合同。基础设施项目一般由政府提供以及垄断经营，政府方通常由于建设资金短缺，或营运能力不足，或为提升PPP项目营运效率，以项目（特许经营）合同为纽带与社会资本方合作，包括合作开展项目建设和营运。显然，项目合同扮演重要角色。PPP项目合同定义项目，规定政府和社会资本方在项目建设和营运过程中的责任、权利和义务，并对PPP项目风险具有分配功能，即项目风险的初始分配。政府方可充分利用该合同科学、合理地将项目风险分配给社会资本方；而社会资本方在投标或竞争性谈判过程中一般会研究项目风险初始分配方案，并在项目合同报价或特许经营期确认的过程中充分考虑应对所承担项目风险的成本。

（2）PPP项目的两类风险。政府方在设计PPP合同条件和设计项目风险分配方案时，首先有必要考虑某项风险是纯风险，还是投机风险，这两类风险分配原则存在差异。其中，纯风险只会给私人资本方带来额外成本；而投机风险既可能给社会资本方带来额外成本，也可能会给社会资本方带来额外收益。其次，社会资本方在投标或竞争性谈判过程中也有必要考虑这方面因素，对不同类风险采取不同报价策略。

7.3.2　PPP项目两类风险初始分配原则

为降低PPP项目建设总成本或提升PPP项目的总体营运效益，可充分利用PPP项目（特许经营）合同，将本应由政府或社会资本方分担的项目外部风险转移或分配给应对成本较低的另一方，并补偿相应应对风险的成本。将这种政府和社会资本方在合作谈判或招标过程中，借助项目合同分配风险的过程称为PPP项目风险初始分配。

PPP项目结构类型、产品种类或服务类型，以及政府与社会资本方合作等方面均存在较大差异，要设计出每一个PPP项目均适用的外部风险分配方案，成本将是很高的，甚至是困难的。因此有必要研究相关风险分配的基本原则，为具体PPP项目外部风险分配提供指导。

项目纯风险和投机风险是两类性质完全不同的风险，应对其分别进行讨论。

（1）项目纯风险初始分配原则。基于项目的视角，考虑将风险控制在某一水平，PPP项目分配的动因是谋求应对项目风险的低成本。因此，纯风险初始分配原则应为"低应对成本"原则，即是否将本应由政府承担的风险向社会资本方转移/分配，决定于社会资本方应对该风险的成本是否较低。若较低，则政府将风险分配给社会资本方承担，并向其补偿应对风险的成本。"低应对成本"原则中应考虑社会资本方应对风险的能力等方面，若社会资本方所承担的风险超出了其能力范围，显然应对成本会上升，甚至会导致PPP项目的失败。

（2）项目投机风险初始分配原则。投机风险的特点是损失和获利均有可能性,在"低应对成本"的原则下,有必要考虑损失和获利对等,以体现交易过程的公平性和对风险承担方的激励。因此,对投机风险初始分配,基本原则应有两条:一是"低应对成本"原则;二是"损失和获利对等"的原则,并且首先考虑前者。

纯风险和投机风险的分配原则存在较大差异,但应注意到,在工程应用中这两类风险是一个相对的概念。如社会资本方营运项目的成本总是由消耗量,即人工、机具或物料消耗量,乘以相应的单价所构成,而一般认为消耗量是不变量,单价是可变量。但要注意到当合同期较长时,随着环境变化,如技术的进步,消耗量也在变化,其可能成了投机风险。例如,暴雨一般被认为是给人们带来负面影响的纯风险,但当气象技术发展后,其也会给水电站这类 PPP 项目创造更多的收益,这时其也成了投机风险。

7.3.3　不同合作方式 PPP 项目风险初始分配方法

根据 PPP 项目产权归属不同,即 PPP"家族"中合作方式不同的项目,风险初始分配方法不尽相同。

(1) 产权属政府方的 PPP 项目,如 BOT 项目风险初始分配。政府方和社会资本方各自承担自身原因引起风险的责任,政府方应承担项目外部环境原因引起的风险责任。若政府方拟将自己原因引起的风险和项目外部环境因素引起的纯风险转移/分配给社会资本方,则可采用"低应对成本"原则进行分配;若政府方拟将项目外部环境原因引起风险转移/分配给社会资本方时,则采用"低应对成本",以及"损失和获利对等"的原则进行分配。

(2) 产权属社会资本方的 PPP 项目,如 BOOT 项目风险初始分配。此时,政府方承担自身原因引起的风险责任;社会资本方承担自身原因和项目外部环境引起的风险责任。政府方拟将自己原因引起的风险转移/分配给社会资本方时,可采用"低应对成本"的原则进行分配。而对由项目环境因素引起的外部风险,本就应由社会资本方承担,不存在由政府向社会资本方转移的问题。

综上所述,针对 PPP"家族"中的经典 BOT 和 BOOT 项目,可得到推论:

1) 与 BOT 项目相比,BOOT 项目社会资本方要承担项目更多的风险;而政府方较少地向社会资本方转移/分配风险。

2) 与 BOOT 项目相比,对 BOT 项目,政府方会将更多项目风险分配给社会资本方。

3) 对项目营运期的部分风险,不论是对 BOT 项目,还是 BOOT 项目,一般是由社会资本方承担,这在于社会资本方应对风险成本较低。

4）对部分风险由谁承担自身具有不确定性，这决定于双方谁的应对风险成本更低。这些推论可解释胡振等（2011）对日本15个PPP项目案例研究的结果。

7.4 PPP项目风险再分配

PPP项目合同属长期合同，由于人的有限理性、项目外部环境的不确定等方面因素，PPP项目合同履行过程中新风险的出现或原被识别风险的消失不可避免，因此存在项目风险再分配的问题。

7.4.1 PPP项目风险再分配的特点

与一般建设项目相比，PPP项目风险再分配有如下特点：

（1）PPP项目合同期长，会面临更多的风险。PPP项目大多合约期长达10~30年，在中国有些PPP项目的合作期长达50年。显然合作期越长，客观世界的变化会越多。因而PPP项目面临的风险会多于一般建设项目。

（2）PPP项目合同不完备性问题更加突出。一般建设项目均具有不确定性，而PPP项目除工程建设期外，还存在比工程建设期更长的营运期，因而PPP项目合同不完全性进一步加剧。对政府方而言面临的道德风险将更加严重。

（3）PPP项目环境有利于行为主体的机会主义动机发展。一般建设项目业主方委托工程设计方设计，工程承包方施工，有时还委托第三方对承包合同进行监管。因此，工程项目治理结构相对较为完善，工程承包方的机会主义动机受到较大程度的遏制。而对PPP项目，政府方与社会资本方签订项目合作合同后，交由社会资本方组织工程的设计、施工，以及工程建设后的营运管理，这给社会资本方机会主义行为的发展提供了空间，同时也增加了项目履行中出现风险的分配难度。

（4）PPP项目交易治理结构简单，增加了合同履行过程风险再分配的难度。建设项目治理已经历了近200多年的实践，形成了较为完善的项目风险分配体系，包括交易治理组织结构，以及工程调价、工程变更和索赔处理机制等，其本质是项目风险再分配机制。这些较为完善的治理结构保障了项目风险再分配过程容易达成共识。对PPP项目，政府方将工程项目实施任务全部交由社会资本方完成，并由其去完成项目的实施和运行管理，并不存在与一般建设项目类似的交易治理结构。这对降低政府方的交易成本，并调动社会资本方的积极性、创造性将产生积极影响，但对项目实施过程的风险再分配带来较大难度。如何平衡两者关系？值得探讨。

7.4.2 PPP 项目风险再分配应对策略

分析 PPP 项目风险再分配的特点，可将其困难或复杂性归纳为两个要素：一是 PPP 项目合同和项目实施的治理结构均具有不完备性；二是 PPP 项目合作期间合同双方存在较为严重的信息不对称性。有必要围绕这两个要素，考虑风险应对策略。

7.4.2.1 完善 PPP 项目（特许经营）合同

PPP 项目的合同不完备性是其风险再分配问题产生的根源，该风险发生在合同签订后，而且主要还是在项目营运期。因此，优化合同设计，特别是引进针对 PPP 项目合同特点的机制，是应对 PPP 项目风险再分配的主要策略之一。

（1）PPP 项目合同条款的可变/灵活机制。世界银行、欧洲银行和非洲发展银行等联合发布的 *Puklic-Private Partnerships* Reference Guide：Version 3 认为，PPP 项目双方在一个很短的时间内达成一个长期承诺，不可避免将存在疏忽和失误。制定 PPP 项目合同的一个主要难题是，如何在合同条件的确定性和灵活性之间保持平衡。因此，PPP 合同多以不完全合同的形式签订，即在 PPP 合同中嵌入若干可变条件的条款，以满足这种长期合同的履行需要。当不确定因素或风险发生时，合同双方有一套明确的依据和确定的程序来重新调整责任、权利和分配义务，即项目新增风险/超额收益的再分配。PPP 项目合同并不是追求将双方所涉及的各类事项详细地、刚性地列入合同条件，而是构建一种完备的、能有效地调整项目合同条款的机制，以在一定程度上弥补 PPP 项目合同的不完全性（费方域等，2011）。显然，此处 PPP 项目合同可变/灵活的要点是合理引进合同条款的柔性，对项目提供的服务价格、项目特许经营期和收益率，以及项目风险再分配（相应有再谈判）的周期等设置可变条款。如，对营运数据可观察的情形，PPP 项目价格可变条款的设计，可在合同中仅作出"最低价格""最高价格"或"限额幅度"的安排，同时列出价格可变条款的适用情形。这十分有利于 PPP 项目风险的再分配。又如，双方再谈判的时间间隔，在第一次再谈判时间确定的基础上，第二次及以后各次谈判的时间间隔可确定一个范围，具体可在每次再谈判时确定下次再谈判时间。

（2）政府方的 PPP 项目风险定期评估机制。指政府方对项目建设或营运现状的分析，并不对 PPP 项目合同履行产生影响。由于政府方不参与项目的具体管理，项目运行状态信息缺失，因而在 PPP 项目风险再分配谈判中缺少依据。政府方可借助项目评估这一手段弥补这一不足。本世纪初，英国伦敦整个地铁系统的升级改造 PPP 项目，以及我国引江济淮（河南段）PPP 项目均采用了这一机制。其共同特点是确定一个相对固定的时间，即确定风险再分配周期，其间，组织政府代表或第三方专家组定期对项目建设或营运现状进行评估。这对合同双方深入把握现状，包括发现存在的风险因素、可能面临的风险事件，对增进双方对项目营运的了解并形成共同的认识具有重要意义，也对维持合同稳定与适应以及及时隔断项目风险源、化解合同双方可能存在的冲突具有重要作用。在 PPP 合同签订时，对项目建设期和营运期风险定期评估和分配的时间间隔分别加以确定，并在后续项目风险再分配时，将其定为可调整事项。项目风险再分配周期内，可组织 2~3 次项目风险定期评估，或每年组织一次项目风险评估。

（3）PPP 项目风险再分配争端解决路径和机制。项目风险再分配涉及双方利益，而由于交易双方的信息不对称等方面因素的存在，这一过程中争端难以避免。争端解决路径是合同的再谈判；争端解决机制的主要内容包括：项目风险定期评估和风险再分配的组织结构、项目风险再分配实施程序等方面。

7.4.2.2 构建科学的 PPP 项目治理结构

科学的项目治理结构是 PPP 项目风险再分配成功的基础，但若构建一般建设项目治理结构，不仅政府方交易成本高，而且会挫伤社会资本方的积极性和降低项目实施和营运效率。因此，如何合理优化 PPP 项目治理结构十分重要。

（1）政府方设立 PPP 项目代表。在 PPP 项目建设和营运期，PPP 项目交易双方存在严重的交易信息不对称，借鉴英国伦敦地铁系统改造 PPP 项目和引江济淮工程（河南段）PPP 项目的实践经验，政府方有必要派若干项目代表进驻项目现场，并有 1 个代表参与 PPP 项目管理团队，其主要职责包括对项目建设期和营运期运作的合法性、财务运作的合规性进行审核，以及负责政府方与社会资本方的沟通与协调等。在项目风险定期评估过程中，也有必要让政府方代表成为项目风险定期评估团队成员，参与项目风险定期评估。政府方代表每季度或每半年应向政府主管部门报告项目营运状态。

（2）政府方与社会资本方共同设立 PPP 项目风险再分配协调机构：避免争端/裁决委员会（Dispute Avoidance Adjudication Board，DAAB）。参考国际咨询工程师联合会（Fédération Internationale Des Ingénieurs Conseils，FIDIC）合同条款设立 DAAB 的经验，构建 PPP 项目风险评估与再分配协调机构。该 DAAB 由 3~5 人组成，政府方和社会资本方各推荐 1~2 位专家，然后由他们推荐 1 名组长。DAAB 的专家应熟悉 PPP 项目建设或营运管理，并受到政府方与社会资本方的认可。DAAB 是一临时组织，每次项目风险分配再谈判前，可开展为期 1~2 个月的项目风险评估工作，并提出评估报告；按 PPP 合同规定时间、程序对项目风险再分配方案进行评审，对方案中出现的争端问题提出指导性处理意见。PPP 项目双方对风险再分配方案达成一致的协议应作为 PPP

合同的组成部分/补充，作为项目双方后续履约的依据之一。

（3）确定合同再谈判时间。一般而言，在签订 PPP 合同时，就应明确为开展风险再分配而进行合同再谈判的时间。当工程建设工期为 3 年左右时，可将第一次合同再谈判时间放在工程竣工的时间节点；当建设工程的工期超过 4 年时，可将第一次合同再谈判时间放在工程建设中期，第二次合同再谈判时间放在竣工的时间节点。在工程竣工时合同再谈判会议上，PPP 合同双方应确定工程营运期首次谈判的具体时间，并列入调整的合同中。此后每次合同再谈判会上应确定下次合同再谈判时间，并写进调整的合同中。每次合同再谈判，本质上是对合同进行调整或补充，对项目新风险或变化了的风险进行再分配。

7.4.2.3 合理设计 PPP 项目再谈判/风险再分配的运作程序

PPP 项目合同的长期性和不完全性，决定了 PPP 合同再谈判/风险再分配不可回避，同时也预示着争端事项难以避免，这就要求构建科学合理的 PPP 项目合同再谈判或风险再分配的程序，以缓解矛盾、冲突，降低项目交易成本，并实现"共赢"。

PPP 项目初始交易一般由政府方主导，包括起草合同条件，并经招标或竞争性谈判，确定承担建设和营运工程的社会资本方，签订相应的特许经营合同。PPP 项目风险再分配过程本质上也是一次交易过程，但没有竞争性，双方最后通过谈判达成协议。然而，在 PPP 项目风险再分配的交易过程中，不存在竞争，政府方难以主导，反之社会资本方在交易信息上占优，即风险再分配的主动权掌握在社会资本方手中。因此，政府方有必要在初始合同中规定，一方面在项目风险再谈判前的规定时间内，社会资本方应提出 PPP 合同条款调整清单和再分配/谈判项目风险清单（即两项"清单"），分别见表 7.2 和表 7.3，即提出项目风险再分配方案；另一方面组织独立的、专业的第三方机构，即 DAAB，对这两项"清单"进行客观的分析、评估，并提出指导建议，以协调关系、缩小合同双方在项目再谈判过程中可能出现的分歧或争端。用较低的交易成本促使双方在 PPP 项目风险再分配过程中达成协议。根据工程承包或工程总承包等工程变更或索赔谈判的实践经验，构建如图 7.3 所示的 PPP 项目风险再分配谈判的运作程序。该程序应列入 PPP 项目特许经营合同。

表 7.2　　　　　PPP（特许经营）合同条款调整清单

调整属性	合同编号	条款名称	原条款内容	修改或新增条款内容	相关说明或依据
修改					
新增			无		

表 7.3　　　　　　　项目风险再分配/谈判清单

风险类型	风险名称	风险影响因素	风险属性	风险分配建议方案	风险分配依据和相关说明附件
已识别风险					
新增风险					

注　风险属性分为纯风险和投机风险。

图 7.3 中，规定时间为期望双方就 PPP 项目风险再分配方案达成协议，所形成新 PPP 合同开始履行的时间。若双方通过协商达不成协议，而是通过仲裁方式达成协议，则新 PPP 合同开始履行也为这一时间。

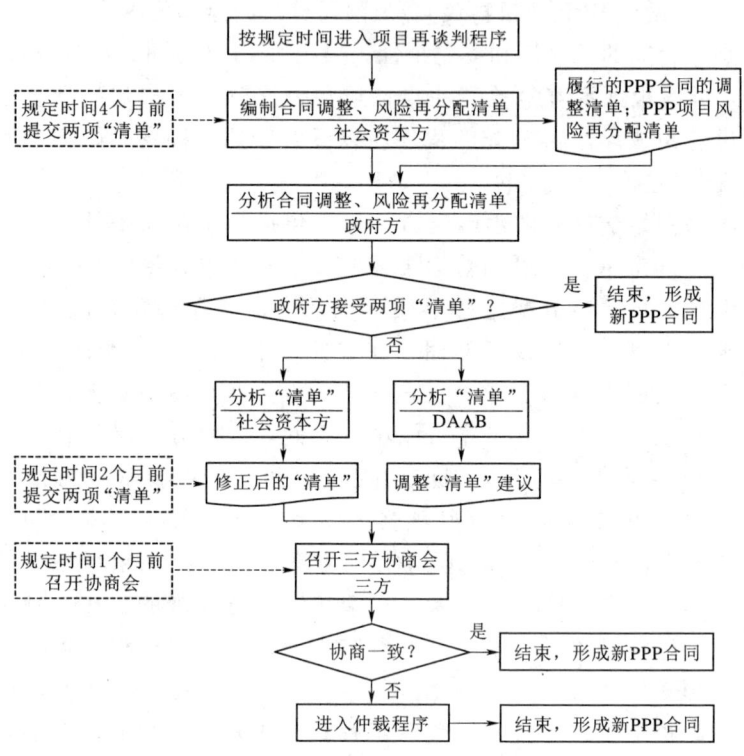

图 7.3　PPP 项目风险再分配程序

7.5　小　　结

PPP 模式已在世界各国基础设施建设领域广泛应用，在中国则更为普遍。但实践也表明，其失败的案例不在少数。这主要在于 PPP 项目合同是一长期合同，面临众多早期未知或后期变化的风险，且往往风险量大。当对风险没有充分认识或在 PPP 项目合同履行过程中项目风险分配不当时，项目失败可能就为期不远了。通过对我国 PPP 项目实践的调查发现，PPP 项目风险主要源自项目环境的不确定、人的有限理性、人的行为失误，以及社会资本方故意隐藏行为或信息。进一步研究发现，PPP 项目"家族"中不同合作方式的项目，如 BOT 和 BOOT 项目，项目合作双方风险责任分担（share responsibility）不尽相同。PPP 项目不同属性/类型的风险，分配（distribution）原则不同，对于纯风险，基本分配原则为"低应对成本"原则；对投机风险，基本分配原则包括"低应对成本"原则和"损失和获利对等"原则。

由于 PPP 项目特许经营合同为长期合同，具有较大的不完全性。本章在借鉴英国伦敦地铁系统改造 PPP 项目和引江济淮工程（河南段）PPP 项目，以及比较 FIDIC 合同条款的基础上，针对我国 PPP 项目实践现状，提出了 PPP 项目合同条款设计要点，包括：在 PPP 合同中设立可变条款，以及构建项目风险定期评估机制和项目风险再分配争端解决机制等；设计了 PPP 项目风险再分配治理结构，包括设立政府项目代表和 DAAB，以及 PPP 项目风险再分配运作程序。这些组合形成了 PPP 项目风险再分配系统框架体系，可为中国政府相关部门制定或修改 PPP 模式应用政策提供支持，也可为其他国家 PPP 模式的应用提供参考。

第 8 章 水利水电工程施工导流风险评估与决策

8.1 水利水电工程施工导流风险评估

水利水电工程施工导流风险估算历来为工程界所关注，它关系到施工导流建筑物的安全和主体工程建设的投资和工期等目标能否实现。

8.1.1 施工导流风险

施工导流风险（率）可定义为：在规定的时间内，天然来（洪）水超过水库的调蓄和导流泄水建筑物泄水能力的概率（王卓甫，1998）。施工导流设计中调洪计算原理如图 8.1 所示。

图 8.1 中，Q-t 和 Q-t 分别是天然来（洪）水流量过程线和导流建筑物泄水流量过程线。其中，Q-t 在导流泄水建筑物一定时，仅和库水位有关。q_m 为泄水建筑物最大下泄流量，对某水库和具体的导流建筑物，q_m 决定于 Q-t。这里不考虑泄水建筑物的水力不确定性。于是，施工导流风险的定义可转化为：在规定时间内，导流建筑物的最大下泄流量超过其设计最大泄水能力的概率，其风险率 P_r 的数学表达式为

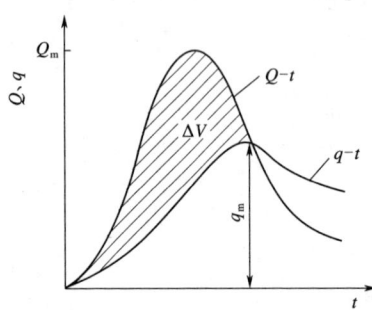

图 8.1 调洪计算示例

$$P_r = P(q_m > q_设) = \int_{q_设}^{\infty} f(q_m) \mathrm{d} q_m \tag{8.1a}$$

或转换为（钟登华等，2006）

$$P_r = P(H_m > H_设) \tag{8.1b}$$

式中：$q_设$ 为导流泄水建筑物设计最大泄水流量，它和泄水建筑物型式、布置、设计尺寸和围堰前的设计水位等有关，可通过水力计算确定；q_m 为导流泄水建筑物最大下泄流量，需根据天然来（洪）水过程、设计围堰的挡水水位、导

流泄水建筑物布置型式和尺寸,通过调洪计算确定;$f(q_m)$ 为导流泄水建筑物最大泄水流量的概率密度分布函数;H_m 为模拟围堰前水位;$H_设$ 为围堰前设计水位。

8.1.2 施工导流风险因素识别

施工导流是指在河道上修建水电工程施工期间,为保证水电工程在干地上施工,而将河道水流引向下游的过程,其需要构建一个系统,常包括泄水建筑物(泄水隧洞或明渠),挡水建筑物,即施工围堰。施工导流风险即为河道水流漫过围堰顶部而给工程施工带来不利影响的可能性。主要影响因素如下:

(1) 水文因素。水文状态与气象因素直接相关,不确定性较大,水文因素是影响施工导流风险的重要因素之一。

(2) 泄水建筑物不确定性对施工导流风险的影响。在工程实践中,施工导流泄水建筑物的不确定性主要表现为其泄水能力是否达到设计要求。当实际泄水能力超过设计值时,其对导流方案风险的影响就较小,反之则较大。

(3) 施工围堰的不确定性对施工导流风险的影响。一般主要讨论施工围堰顶部高程对施工导流风险的影响。

(4) 水库库容相关数据不确定对施工导流风险的影响。主要表现为实际水库库容的相关数据与设计时采用的数据之差,若设计值大于实际值,则会给施工导流方案带来风险。

上述不确定性影响因素也可概括为:水文的不确定性、水力的不确定性、数据的不确定性和计算的不确定性等。正是这些不确定因素的影响,导致了施工导流过程存在着风险。

8.1.3 施工导流风险计算模型

由式(8.1a)直接计算施工导流风险率 P_r 有一定的困难,因为在施工导流建筑物设计施工中无法得到 q_m 的实测资料。但在具体工程中,在明确导流建筑物具体尺寸的情况下,可以借助于导流时段内天然来(洪)水最大流量所对应的流量过程资料,通过调洪计算,得到 q_m,采用概率组合的方法间接估算施工导流风险。若导流泄水建筑物最大下泄流量 q_m 和导流时段内天然来(洪)水的洪峰流量 Q_m 的概率联合分布为 $f(q_m, Q_m)$,则有

$$f(q_m, Q_m) = f(q_m \mid Q_m) f_0(Q_m) \tag{8.2}$$

式中:$f(q_m \mid Q_m)$ 为具体 Q_m 下 q_m 的条件概率密度函数;$f_0(Q_m)$ 为导流时段内天然来(洪)水最大洪峰流量的概率密度分布函数。利用全概率公式后有:

$$f(q_m) = \int_{-\infty}^{\infty} f(q_m \mid Q_m) f_0(Q_m) dQ_m \tag{8.3}$$

考虑到 $Q_m > 0$，可将式（8.3）变为

$$f(q_m) = \int_{0}^{\infty} f(q_m \mid Q_m) f_0(Q_m) dQ_m \tag{8.4}$$

将式（8.4）代入式（8.1a）就可以求出施工导流风险率 P_r，即有

$$P_r = P(q_m > q_{设}) = \int_{q_{设}}^{\infty}\int_{0}^{\infty} f(q_m \mid Q_m) f_0(Q_m) dQ_m dq \tag{8.5}$$

显然，计算 P_r，首先还是要确定式（8.5）中的 $f(q_m \mid Q_m)$ 和 $f_0(Q_m)$。

对于导流时段内天然来（洪）水最大洪峰流量概率密度分布函数 $f_0(Q_m)$，在我国一般采用 P-Ⅲ 分布，其表达式为

$$f_0(Q_m) = \frac{\beta^\alpha}{\Gamma(\alpha)} [E(Q_m) - b]^{\alpha-1} \exp\{-\beta[E(Q_m) - b]\}, b < Q_m < \infty \tag{8.6}$$

式中：$b = E(Q_m)\left(1 - 2\frac{C_V}{C_S}\right)$，$\alpha = \frac{4}{C_S^2}$；$\beta = \frac{2}{[E(Q_m)C_V C_S]}$。其中，$E(Q_m)$ 为最大洪峰流量系列的均值；C_V 为变差系数；C_S 为偏态系数。

对于具体 Q_m 下 q_m 的条件概率密度函数 $f(q_m \mid Q_m)$，主要取决于两方面：① q_m 的条件期望值 $\bar{q}_m(Q_m) = E(q_m \mid Q_m)$，它取决于 q_m 到 Q_m 的转换关系；② 在具体 Q_m 情况下，q_m 在 $\bar{q}_m(Q_m)$ 附近的离散情况。

对于①，条件期望值的计算公式为

$$\bar{q}_m(Q_m) = E(q_m \mid Q_m) = \int_{-\infty}^{\infty} q_m f(q_m \mid Q_m) dq_m \tag{8.7}$$

可利用逐年的 Q_m 和通过调洪计算所得的 q_m 的相关关系来确定 $\bar{q}_m(Q_m)$，并将其表达为

$$\bar{q}_m(Q_m) = E(q_m \mid Q_m) = g(Q_m) \tag{8.8}$$

对于②，因 $f(q_m \mid Q_m)$ 除了可以由客观的洪水过程不确定性引起外，还有许多主观不确定因素在起作用。如收集数据、拟合曲线、计算模型等的不确定性。根据中心极限定理，可认为 $f(q_m \mid Q_m)$ 服从正态分布，即

$$f(q_m \mid Q_m) = \frac{1}{\sigma_{q_m}\sqrt{2\pi}} \exp\{-[q_m - \bar{q}_m(Q_m)]^2/(2\sigma_{q_m}^2)\} \tag{8.9}$$

式中：σ_{q_m} 为具体的 Q_m 下的条件均方差，其计算公式为

$$\sigma_{q_m} = \sqrt{E\{[q_m - \bar{q}_m(Q_m)]^2 \mid Q_m\}} \tag{8.10}$$

式中：σ_{q_m} 为 Q_m 的函数。从理论上讲，应有大量的资料才能精确计算 σ_{q_m}，而实际工程中，其资料一般有限。因此，只能用实际收集到的资料来估算 σ_{q_m}，这难免会给 σ_{q_m} 带来一些误差，即不确定性。当资料较多时，其不确定性会较小。

8.1.4 施工导流风险计算方法

利用式（8.6）和式（8.9），可分别得到 $f_0(Q_m)$ 和 $f(q_m|Q_m)$，并将它们代入式（8.5）即可计算施工导流风险率 P_r，即

$$P_r = \int_{\mathfrak{g}}^{\infty} \int_0^{\infty} \frac{\beta^\alpha}{\Gamma(\alpha)\sigma_{q_m}\sqrt{2\pi}} [E(Q_m)-b]^{\alpha-1} \exp\left\{\frac{-[q_m-\bar{q}_m(Q_m)]^2}{(2\sigma_{q_m}^2)} - \beta[E(Q_m)-b]\right\} dQ_m dq_m \tag{8.11}$$

式中：$\bar{q}_m(Q_m)$ 和 σ_{q_m} 均是 Q_m 的函数，因此其难以得到解析解，只能采用数值方法或简化近似方法求解。

（1）用 MC 方法估算施工导流风险。根据上述基本思想，所求解问题的随机变量有 Q_m 和 q_m，它们的概率模型分别为式（8.6）和式（8.9），但要注意到 $f(q_m|Q_m)$ 是具体 Q_m 下 q_m 的条件概率密度函数。对于 Q_m 和 q_m，其分布不同，则抽样方法亦不一样。

Q_m 服从 P-Ⅲ型分布，难以得到抽样公式的表达式，但可用舍选抽样法进行抽样，其抽样框图如图 8.2 所示。

具体 Q_m 下的 q_m 服从正态分布，抽样的近似公式为

$$q_{m_i} = \sigma_{q_m}(\sum_{i=1}^{12} r_i - 6) + \bar{q}_m(Q_m)$$

用 MC 方法计算施工导流风险率 P_r 的步骤如下：

1）根据施工导流具体方案，并经调洪计算，建立 Q_m 和 q_m 的相关关系。

2）产生伪随机数 r_i，抽样并计算 Q_m；目前，伪随机数 r_i 可采用 MATLAB 软件生成（张虎等，2013），Q_m 在均匀随机数的基础上，按 P-Ⅲ型分布公式计算（胡志根等，2010；王兆强等，2020）。

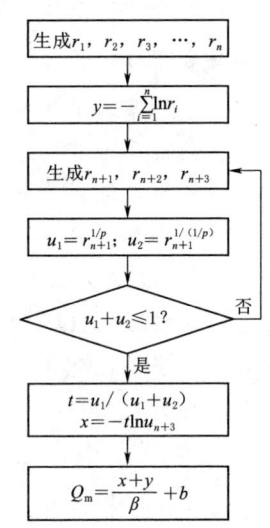

图 8.2 P-Ⅲ型分布抽样框图

3）计算 q_m 的条件期望值 $\bar{q}_m(Q_m)$ 和条件均方差 σ_{q_m}。

4）产生伪随机数 r_j，抽样并计算 q_m。

5）计算 $q_m - q_{设}$ 的值。

6）统计 $q_m - q_{设} > 0$ 的次数，并记为 S。

7）重复 4）～6）M 次。

8）重复 2）～7）N 次。

9）计算 P_r，$P_r = \dfrac{S}{MN}$。

(2) 简化近似法计算施工导流风险。设最大洪峰流量系列的可能最大值为 Q_{mPMF}，q_m 的最大值为 $\overline{q}_m(Q_m)+4\sigma_{q_m}$。考虑到 Q_m 落在 (Q_{mPMF},∞) 及 q_m 落在 $(4\sigma_{q_m},\infty)$ 内的概率均很小，因此式（3.42）可简化近似表达为

$$P_r = \int_{q_{设}}^{\overline{q}_m(Q_m+4\sigma_{q_m})}\left[\int_0^{Q_{mPMF}} f(q_m\mid Q_m)f_0(Q_m)\mathrm{d}Q_m\right]\mathrm{d}q_m \tag{8.12}$$

对式（8.12）可采用离散叠加的方法计算，其叠加公式为

$$P_r = \sum_{i=1}^{n}\sum_{j=1}^{m}\Delta F(\overline{q}_{mj}\mid,\overline{Q}_{mi})\Delta F_0(,\overline{Q}_{mj}) \tag{8.13}$$

式中：$\Delta F_0(\overline{Q}_{mi})$ 为洪峰流量频率曲线节 i 段区间频率；$\Delta F(q_m\mid Q_{mi})$ 为给定 $\overline{Q}_{mi}$ 时，泄水建筑物最大下泄流量的条件频率曲线节 j 段中大于泄水建筑物设计下泄流量的频率。

[案例 8.1] 某水利水电工程施工导流风险计算

某水电工程，截流后第一个枯水期施工导流采用全段土石围堰挡水，门洞型导流隧洞泄水；此后采用坝体临时断面挡水，仍由导流隧洞泄水。根据实测洪水过程所得的 Q_m 和通过调洪演算得到的 q_m，得到它们的相关关系如图 8.3 所示。图 8.3 的相关线呈直线关系，并得到其数学表达式：

$$\overline{q}_m(Q_m) = 0.741Q_m+92.59。$$

σ_{q_m} 是 Q_m 的函数，在理论上，应按式（8.10）计算，此处资料不是足够多，因此，根据已有资料，将数据点绘在图上，根据图 8.4 的数据点来估计 σ_{q_m} 的值。从图 8.4 可见，可取 $\sigma_{q_m}=39\mathrm{m}^3/\mathrm{s}$。

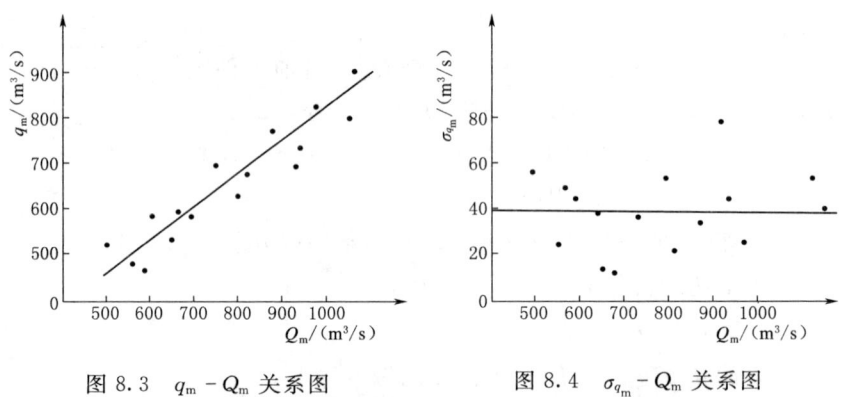

图 8.3　q_m-Q_m 关系图　　图 8.4　σ_{q_m}-Q_m 关系图

用 MC 方法计算，仅考虑洪峰流量不确定性的施工导流风险率见表 8.1 中 P_{r1}；既考虑洪峰流量不确定性，又考虑洪水总量和过程线不确定性的施工导流风险率见表 8.1 中 P_{r2}；考虑洪峰流量、洪水总量和洪水过

程不确定性,以及用简化近似式计算的施工导流风险率见表 8.1 中 P_{r3},P_{r2}/P_{r1} 和 P_{r3}/P_{r2}。

表 8.1　　　　　　　　　施工导流风险估算结果

围堰(坝)高/m	34	45	68	86	96
导流标准/%	5	1	1	1	1
P_{r1}	0.0504	0.0102	0.0088	0.0048	0.0020
P_{r2}	0.0546	0.0110	0.0906	0.0052	0.0022
P_{r3}	0.0540	0.0108	0.0901	0.0050	0.0021
P_{r2}/P_{r1}	1.0833	1.0784	1.0909	1.0833	1.1000
P_{r3}/P_{r2}	0.9890	0.9818	0.9945	0.9615	0.9545

表 8.1 中计算结果表明,考虑洪水过程不确定性时的施工导流风险率要比仅考虑洪峰流量不确定性的风险率平均增大 8.7% 左右。因此,实际工程中不能忽视洪水过程不确定性的影响。

从表 8.1 也可看出,用 MC 方法和简化近似公式计算所得的施工导流的风险率比较接近,最高没有超过 5%。因此近似计算公式具有使用价值。

对于 σ_{q_m},实际数据较多时,如数据超过 50 个,则可利用式(8.10)估算,所得值较精确;当数据较少时,可用本算例的办法估算,这样会有一些误差,即不确定性,但这种不确定性一般而言对计算结果影响不会很大。

8.2　水利水电工程施工导流方案及其决策特性

8.2.1　施工导流方案

施工导流方案涉及两方面建筑物的结构类型和尺寸设计:

(1) 施工围堰。其主要功能是在水电工程施工期间挡住上游来水,保证工程在干地上施工。其在导流任务完成后,将部分或全部报废,不但如此,有些导流围堰还要拆除。在结构方面,其有土石围堰,也有混凝土围堰,结构不同抗冲能力不同,建造和拆除成本也不同。

(2) 导流泄水建筑物。常包括隧洞或明渠,其功能是将施工围堰前的洪水引向正在施工的水电工程的下游。

施工围堰和导流建筑物是一系统。在考虑某一来水洪峰流量的条件下，存在优化的问题：对某一工程，在某一来水洪峰流量和施工围堰前所形成水库不变的条件下，为保证水电工程正常施工，当导流泄水建筑物过水断面尺寸大时，施工围堰顶高程可适当放低；而当导流泄水建筑物断面尺寸小时，施工围堰顶高程有必要适当提高。对此，还可以进行方案比较，找出既能保证导流系统安全，又经济的施工导流方案。这是施工导流第一个层面的优化问题，在施工导流方案优化决策时会涉及，但在本章中不作深入讨论，而是将重点放在探讨第二个层面的优化问题上，即在来水洪峰流量、水库调蓄能力和泄水能力具有不确定性的条件下，如何优化施工导流方案。

8.2.2　施工导流方案决策特性

8.2.2.1　决策风险性

施工导流建筑物是由施工围堰和导流泄水建筑物构成的一个系统，该系统的功能是保护水电工程在干地上施工，系统的规模/结构尺寸取决于上游洪水的大小，而洪水大小具有不确定性。因此，一般情况下，施工导流方案面临着风险，即实际洪水流量超过设计洪水的风险。因而，施工导流方案决策为风险性决策，需要借助风险决策理论的支持。

8.2.2.2　决策目标

水电工程施工的导流建筑物，在其导流任务完成后，它将部分或全部报废，不但如此，有些导流建筑物还要拆除，这些报废和拆除所花的费用称为导流建筑物费用，用 E_1 表示。对某施工导流方案来说，E_1 是可以确定的。此外，导流工程还存在另一类费用，它是由于导流建筑物功能失效而引起的损失费用，包括施工围堰的损失和正在施工的永久性工程遭到破坏的损失。该费用大小虽可估算，但它是否出现是不确定的、随机的，因而称为风险损失费用，用 E_2 表示。导流建筑物费用 E_1 和风险损失费用 E_2 构成施工导流工程总费用，用 E 表示，即有：$E = E_1 + E_2$。选择其总费用 E 最小的施工导流方案，这就是决策的目标。

8.2.2.3　决策准则

在某导流标准下，导流建筑物所遇到的风险是一独立离散的随机事件，因而决策目标函数是随机函数，导流方案的选择是一风险决策问题。根据风险决策理论，它可用期望值准则解决。该期望值为离散变量的数学期望值，期望值准则即是把风险期望值作为决策的依据（刘志国等，2016）。在本问题中，是把各导流方案的风险损失期望值作为各自的损失费用 E_2。此外，当出现总费用 E 相同的方案时，用导流期内总风险率作为决策的依据。总风险率定义为导流期内风险出现的概率。

8.3 水利水电工程施工导流方案风险决策方法和过程

8.3.1 施工导流方案决策方法

导流建筑物是由挡水围堰和泄水建筑物组成（姜国辉等，2017）。在某导流标准下，通过水力计算和调洪演算，可确定围堰和泄水建筑物的经济尺寸，并经工程量计算，可确定导流建筑物费用。

确定风险损失费用采用概率树的方法（王卓甫，1989）。假设围堰每年汛期可能会出现过水溃堰、过水不溃堰和不过水3种状态，它们出现的概率分别为 P_A、P_B 和 P_C，并有 $P_A+P_B+P_C=1$。可用风险概率树直观地反映出导流期内围堰可能发生的各状态，如图8.5所示。其每组枝的上、中、下3个分枝代表围堰可能出现的3种状态。导流期为1年，存在3种状态；导流期为2年，可能的状态有9种，即图8.5中的9条路径。例如，围堰第1年溃堰，第2年不过水为一种状态；第1年溃堰，第2年又溃堰为另一种状态。

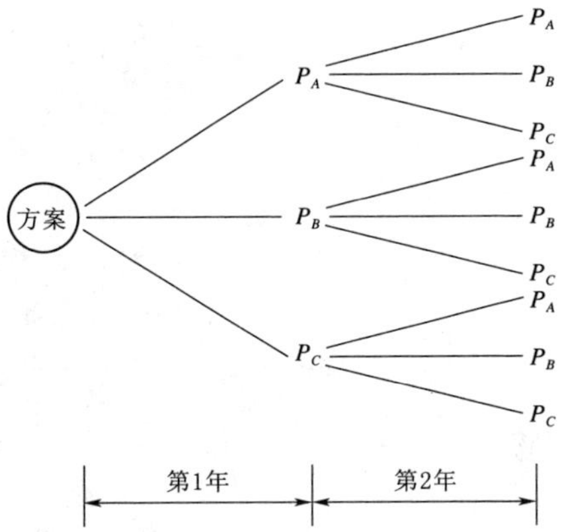

图 8.5　风险概率树图

风险概率树反映了自然状态各种可能出现的情况。但在决策时总存在各种约束。例如，主体工程的导流期为1年，若在1年中没出现风险，则导流任务完成，风险概率树的分枝就此终止；若第1年中出现了溃堰风险，一般导流期要延长，则概率树的分枝需要延伸。因此，在决策时，必须考虑具体情况，运用这些能反映工程实际的概率树来计算某方案 X_i 的损失期望值。导流期为1年的决策树如图8.6所示。其中 A^i_{jk}、B^i_{jk} 和 C^i_{jk} 分别为方案 X_i 的3种不同状态时各年的损失费用。

方案 X_i 风险损失期望值 $E_2(X_i)$ 的计算式为

$$E_2(X_i)=\sum_{j=1}^{M}\sum_{k=1}^{K}P_{jk}(A^i_{jk}p^i_A+B^i_{jk}p^i_B+C^i_{jk}p^i_C) \tag{8.14}$$

式中：P_{jk} 为第 j 年第 k 组枝的前方概率；K 为第 j 枝的组数；M 为枝的排列年数。

显然，式（8.14）的计算较为复杂。注意到 $P^i_A+P^i_B+P^i_C=1$，可将式

(8.14) 变为

$$E_2(X_i) = \sum_{f=1}^{F} P_f^i Z_f \tag{8.15}$$

式中：Z_f 为路径损失，它为路径上各年损失之和；P_f 为路径概率，它为路径上各年状态概率之积；F 为路径总条数。

方案 X_i 施工围堰过水的总风险率为

$$P(X_i) = 1 - (1 - P_r)^N \tag{8.16}$$

式中：P_r 为式（8.1）定义的导流风险，可用式（8.11）或式（8.13）计算；N 为施工导流的年数。

方案 X_i 的导流建筑物费用和风险损失期望值之和为

$$E(X_i) = E_1(X_i) + E_2(X_i) \tag{8.17}$$

最优方案 X_S 的条件为

$$E(X_S) = \min[E(X_i)] \tag{8.18}$$

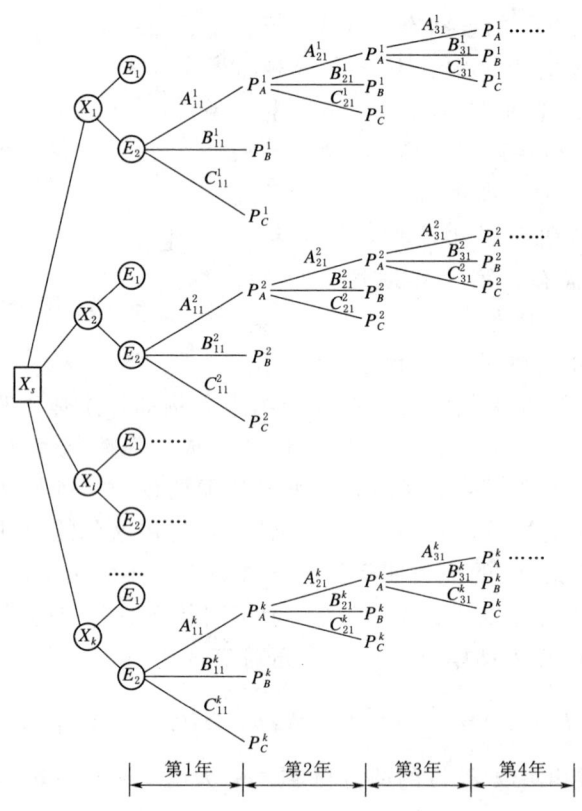

图 8.6　导流期为 1 年的决策树图

如果存在 $\min[E(X_i)] = E(X_G) = E(X_H)$，则最优方案 X_S 的选择以总风险率 P 为依据，即：

若 $P(X_G) > P(X_H)$，则 $X_S = X_H$；否则 $X_S = X_G$。

8.3.2 施工导流方案决策过程

水电工程施工导流方案决策过程：初拟若干施工导流方案、计算各施工导流方案风险率、计算风险损失费用。上述前期工作完成后，就可应用上述决策方法。

8.3.2.1 初拟若干施工导流方案

根据类似工程特点、规程规范要求，初拟在一定洪水重演期 T 或来水洪峰流量情况下的若干施工导流方案。在这其中，对每一导流方案中的围堰和导流泄水建筑物的形式尺寸要进行优化。

8.3.2.2 计算各施工导流方案风险率

施工导流风险，即考虑来水流量、水库调蓄能力、泄水建筑物泄水能力不确定条件下的施工导流风险率。当仅考虑来水流量的不确定性时，即不考虑水库调蓄能力、泄水建筑泄水能力不确定情况下，施工导流风险率可近似用传统的洪水重演期 T 来表达，即为 $\dfrac{1}{T}$。

围堰过某流量后，有产生失稳的可能，过水且溃堰时，主体工程常要延长 1 年导流期；过水不溃堰时，可认为导流期不变。过水溃堰和过水不溃堰出现的概率不同，其后果也不一样。因此，可把围堰存在的风险分为过水溃堰和过水不溃堰两种风险，它们即是导流建筑物存在的风险。

围堰过水溃堰的概率，为围堰临界稳定状态时过水流量所对应洪水出现的概率，它可通过试验或参考以往工程情况，并借助于水文资料确定。围堰过水不溃堰的概率，为设计挡水标准，即设计洪水出现的概率减去过水且溃堰的概率。围堰不过水的概率为 1 减去它过水的概率。当设计洪水重演期小于 1 年时，围堰不过水的概率为 0；围堰过水不溃堰的概率为 1 减去过水溃堰的概率。

8.3.2.3 计算风险损失费用

导流建筑物的风险为其围堰过水的风险，它产生的损失包括围堰自身的损失和给主体工程施工带来的损失。

施工导流损失分三个不同阶段，即①初期导流；②初—中期导流；③中—后期导流（罗孝明，2002；陈志鼎等，2018）。其中，初—中期导流，为主体工程施工顶面低于围堰顶高程，还不能挡水，若过水则损失较大。一般而言，过水不溃堰时，围堰的损失仅是过水后围堰的维修费用，主体工程施工的损失为主体工程损坏修理费、基坑排水费、大型机械拆装费、清基费和误工费等。过水且溃堰时，围堰要考虑溃堰后的损失费用，主体工程施工损失费除考虑前面列举的以外，还必须考虑推迟1年工期带来的损失。对于水利水电工程，必须把由于工期推迟而延误发电的损失考虑在内。

导流建筑物中作为主体工程这一部分建筑物，应在导流建筑物费用中扣除。围堰在不过水时的维修费用也作为损失费用，计入决策树不过水这一枝中，即计入 C_{jk}^i 内。洪水重演期小于1年，即1年中围堰可能会有数次过水的情况，这时，要根据水文资料，分析出每年过水的次数，一年中的过水损失必须考虑数次过水损失之和。

[案例8.2] 某水利水电工程施工导流方案风险决策

某水利水电工程，设计施工导流期为2年，满足结构、施工要求，仅考虑来水的不确定性，即导流风险率仅考虑洪水重演期 T，且经水力计算和调洪计算后，不同标准下经济的导流方案见表8.2。

表8.2　　　　　　　不同导流标准的经济导流方案

方案 (X_i)	设计挡水标准 (重演期 T)/年	设计溃堰标准 (重演期 T)/年	导流建筑物费用/万元		
			导流隧洞	土石围堰	合　计
1	3	10	4542	2513	7055
2	5	10	4990	2551	7541
3	10	30	5060	2576	7636
4	15	30	5185	2103	7761
5	20	20	5250	2103	7353
6	30	30	5600	2103	7703
7	50	50	5820	2103	7923

注　方案 $X_1 \sim X_4$ 设计为过水围堰，方案 $X_5 \sim X_7$ 设计为不过水围堰；表中考虑初—中期导流损失。

表8.2中方案 X_3 的设计过水概率为 $1/10$，设计溃堰概率 $p_A^3 = 1/30$，则过水不溃堰概率 $p_B^2 = 1/10 - 1/30 = 1/15$，不过水概率 $p_C^3 = 1 - 1/10 = 9/10$。它的施工导流期为2年，风险期计算时取3年，即决策树按3年排列，风险期内方案 X_3 每年各种状态风险损失计算结果如图8.7所示。

方案 X_3 损失期望值采用式（8.15）计算较方便；首先计算各路径损失和路径概率，然后求出路径损失期望值，如图8.7中路径1：

路径损失：$Z_1 = 16360 + 37480 + 54180 = 108020$

路径概率：$P_1 = 1/30 \times 1/30 \times 1/30 = 1/30^3 = 3.70 \times 10^{-5}$

路径损失期望值：$Z_1 P_1 = 108020 \times 3.7 \times 10^{-5} = 4.00$

依次求出其他各路径损失期望值，如图8.7中右表所示，并将其累加得方案 X_3 风险损失期望值，即 $E_2(X_3) = \sum_{f=1}^{19} Z_f P_f = 1889.59$

第 8 章 水利水电工程施工导流风险评估与决策

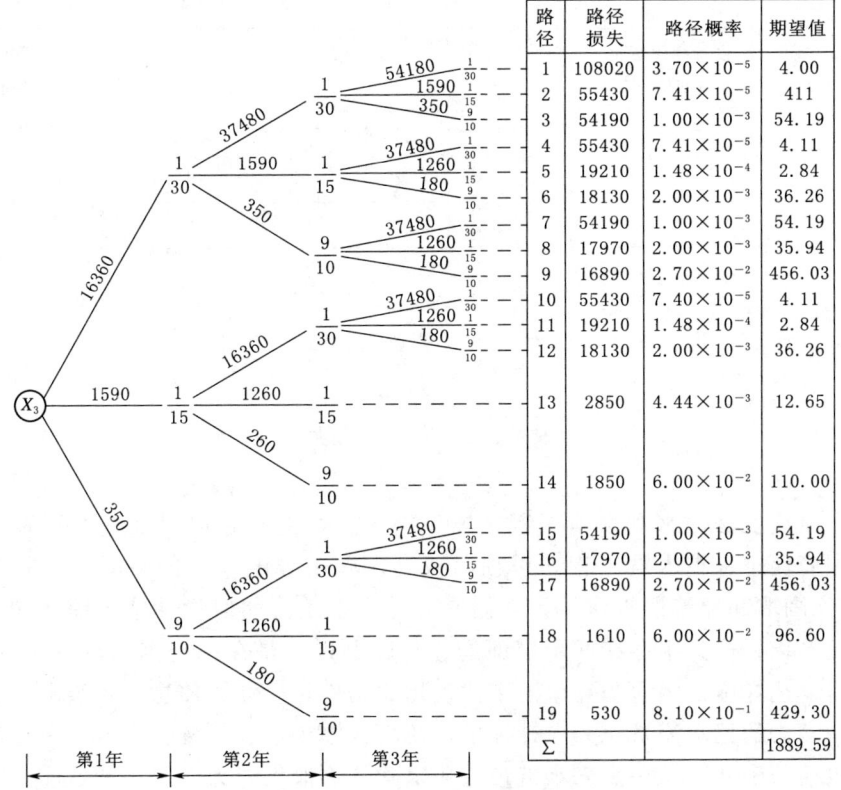

图 8.7 方案 X_3 风险损失期望值计算图

方案 X_3 的过水总风险率和溃堰总风险率分别为

$$P_{过水}^3 = 1 - \left(1 - \frac{1}{10}\right)^2 = 19.00\%$$

$$P_{溃堰}^3 = 1 - \left(1 - \frac{1}{30}\right)^2 = 6.56\%$$

用同样的方法，可计算出其他各方案的风险损失期望值、过水总风险率和溃堰总风险率，并将其填入表 8.3 中。

表 8.3 不同导流方案比较

方案 (X_i)	设计挡水标准（重演期）/年	建筑物费用/万元	损失期望值/万元	导流费用/万元	过水总风险率/%	溃堰总风险率/%
1	3	7055	2617	9672	55.56	19.00
2	5	7541	2250	9791	36.00	19.00
3	10	7636	1889.59	9525.59	19.00	6.56
4	15	7761	1860	9621	12.89	6.56

续表

方案 (X_i)	设计挡水标准（重演期）/年	建筑物费用/万元	损失期望值/万元	导流费用/万元	过水总风险率/%	溃堰总风险率/%
5	20	7353	2310	9663	9.75	9.75
6	30	7703	2245	9948	6.56	6.56
7	50	7923	2160	10083	3.96	3.96

从表 8.3 中可见，方案 X_3 的导流总费用最小，它即为最优导流方案。因此，选择方案 X_3 为该水电工程的施工导流方案。

8.4 小　　结

在河道上修建水利水电工程，施工导流不可避免，以保证其在干地上施工，进而促进水利水电工程建设项目成功。施工导流涉及的临时性工程有挡水/施工围堰和导流泄水建筑，它们形成一个系统。如何设计施工围堰和导流泄水建筑物，这其中存在两个层面的优化问题：一是在一定挡水流量条件下，如何科学选择施工围堰和导流泄水建筑物的结构和尺寸，使这一系统最优；二是选择多大的挡水流量作为设计标准，使工程施工过程优化。本章主要讨论后者，包括两个问题：一是来水流量、泄水建筑物泄水能力、水库调蓄能力不确定条件下导流风险率的计算，并提出了 MC 方法和简化计算的方法，案例结果表明，两种计算方法的精度较为接近，一般而言 MC 方法计算精度较高，而且计算次数越多，精度越高；二是施工导流方案的风险决策问题，采用期望值决策准则，结合施工导流工程的特点，提出施工导流决策树及相应风险损失期望值的计算公式。限于篇幅，在风险决策计算案例中，导流风险仅考虑了来水流量的不确定性，即用洪水重演期 T 来描述施工导流风险率。

第9章 国际工程项目风险分析

9.1 国际工程项目及其风险问题

9.1.1 国际工程项目的发展

国际工程项目包括对外投资工程项目和国际承包工程项目。2000年我国将"走出去"战略列入国家国民经济和社会发展第十个五年规划纲要。此后,走出去承包国际工程不断增多,并进一步由对外承包工程向对外投资工程的方向发展。2013年9月,国家提出建设"新丝绸之路经济带"和"21世纪海上丝绸之路"的合作倡议,即"一带一路"(The Belt and Road)。依靠我国与有关国家既有的双、多边机制,借助既有的、行之有效的区域合作平台,借用"古代丝绸之路"的历史符号,高举和平发展的旗帜,积极发展与沿线国家的经济合作伙伴关系,共同打造政治互信、经济融合、文化包容的利益共同体、命运共同体和责任共同体。这是在国家顶层的高度推动海外投资工程项目的发展。

2015年3月,国家发展改革委、外交部、商务部联合发布了《推动共建丝绸之路经济带和21世纪海上丝绸之路的愿景与行动》,从具体政策层面推进海外投资项目的发展。"一带一路"经济区开放后,承包工程项目突破3000个。据商务部网站,2015年,我国企业共对"一带一路"相关的49个国家进行了直接投资,投资额同比增长18.2%。截至2021年1月,中国与171个国家和国际组织,签署了205份共建"一带一路"合作文件。

在大力发展国际工程项目,取得丰硕成果的同时,也不能忽视国际工程面临的风险远超过国内项目的问题(贾秀飞等,2015)。一些海外投资项目风险所带来的损失令人瞠目,教训极其深刻。

[案例9.1] 缅甸伊江水电站项目

云南省是中国唯一可以同时从陆上沟通东南亚、南亚的省,在"一带一路"规划中,国家已将云南省定位为面向东南亚、南亚的辐射中心,具有独特的区位优势。伊江水电站项目是中电投云南国际电力投资有限公司与缅甸电力部、缅甸亚洲世界公司合作开发的伊江上游水电项目（以下简称伊江项目）。伊江项目位于缅甸北部克钦邦，规划在恩梅开江、迈立开江及伊洛瓦底江上游建设密松、其培、腊撒、乌托、匹撒、广朗普、耶南等7级流域梯级电站及一个施工电源电站，总装机容量约 2160 万 kW，多年平均发电量 1100 亿 kW·h，总投资超过 250 亿美元；流域各梯级电站距离中缅边境线平均距离在 100km 以内，90% 的电量将通过特高压输电线路回送国内消纳。项目采用 BOT 模式开发，50 年运营期满后移交缅方。该项目是目前缅甸最大地利用外资项目和中国最大的境外电力 BOT 项目，受到了中缅两国领导人的高度关注，两国领导人先后多次出席见证项目开发法律文件签署仪式，对项目开发寄予了很高的期望。其中，密松水电站（600 万 kW）已于 2009 年 12 月开工，截至 2011 年 9 月 30 日被缅甸政府单方面宣布搁置，已全部完成电站坝区移民，项目"四通一平"已全面开始施工，基本具备主体工程施工条件，主体工程溢洪道及引水系统土石方也已开始开挖施工。其培电站（340 万 kW）于 2010 年 12 月开工，受 2012 年 4 月缅甸北部武装冲突影响，电站参建人员已全部紧急安全撤离，撤离前主要开展了项目"四通一平"及对外交通施工。已开展流域其他梯级电站勘察设计工作，完成乌托、腊撒电站勘探道路修建和可行性研究简要报告。受缅甸国内局势影响，密松电站、其培电站现场施工及前期勘察设计工作已全部暂停。2014 年小其培电站（施工电源电站，9.9 万 kW）已投产，并实现向缅甸克钦邦、实皆省部分区域供电，接入缅甸电网运行。截至 2015 年年底，伊江项目投资累计完成 77 亿元。项目总投资的 30% 为合资公司股东投入，70% 为银行贷款。密松水电站工程总投资 36 亿美元，已经完成投资约 20 亿美元，工程搁置将意味着已完成的投资打水漂（贾秀飞等，2015）。

9.1.2 中资企业国际工程项目面临风险现状

联合国贸易和发展会议（UNCTAD）发布的《2021 年世界投资报告》中指出，受新冠肺炎疫情影响，全球对外直接投资总额（FDI）下降约三分之一，然而中国对外直接投资仅比上一年下降 3%（高达 1330 亿美元），这使中国成为 2020 年全球最大的对外投资国。企业走出去开拓国际市场是多方共赢的好事，中国企业的跨国经营活动也取得了一定的成绩，但走出去的中国企业面前的道路并非一片坦途，很多企业的经历可谓曲折和艰辛，各类风险事件的发生，给中国企业造成了巨大伤害。

（1）投资外部环境复杂。基于风险的客观性、不确定性等属性，企业在境外经营过程中遭遇风险是不可避免的。但境外经营风险与企业在国内所遇到的风险有很大不同，在走出去的大背景下，很多初次走出国门的企业，对目标国家的政治、经济、法律等完全陌生，即便是一些在境外经营多年的企业，当拓展新的国别市场时也会遇到同样的问题，因此，研究中国企业境外经营的外部环境是企业拓展海外市场的重要课题。结合众多境外投资案例，由企业境外经营的外部环境所造成的风险主要体现在以下两方面：

1) 全球性的贸易保护主义盛行。2008 年以来的金融危机，对欧美等发达经济体造成巨大冲击，同时，新一轮的贸易保护主义纷纷抬头，对境外投资企业来说，贸易保护主义的利剑时刻悬在头顶，涉及企业境外经营的各个方面，如不能有效地规避和控制，将极大地影响企业正常的经营活动。

2) 发展中国家政治经济环境不容乐观。中国企业在境外投资和对外承包工程领域的主要目标市场是一些发展中国家和欠发达国家，这些国家通常存在政治风险较高、法律体系欠佳、对外债务沉重、治安环境恶劣等情况，这些潜在的国家风险是企业在境外经营过程中面临的重要问题，如不能很好地控制这些风险，对企业境外业务的发展将产生巨大影响。

(2) 企业缺乏管控风险的意识和有效手段。境外经营所面对的市场是多元的，尤其针对不同政体的国家，如何借鉴成功的风险管控经验，并不是一个简单的问题。通过对已发生的各种风险案例的分析不难看出，很多企业在对待境外市场风险的问题上，一些惯性思维通常会影响企业对项目风险的判断，如将在国内成功运作的项目经验借鉴到国外，将在非洲的成功经验借鉴到欧洲，虽然这些经验有一定的借鉴价值，但总体来看，面对不同国家的项目风险，尤其是在刚刚进入的新市场中，企业应重新全面评估风险。此外，根据调研中的企业反馈情况来看，企业在境外遇到风险后，由于没有在前期做专业的风险评估，大多数企业通常缺乏系统的风险处理预案，只能在风险发生后临时采取一些应急处理方式，由于时间紧迫，选择的处理方式在成本和效果方面往往不尽如人意。这进一步说明了我国企业现阶段缺乏风险管控的意识和有效的紧急应对方案。

9.1.3 国际工程项目风险的特殊性

通过对国际工程项目风险的概念、特征的介绍，结合众多国际工程项目案例风险分析，不难发现，国际工程项目的风险在具备风险一般特征的同时，也有其特殊性。

(1) 国际工程项目风险具有多重客观性。主要表现如下：

1) 海外经营风险的客观性。企业走出去开拓海外市场，在全新的政治环境、法律环境、社会环境下，面临的风险也是全新的、是客观存在的。

2) 中资企业缺乏风险意识的客观性。开拓海外市场，尤其是同时在多个国家开拓市场，中资企业很少能有了解所有风险的人力配备。由于思维惯性的影响，中资企业经常仅注重技术类风险，而对其他类型的风险关注度相对较低。

3) 中资企业风险管控能力不足的客观性。很多走出去的中资企业存在着风险管控能力不足的问题，包括管控整体经验不足和专业人员不足。

(2) 国际工程环境风险更加复杂。与国内工程项目相比，国际工程项目风险的复杂性主要有以下几点：

1) 跨国的多方参与。境外项目的实施通常需要多个实体，包括东道国相关政府部门、当地合作伙伴、国内外金融保险机构、供应商、律师事务所、会计师事务所等。针对不同类型的投资项目，涉及的相关方可能会更多，项目的风险也会变得更加复杂。

2) 监管严格。境外项目的监管来自多方面，不但有东道国法规政策的约束，更有一些非政府组织的监督等。

3) 风俗文化的差异。境外投资或对外承包工程经营年限往往较长，面临复杂的宗教、民族、文化冲突等问题，很多企业常常由于没有处理好风俗文化等方面的问题而付出惨痛代价。

4) 地缘因素。既包括东道国项目所在地与周边地区各类复杂的关系，也包括东道国与其邻国的关系，只依靠政治或宗教手段很难解决此类风险。复杂的环境风险给企业的经营造成的损失是巨大的，甚至是不可逆的，因此，加强海外投资工程项目风险的识别和评估是企业境外经营的重要工作。

9.2 国际工程项目主要风险类型

经过20年的发展，中国对外承包工程和投资工程已经取得了骄人业绩，2020年中国已经成为世界最大的对外投资国家，中国的外向型经济已经在世界经济领域占据举足轻重的位置。但是，在这些令人兴奋成绩的背后，中国企业在境外遭遇风险而蒙受巨大损失的新闻也经常出现。对此，中国信保资信评估中心与中国对外承包工程商会等机构对该风险有专门的调查、分析和研究。可将其归纳为项目的环境、自身特性和利益相关方三大类风险。

9.2.1 项目环境风险

工程项目自身的综合性、复杂性和不确定性决定了项目在实施过程中具有较高的风险。一般来说，海外工程项目投资巨大，并且实施更需要适应其他国家或地区的政治环境、经济形势、社会文化，受国际政治、经济等因素影响更多，将面临更大的风险和挑战。例如，某些国家出现动乱或战争，某些国家对承包商实行地区和国别的限制或歧视政策等因素，都有可能使海外项目中断或造成损失。因此，国际工程项目风险管理既要关心工程本身的风险，还必须密切关注工程所在国及其周围地区，乃至国际大环境的变化和影响。

（1）政治风险。主要是东道国的政治环境或东道国与其他国家之间政治关系发生改变而给外国投资企业的经济利益带来的不确定性。陈泽（2020）从诱发政治风险的起因出发，将政治风险分成国家内生性政治风险、国家外生性政治风险和企业自身引起的政治风险3类。

海外投资或承包企业由于所涉项目具有跨国性，必然受到政治因素的影响，而政治因素是直接关系到项目成败、人身与资金安全的重要影响因素，因此政治风险是国际工程项目首先应考虑的风险。最近发生的对我国海外投资和承包工程项目影响较大的是2011年利比亚发生的政治动乱，其影响了我国50多个项目，涉及金额188亿美元。这次动乱也给国际工程项目市场敲响了警钟，尤其是中国企业。因为大部分中国企业还处在国际市场大幅扩张的冲动阶段，对当地的政治风险考虑不足并且缺乏有效的风险防范措施，最终造成了中国企业巨额亏损。

政治风险除了上述战争或内乱，还有政变。例如，2010年2月发生在尼日尔的军事政变，政府机构被解散、国家实行宵禁政策，造成国际承包商在尼日尔运作和执行的各种资源性项目被迫暂停，虽然各公司都采取了应急措施，但是合同执行受到的影响以及造成损失是必然的。

主权债务也是政治风险的一个风险源，例如，2009年11月迪拜出现债务危机，迪拜政府11月25日宣布重组旗下主权投资公司迪拜世界，并寻求延迟6个月偿还债款。但是11月30日，迪拜政府宣布对迪拜世界的债务不再承担任何责任，从而造成多个债权人的债务无法偿还，众多工程被迫停工甚至取消，大量项目成为"烂尾楼"，许多工程承包商也遭遇欠债危机。

政治风险对国际工程项目的影响巨大，因此在国际市场投资和开发决策中应认真考虑。对考虑长期开发的市场，投资者可以关注一些国际知名的风险测评机构发布的主权评级和国家风险指数。例如，总部位于芝加哥的风险管理与保险咨询企业怡安公司（AON），以及达信公司（Marsh）、苏黎世金融集团（Zurich）等每年都会发布世界各国政治风险报告，中国出口信用保险公司每年也会发布《国家风险分析》报告，从多个方面对世界投资重点国家进行风险评级。

（2）经济风险。国际工程项目涉及跨国工程承包、多种金融货币结算，受各国经济政策以及世界金融环境等各种因素的影响，不可避免要面对汇率波动、价格上涨、通货膨胀等经济风险。如由于当地市场容量比较小，国家如果突然在基础设施上兴建大型项目,就会对建筑材料价格产生比较大的影响,对整个地区的市场形成较大冲击,造成物价上涨,形成潜在的通货膨胀因素。例如,波兰为筹备2012年的欧洲足球杯兴建基础设施,使得各种基建原材料价格大幅上涨,在一年的时间内部分原材料和挖掘设备的租赁价格上涨了5倍以上,基建工程成本直线上升。

我国海外投资项目市场主要集中在金融市场发展并不稳定或者经济高度外向型等存在潜在通货膨胀风险的发展中国家,加上我国金融行业与国际金融环境接轨过程中采取汇率改革,以及人民币升值等金融完善手段,对外承包企业在项目投标报价进行物价走势分析以及金融货币的选择等问题上都面临严峻的挑战。特别是存在竞争时,经济风险常会影响投标报价的竞争力。因此,对汇率波动、价格上涨及通货膨胀风险形势进行认真分析、积极研究、合理预测并采取适当的措施来规避或降低这些风险带来的影响显得尤为重要。

[案例9.2] 人民币汇率变动造成的经济风险

阿尔及利亚东西高速公路项目,全长1216km,是迄今为止国际上最大的国际招投标公路建设项目。业主在签订合同时,以美元作为国际部分的结算货币,并签订了封顶条款。中国中信-中铁建联合体中标的工程分为中、西2个标段,框架合同额约为62.5亿美元,工程款中美元支付金额达35亿。仅2006年8月至2008年8月两年期间,人民币升值就达到14.18%(2006年8月基准价7.973,2008年8月基准价6.842),平均每月升值0.59%。人民币升值所带来的汇率损失造成中西标段物资设备采购额外支出1346万美元,项目利润减少2.03亿人民币。

(3) 社会文化风险。工程的具体实施必须要处在工程所在地的社会文化大环境下,当地的社会服务条件、基础设施情况、人文民风等对工程的实施有着非常重要的影响。当地行政机构的办事程序和办事效率会直接影响到项目的进度,如在沙特阿拉伯,行政机构办事节奏缓慢拖沓,而且当地的公休制度与我国不同,公休日为每周四、周五,再加上沙特与中国的时差为5小时,这些都可能会导致项目部办事效率较低,进而造成工期延误。在基础设施方面,当地的生活居住条件和医疗卫生条件与项目现场工作人员的健康息息相关,其交通情况对货物运输的影响也非常大。同时,工程所在地的风俗习惯也是项目运作无法回避的,承包商应了解工程所在地的社会文化特点,提前做好打算。除此之外,社会文化风险还体现在社会安全、工作习惯等多个方面。

[案例9.3] 由于工作规范不同产生的工程纠纷

某重工企业在完成美国旧金山-奥克兰斯海湾大桥钢结构合同的第一

船钢结构制作过程时,美方派了一个团队来监造。按常规,在国内造桥时,在第一轮拼装时,会做一个试制报告,请专家评定,评定之后按专家的意见做,后面每一轮按试制报告做即可。而美方的要求则不同,他们规定在生产板单元之前做一块长度1.5m的拼接试验,然后按照美国钢桥协会的要求进行评定,合格以后才正式焊接,第一次焊接时,操作板单元的有7人,旁边站着四五十个美国人监督。这一板块单元花了近10个小时。同时,美方要求每一班工人在焊接这块钢板之前都要完成一块试验板,这种做法要坚持到工程完工。这就意味着每一班工人从早晨上班到晚上下班,一直都在做试验。长此以往,工人永远无法正式干活。该重工企业认为根本没有必要如此复杂,一次实验合格了即可;而美国方面则认为操作机器的人换了、机器的状态也变了,必须要重新试验。

为此,双方争论了无数次,通过多次协商才确定了解决办法。首先把试验室迁移到车间里,由原来火攻切割的方式改为自动锯板,直接把钢板锯下来。其次,延长工人劳动时间,让他们提前上班,晚点下班。最后,三方检验时间由原来的3小时压缩到1小时。美方也看到了该企业的诚意,他们同意三方联合检验,最终把整个过程的时间降到了4个小时。

(4)法律风险。指在项目实施过程中,由于企业外部的法律环境发生变化,或由于包括企业自身在内的各种主体未按照法律规定或合同约定行使权利、履行义务,而使企业造成损失的可能性。法律风险是企业走出去过程中无法回避且非常重要的风险,很多法律风险的识别和评估,需要专业、有实践经验的律师结合项目具体情况才能做出客观的分析和判断。由于各国的法律体系不同,政治文化背景不同,项目所处的环境不同,企业在走出去的过程中在投标阶段就应进行充分的法律调研,了解项目所处的法律环境,并严格遵守、充分利用当地的法律法规,才能保证项目的顺利进行。

[案例9.4] 对东道国履行合同的方式不熟悉所导致的法律风险

2006年,A公司与B公司就承建某国商业大厦项目签署了一份总承包合同,其中B公司是业主方,A公司是承包商。总承包合同约定的整体工程造价为7000万美元,开工时间为2006年5月,工期为21个月。在工程进展过程中,由于投资方提供图纸和移交现场等方面的延迟,加之A公司与业主方因工程材料价格上涨而调整合同价格事宜未能达成一致,导致工程进度被迫放缓,工期发生延误。2007年12月,B公司向A公司发出通知函,提出单方解除总承包合同。此后,A公司曾就已完成工程向投资方和业主方索赔工程款项的损失,但B公司拒绝支付,并要求索赔。2008年10月,B公司向仲裁院提起仲裁,要求A公司赔偿B公司的损失及相应的利息和违约金及相应的利息。随后 A 公司提交了反诉请求，认为 B 公司的主张与事实不符，并无权利单方解除合同，因此其要求赔偿损失及违约金等仲裁请求也缺乏根据；并且，A 公司认为 B 公司违反了合同义务，要求其向 A 公司支付已经实际完成但尚未支付的工程款，赔偿因工作量增加和工程材料涨价而增加的费用，以及因其图纸延误、影响施工进度及提前终止合同而造成的损失及相应的利息。该合同约定有关合同的争议将通过某国际仲裁机构仲裁解决。最终仲裁裁决的结果是，A 公司请求增加材料涨价价款没有得到支持。

(5) 自然环境风险。包括工程场地的地理位置、交通运输条件、场地地形、地貌、植被、海拔、气象水文资料、工程地质、自然条件限制等要素。例如，在哈萨克斯坦承建工程项目，由于当地冬季寒冷，冰雪天气持续时间长，一般从第一年的 11 月到次年的 3 月都无法施工，如果在工期预算时没有考虑到气候因素，必定不能在规定的时间内完工。

在投标阶段对项目所在地的自然条件进行实地考察非常重要。例如俄罗斯的一个建设项目，前期未进行实地的勘察，只是在直升机上空中俯瞰到一片平原，于是认为施工条件良好，并据此估计了工期。而实际上，所谓的"平原"是一片沼泽。在项目实施过程中，冬天地面十分坚硬，原有设备均不适合使用，只得在当地重新购买；夏天沼泽地也不能施工，真正适合施工的时间只有春天短短几月。施工进度受到极大影响，同时设备的再购买也引发了一系列问题。

因此，在项目投标决策阶段，需要尽量全面地了解工程实施过程中可能遇到的自然条件风险，估计其对工期与费用的影响，从而体现在投标报价中。同时在合同中，也应明确这类风险的分担。

[案例 9.5]　考虑自然条件风险对施工影响的成功报价

某承包商既准备参加埃塞俄比亚某项目的 LOT2 机电标，也打算投 LOT1 标段，即土建标，因为该承包商具有丰富的土建经验，且两个标段同时执行，接口风险会小一些。招标文件对两个标段的工期要求都是 24 个月，这对承包商来讲难度很大，尤其对于土建标段，由于埃塞俄比亚每年有 3~5 个月的雨季，雨季降水量很大，24 个月完成更加不可能。经过对施工组织计划的讨论，承包商认为，土建标的合理工期应该是 36 个月，如果缩短到 24 个月，需要增加施工队伍和设备，报价要增加 30%。机电标的合理工期为 30 个月，工期的瓶颈主要在于设计审批和转轮的模型试验，工期不可控。经过与施工队伍、安装公司及主要设备制造厂家的反复讨论，承包商决定尽管响应标书的 24 个月的工期要求，但实际将工期安排为 30 个月，即通过不增加工作队伍和设备而仅增加工作时间的办法压缩土建工期 6 个月（每天工作 10 个小时，部分工段工作 12 小时），另外还剩 6 个月的误期，就将业主标书中的罚金（每天万分之三），按 6 个月折算成风险金加入合同总价中。这样核算下来，承包商既考虑了风险又保证了投标价格的竞争力。

9.2.2 项目自身特性风险

国际工程涉及多个国家的法律、语言、习惯，除要了解相应的政治经济社会法律等风险外，在投标阶段还应对招投标合同文件做系统的梳理和研究，明确工作范围，避免项目执行中产生争端。

（1）招标文件风险。国际工程招投标过程，发包方作为合同文件的起草者同时也掌握着中标者的选择权和决定权，地位的不平等直接导致招投标双方的风险分担原则也不尽公平。尽管国际工程招投标中一些发包方会选择 FIDIC 合同条件作为招标文件的基础，但是发包方往往会利用自己的控制地位通过修订合同条件，以增加专用合同条件的方式删减或者修改通用合同条件，从而将合同范本中规定的本来由发包方承担的风险转移给承包商，从而达到发包方期望的风险转移目的。从这个角度来讲，项目投标过程中对招标文件进行慎重阅读，对其中潜在的风险控制点预先考虑，是整个项目执行成功的起点。与此同时，承包商在短短的数周投标期限内想要对项目投标报价有关信息了如指掌是有很大难度的，尤其是在涉及新的国际市场时。承包商如何进行项目信息的有效审查和收集，从而尽可能地了解项目现场的施工条件，并对项目施工安排提前做出合理规划，是项目投标报价的核心。因此，承包商在投标阶段对项目招标文件及有关信息进行严谨的检查和审阅，识别招标文件中的风险点。

（2）标前谈判风险。经过投标过程和评标过程，发包方可能会要求投标人对投标文件进行商务或技术问题澄清，随后会邀请中标意向方，进行技术答辩和细节澄清谈判，最终综合确定实质性响应招标文件、施工技术方案合理、价格上可以接受的中标意向方（一般情况下是实质性响应招标文件要求的价格最低标）。授标前谈判通常是发包方和中标意向方之间就授标前有关程序问题、评标期间可能发生的调整问题等进一步澄清。在谈判中中标意向方应该适当地提出自己的要求，并且一定要把握住发包方通过漫长而又繁杂的招标程序选择有实力的承包商进行合同执行的心态，没有特殊原因发包方不会轻易改变最低合理报价中标的惯例，切不可放任急于签订合同的情绪蔓延，在授标前谈判中盲目承诺，不仅失去了在合同中增加自己要求的最后机会，还有可能因为盲目承诺而损失更多的合同权益并发生额外的成本。同时，很多强势的发包方也会利用承包商拓展新业务的迫切心情，使得承包商签订不平等的合同，最终往往导致争端和项目的失败。

[案例9.6] 标前谈判中盲目承诺带来的损失风险

中国某国际承包商2001年参与坦桑尼亚某112km项目投标并获得最低标，是该公司当时合同额最大的竞标项目。公司领导发扬豪气冲天、干脆利索的作风，在先后3次授标前谈判中对发包方提出的要求一律以"AGREE"回应，殊不知做出的三大承诺不仅没有能够适当争取承包商的任何权益，而且给项目带来更多的成本费用增加。三大承诺如下：

1) 承包商承诺一：无条件接受坦桑尼亚路面设计手册的有关土壤属性的规定。由于投标报价的依据是项目招标文件中的技术规范，坦桑尼亚路面设计文件中有关土壤属性的规定是否与原投标文件依据存在偏差，授标前谈判的代表在没有做出分析比较的情况下就做出了这项承诺。但承包方在合同执行过程中发现该设计手册所要求的土壤膨胀系数指标高于投标所依据的技术指标要求，导致项目用于路基填方的土料选择受到严重制约，额外增加运输距离，费用损失增加达百万美元。

2) 承包商承诺二：投标单价适用于所有的变更设计，对施工过程中路基断面的设计（包括排水工程），无论修改后施工方法和数量变化有多大，承包商承诺不增加额外费用。结果是合同执行中发生变更，仅仅原设计钢桥由单孔29m变更为单孔39m、额外增加近30万m^3的排水沟开挖两项就造成承包商额外费用增加达两百万美元。

3) 承包商承诺三：增加工程不增加工期。合同执行过程中，承包商受迫于此项承诺，为了保证合同按期完成只能无条件增加人力设备，而发包方不承担任何责任，这一承诺带来的额外费用增加也达百万美元。

（3）报价风险。投标报价本身的风险也需要承包商给予关注，如由功效误差、施工损耗、不平衡报价和调价公式不合理等引起的价格风险，对保险的考虑不周也容易引起价格风险。

投标功效分析是承包商结合过去施工经验数据以及施工能力总结，考虑合理资源配置的基础上对合同分项工程作业进行功效分析，尤其是对于大型土木工程合同而言，要针对主要施工内容，如挖填方、面层、结构物施工等进行施工效率分析，并作为投标价格的成本依据进行合同投标报价。因此当功效分析产生误差时，由此得到的合同报价也会出现偏差。

[案例9.7] 功效误差引起的价格风险

非洲世界银行贷款某公路项目，我国某公司出于市场开拓的考虑，在项目考察信息不充分的情况下，以低于业主投资预算30%的低价中标。合同执行时发现最初投标时由于缺乏国际工程公路施工经验，并且对招标文件理解不足，针对业主要求的投标人必须按照3个不同的路面结构方案（①水泥稳定土基层＋双层表面处理；②石灰稳定土基层＋双层表面处理；③级配碎石基层＋双层表面处理）单独提交报价以供业主选择最终所要实施的方案，承包商对于各种路面结构方案的实施没有任何清晰的概念，而错误地将3种完全不同的结构配置为完全相同的施工机械并报出同样的单价，并且在级配件碎石方案中只考虑两套小碎石生产设备，并将石料开采设备和运输车辆的配置遗漏。最终在合同执行过程中不得不按照业主选择的级配碎石基层＋双层表面处理结构进行施工，临时将原来配置的施工机械重新调整，并通过增加一套大型碎石设备来提高产能。预计800万人民币的碎石生产及运输设备，最终投入了3000多万人民币。这也成为项目最终亏损的重要因素之一。

（4）技术风险。指项目设计、施工、制造、工艺制作过程和检验检测程序等有关环节中涉及的技术条件不确定性引起的风险，如采用新技术、技术文件与技术规范的失误、所选工艺、设备的技术缺陷等。技术风险可能与技术（或工艺）本身有关，也可能与技术应用过程中的执行人员有关，还可能与项目执行环境有关。这些技术风险贯穿项目实施的全过程，与各种不同的风险因素交织在一起，产生更大的不确定性。技术本身有关的风险通常与技术自身成熟度、技术标准的适用有关。技术应用执行人员有关的风险通常与设计转化、翻译准确度有关，还包括合同执行过程中发生的材料供应、设备供应、工程变更等，后者与项目执行环境有交叉。项目执行环境有关的风险通常包括自然环境（水文、地质、气候）、项目执行所在地社会环境，后者与技术规范和技术标准风险也有所交叉。

技术（或工艺）本身有关的风险通常是由技术或工艺本身的不成熟或者在特定类型的项目执行环境下不成熟，从而带来实施结果失败或存在缺陷。例如，在埃塞俄比亚山区，某一世界银行贷款的公路项目在国内采用泡沫沥青技术进行全新道路新建施工，该技术在该国首次被采用，并且是在高温山区的条件下。施工结果表明，由于使用了泡沫沥青，直接导致道路在短短的一个月时间出现大范围沥青表面剥落，最终导致项目以失败告终，业主也决定停止在相关类型的项目中采用此类施工工艺。

项目技术规范和标准的选择对工程实施难度以及工程造价的影响很大，在国际工程市场上，业主普遍认可欧美或者工程所在地技术标准，严重制约了我国对外承包工程的发展，同时也成为国际工程承包的重要风险之一。

9.2.3 项目利益相关方风险

在海外投资工程项目中，投资方除了要提高自身业务水平外，面对工程所在国的业主方、承包商或分包商、供应商等项目利益相关方，还要做到熟悉当地市场的运作方法，熟悉当地的"游戏规则"，才有可能成功。

1. 业主风险

海外投资或国际工程承包的最终目的是利润的实现，如业主的支付出现风险或问题，将直接影响项目的经济成果。以非洲某国家为例，国内某承包商在该国中标某水电项目，但中标后由于业主方筹资遇到困难，该项目预付款无法到位，项目长期搁置无法开工，给承包商带来了损失。FIDIC 施工合同条件第 2.4 款"业主的资金安排"规定，业主在接到承包商请求后应提供合理证据，表明其已做出了资金安排，并将一直坚持实施这种安排，此安排能够使业主按照合同规定向承包商支付。这一条款强调业主有保证支付的义务，从而保护承包商的利益。但是在实际操作过程中，比如很多政府项目涉及的一些项目资金安排，业主往往不愿意、亦不能完全按照该规定，向承包商提供资金安排的合理证明，此时该条款往往被业主删除。承包商可以通过其他渠道考察业主的支付能力，在承包商较为强势的情况下，可以要求业主开具支付保函。

国际承包工程因其出资方的不同，对承包商而言，结算风险的程度也不一样。对于国际金融机构出资的项目，承包公司应注意的是后期可能存在所在国政治、经济风险对国际金融机构政策的影响，以及当地业主配套资金的落地。对于业主出资的项目，如业主是政府机构或公营公司，承包商应着重分析所在国的政策稳定性和经济发展水平，对业主的支付能力进行合理的评估。如业主是私营机构，对承包商来说，将意味着更大的收款风险，应更引起充分重视，对业主的经济状况、财务能力进行全面的分析和评估，以确定风险的程度及控制方法。在投标分析的过程中，如项目可能存在较大的工程变更，意味着项目后期的支付将大大超过成本预算，更应对业主的支付能力进行相应的分析，以避免将来可能出现业主对超出合同预算部分延迟支付或减少支付从而对承包商造成风险。

常见的控制业主支付风险的方法包括：①在合同的谈判过程中要求增加预付款的比例；②在合同中争取更有利的有保障的支付方式；③提高合同中延迟付款时业主所支付的利息；④完善或强化业主延迟支付后承包商所享有的放慢工程进度或终止合同的权利的相关条款。另外，考虑到中国承包企业可能面临的收款风险，中国出口信用保险公司也提供了诸如业主无力支付的相关保险，可供承包商进行风险转移时选用。

在与国外业主谈判时，要注意根据业主背景的不同，选择不同的谈判策略。

（1）军方背景业主的特点是比较务实，讲究程序，且效率相对较高，项目资金有保障，上级军官做的决定下级军官坚决执行。因此与军方背景的业主谈判时，承包商需要摸清军方高层的意图以及政府财政拨款的年度预算、项目预算，找准谈判的切入点，只需与谈判的下级军官保持良好的沟通，完成形式上的谈判过程，并给予应有的尊重。

（2）政府背景业主的特点一般是官僚主义作风比较严重，讲究程序，效率低下，缺乏灵活性，但是项目资金比较可靠。因此与政府背景的业主谈判时，承包商需要从政治上两国的友邦关系和两国人民的传统友谊出发拉近距离，增进感情，建立关系，尽可能利用企业地位、与中国驻外使领馆的良好关系以及与当地政府的上层关系和影响力推进谈判进程。政府背景的业主大多会成立一个项目管理委员会进行集体决策。即使最终签字决策的是政府高层领导，但是政府审批程序的每一个环节都相对严格，缺一不可。因此，承包商基本上要与业主每一个层面的管理人员保持良好的沟通，如有可能，也可以考虑通过政府高层施压以提高按照程序谈判的效率。

（3）私营背景业主的特点是业主（包括大股东、出资人）拥有谈判决策权，其他业主人员（包括总经理）均为雇员，只拥有建议权。私营业主谈判无固定程序，灵活多变，不易摸清底牌，项目资金风险大。因此，承包商需要抓住私营业主谈判灵活多变的特点尽可能争取更多的利益，比如争取提高预付款支付额度、少开保函额度甚至免开保函、有保障的付款条件等以确保项目资金风险最小化。

承包商还应对业主过去项目的实施情况进行一定的调查。当业主比较苛刻时，如履约保函加大比例，从一般惯例的10%加大到15%～20%时，会增加承包商的成本。

2. 工程师风险

工程师的职责使其对项目实施的过程中各工序施工、材料报批、图纸报批等都有非常严格的控制，但在具体执行中，工程师对细节的苛求程度、公正性、工作方式和效率直接关系到承包商的管理工作。如工程师是否能够按期提供图纸，能否高效地处理月付款，以及其作决定的速度等对承包商实施项目有着密切的影响。

工程师本身的经验同样对项目实施影响重大。如果工程师不熟悉该类型项目，往往就会照本宣科地严格执行合同，对承包商提出的合理建议不予批准，不利于承包商顺利地实施项目，也容易因此而产生争端。

工程师对业主、对承包商的态度在争端解决中也非常重要，直接影响其决定的公正程度。因此，对工程师的考察也是标前考察的重要内容，如遇到严苛的工程师使得承包商管理成本增加时，应将该风险体现在报价中；遇到非擅长该领域项目的工程师时，最好建议业主更换更有经验更专业的工程师。同时，承包商也要积极谈判、制定合理流程，从而降低工程师风险。

此外，承包商在项目实施过程中应注意和工程师保持良好关系。如果在一次合作中有不愉快的经历，可能会影响项目的顺利实施。如某中国承包商在一个国内项目中与工程师不合，并促使业主更换了工程师。当该承包商承包另一个海外项目时，该项目的工程师又是同一家公司，对该承包商的中标或中标后的项目实施都是不利的。

3. 承包商风险

承包商作为工程项目主要利益相关方之一，其行为和决策对工程的成功与否起着至关重要的作用。对于一个工程项目而言，管控好承包商风险也是风险管理中的重中之重。值得注意的是承包商风险不仅包含由本项目承包商所产生的风险，其他承包商（竞争者或合作伙伴）的行为决策亦会对项目产生风险。具体如下：

（1）承包商道德风险。承包商的道德风险往往来源于竞争对手或合作伙伴的不道德行为。如某承包商企业在某国高速公路施工高峰时遇到劳动力严重不足问题，该企业便到其他中国承包商的工地以高薪承诺直接大量招募中国技术工人，甚至是到机场将其他中国承包商刚刚从国内引入的劳务工人直接挖走。对于其他中国承包商而言，这种不道德行为不仅严重干扰了其工程施工的正常进行，还严重影响了他们对其业主方履行合同的承诺。对此除了应采取措施规避由其他承包商的不道德行为引起的各种风险外，承包商自身也应减少投标竞争过程中的不道德行为，如串标、腐败行为等。

世行贷款的项目要求所有的投标人、供应商、承包商和咨询工程师在采购和执行合同过程中遵守至高的道德准则。在竞争该合同过程中，如果投标人有直接或者通过代理机构参与腐败、欺诈、串通或者胁迫等行为，则其投标建议书将被拒绝。在合同采购或实施过程中，如果借款人代表或者贷款受益人参与腐败、欺诈、串通或者胁迫等行为，则无论借款人是否采取及时合理的行动来改正，银行均将取消分配给该合同的贷款。在竞争或实施由银行贷款项目的合同时，如果发现企业或者个人参与腐败、欺诈、串通或者胁迫等行为，则不允许将合同授予该企业或个人。虽然世界银行融资项目在全球的份额很小，但制裁直接影响公司的声誉和业务开展，其处罚在全球范围之内具有示范效应，给竞争对手以及业主内部反对派攻击的口实。目前，联合国及有些国家政府拟参照世行标准来对承包商"诚信"进行评价，以此裁判是否适合承揽项目。同时，世界五大行（世界银行、亚洲开发银行、非洲开发银行、欧洲复兴开发银行、美洲开发银行）曾联合签署的联合执行制裁决议（Agreement for Mutual Enforcement of Debarment Decisions）相互认可，并执行其中任何一家银行对企业或个人的制裁令。因此，因围标或其他不道德行为造成的道德风险损失是巨大的。

(2) 沟通风险。国际工程参与方众多，对承包商而言，处理好与业主、分包商、供应商等各项目利益相关方之间的有效沟通非常重要。但受文化差异、语言差异、工作习惯等影响，国际工程常会因沟通不畅而引发风险。时差、语言、文化都是会对项目沟通产生障碍的重要因素。

语言障碍对项目沟通影响最不容忽视，特别是在小语种国家，语言不通引起的沟通障碍往往会导致项目成本的大量增加和工期的延长。例如，某工程所在地为小语种地区（波兰），合同语言是波语，所有的技术文件都是波语，包括设计文件、图纸、向业主提交的计价文件及施工计划、分包商提交的计价文件，以及跟业主和分包商的正式信函往来等。中国承包商想要了解情况必须通过波兰人翻译，对外（业主和分包商）沟通也必须通过波兰人翻译，所以大部分的工作环节都多了两道翻译过程，导致工作效率很低。由于翻译对很多专业问题不了解，在翻译的过程中就会产生很多错误。同业主、工程师沟通不彻底，就难以了解业主和工程师的要求，有时甚至理解错误导致复工，这也在一定程度上影响了工作效率和时间。同时，由于沟通不畅，中国承包商在一些关键问题上只能了解大概，无法有效控制。

由于存在文化差异，相同信息的获得和传递对不同的项目利益相关方应采用不同的沟通方法。例如，与业主沟通多使用正式沟通，而与民众、媒体等采用非正式沟通的效果往往会更好。与海外业主与工程师沟通时也要注意技巧的使用。例如，某埃塞俄比亚项目中咨询公司为法国与英国两个公司组成的联营体。承包商想要说服业主、工程师接受关于某项转轮的模型试验的建议，为此聘请克瓦纳水轮机转轮制造的首席专家挪威人丹·马克，由他出面亲自向工程师解释承包商建议的可行性，并邀请业主和工程师共同派人前往挪威见证模型试验，同时承诺如果业主接受承包商建议，就可以取消报价中的模型制造费用30万美元。欧洲人与欧洲人之间彼此更加信任，同时马克先生作为业界专家，在业界具有较强影响力，所以他们之间的沟通要比承包商与其沟通更为容易。最终通过这样的沟通，工程师同意了承包商的建议。

为了强化信息的重要性，往往还需通过辅助的方法强化沟通信息，以达到信息及时可靠的传递和消化的目的。例如，采取严格的固定时间和固定工作模式，以书面的形式发布、获取和强化信息。项目现场沟通所采用的图纸、技术说明、会议纪要、工程量确认验收单、往来函电、工作总结、项目月报等主要信息可以通过例会、专题会议、定期视察、成果提交等形式实现；正式沟通的信息均需收入项目收尾管理的存档流程。

4. 联营体风险

面对国际工程市场日益激烈的全球化竞争以及规模日渐庞大、技术难度渐趋增加的特点,中国承包商单纯依赖自身的资金资本、社会资源、技术水平、管理能力来跻身国际工程市场竞争,难度也显而易见。并且对于大型复杂的综合项目而言,承包商成功中标后的合同执行过程中也会遭遇各种技术、资金等风险挑战。与此同时,越来越多的中国承包商采用联营体模式参与竞标并成功实现项目执行。例如,2003年中国水电建设集团公司和中国水利电力对外公司组成 CCMD JV 联营体以 6.03 亿欧元中标麦洛维大坝工程,2009 年顺利投产并获好评;2012 年上海城建集团与印度拉森公司组成联营体中标德里地铁公司一项 2.3 亿美元的合同;中国水电工程顾问集团与中国海外建设集团组成联营体,与埃塞俄比亚国家电力公司签订了阿达玛二期风电 EPC 项目等。另外,对于政府公共性项目,纯外资公司承包项目往往会受到一定限制,与当地公司组成联营体后就不受此限制。因此,国际工程承包商通过组建联营体的方式,分别投入各自的优势资源,组成利益共享、风险共担的战略型承包联营体,能够在投标以及后期的项目执行合作中通过优势互补、责任共担、风险分散、享受政策优惠等途径提高自身的综合竞争力。

但是,由于联营体管理层次增多,各成员间关系复杂,联营体的组建存在一定风险。如增大了工程管理复杂程度,影响了高效率、高质量地完成重大问题决策;当联营体内部责任权利划分不清时,容易形成互相推诿、容易模糊或误解各方连带责任的概念;投标报价时,各承包商倾向于提高自己承担合同法律和经济责任部分的价格,往往会造成总标价偏高而不利于中标等。

(1) 联营体形式选择不当风险。现在国际上通行的联营体基本可以划分为合资公司联营体和单项工程联营体两种形式。其中合资公司联营体实际上是一种合资公司,往往并不是只为了承担某一具体工程而组织的,具有一定的合资年限和较长远的目标;单项工程联营体是指只针对某项具体工程项目而结成的联营体。上述两种形式各有优劣,承包商在投标阶段最好能够明确目标,从长远角度考虑风险,选择合适的联营体方式。

[案例 9.8] 联营体选择不当造成的风险

中国承包商为在某国开拓市场,与该国承包商 A 组建合资公司,期限为 20 年,原因是中国承包商得知承包商 A 的一位关键人物是该国国王的亲戚,中国承包商希望利用这种关系,以利于其在工程所在国承包市场的开拓。二者在首次合作中合作尚好,但不久就因对联营体发展方向的看法不同而引起争执。中国承包商经过分析认为在该国路桥方面的发展前景比房屋建筑要好得多,承包商 A 则持不同意见。而该国的另一位承包商 B 与中国承包商合作意向明显,且经过考察有较强的实力,也同样与政府有密切关系。但由于中国承包商已与承包商 A 订立 20 年期的联营体协议,中国承包商失去了与承包商 B 合作的机会。如果当时中国承包商与承包商 A 订立的仅是单项工程联营协议就不会出现这样的问题了。

(2) 工作范围界定不清风险。联营体作为一种多方利益联合体，相较自营体而言，在范围界定上很容易出现争端，例如资源投入、利益分配、权力分配、责任分担、人员管理等方面。对于工程项目联营体而言，范围界定不清风险常常体现在工作范围的界定上。

(3) 联营体成员间的沟通风险。在国际工程承包的工程联营体中，不少是外国承包商提供设备、技术，工程所在国承包商提供劳务。采用这种形式，外国承包商也可以省去因工程所在国对普通劳务人员入境的限制所带来的各种麻烦，但却带来了由于两国对工种要求不同所导致的风险，即当工程所在国对该工种要求较低而外国承包商所在国对该工种要求较高时，外国承包商使用该工种的劳务便产生了劳务不符合要求的风险。

(4) 不平等条款风险。当联营体一方较为强势或本身处于有利地位时，在联营体协议中可能会有一些不平等条款。例如，第三世界国家的承包商通常无权独立承担本国的世行贷款项目，必须与外国承包公司合作方能投标。这种合作大多是外国公司提供技术，借款国的公司提供劳务。在实际操作时，借款国的承包公司常常是夺标心切，加之经验较少，在合作中往往有意无意地听命于合作对象。

(5) 母公司风险。母子公司最基本的特征就是二者都具有独立的法人资格，并且具有一定的控制和从属关系。客观现实中，母子公司因其无法割舍的联系，在企业发展过程中一直存在理不清、道不明的关系。尽管法律上对公司和股东的权利及义务进行了明确的界定，但是在特殊情况下，法院为了实现公平正义的价值追求，在具体案例中漠视或忽视公司的法人人格，责令母公司、股东或内部人员对子公司的相对人直接承担责任，这就是俗称的"揭开公司面纱"。为防止母子公司的法律责任混同，作为境外注册设立的子公司，按照法律的属地管辖原则，在东道国进行商业活动时，必须要符合当地的法律；牢固树立独立法人理念，保证子公司在治理框架下独立运行。只有明确界定子公司的权利、功能及其定位，才能从财产、责任上割断与母公司的混同。

[案例 9.9] 母子公司风险产生的工程纠纷

某中资企业和当地合作伙伴由于执行项目的需要，在加拿大联合注册了一个有限责任公司，后因多方面原因，项目被业主终止，母公司保函被业主没收。此外，加方政府以违反《职业健康与安全法案》为由将该中资企业告上了法庭。在程序审理阶段，加方的主要理由有：该中资企业与子公司关系密切，子公司直接接受中资企业的指令；中资企业直接控制它在项目中的利益；子公司的有关雇员由中资企业委派并从中资企业获取工资报酬。

9.3 国际工程项目风险评估方法：风险矩阵分析法

传统风险评估的方法很多，按照评价过程及结果的量化程度不同，有定性分析方法和定量分析方法；按照评估的逻辑推理过程不同，有归纳推理分析法和演绎推理分析法；还有针对不同评价目的、不同评价对象的评价方法。无论采用哪种方法进行风险的分析和评估，都是要对识别出的风险进行发生概率、影响程度的评价，对各类风险之间的影响关系进行评价，进而评估风险等级，为后续的风险管控提供依据。本章结合国际工程项目风险评估实践，采用定性分析和定量分析相结合的方法：风险矩阵分析法。

9.3.1 风险矩阵的建立

风险矩阵分析法是项目管理过程中常用的一种风险识别和分析风险潜在影响的方法，最早由美国空军电子系统中心的采办工程小组于1995年提出，由于该方法操作简便实用，在美国军方武器系统研制项目的风险管控中得到广泛的推广应用。该方法通过定性分析和定量分析综合考察评估风险对项目的潜在影响，计算风险发生的概率，根据预定标准评定风险等级，然后实施风险管控措施以降低风险。风险矩阵分析通常在项目组织中由风险管控小组来完成，其成员包括项目管理组成员和熟悉项目所涉及风险问题的专家。他们一起完成对项目风险的识别和风险对项目影响的评估，然后应用Borda分析法对风险等级相同的各风险单元的重要性进行排序，从而获得完整、清晰的项目风险评估结果。

在借助风险识别方法（风险库或专家分析等）列出项目潜在的风险单元后，项目风险管控组根据项目风险识别清单，制作包括风险编号、风险类型、风险名称、风险描述等内容的项目风险评价表，将此表称为风险矩阵，见表9.1。

表9.1　　　　　　　　项目风险评价表

风险编号	风险类型	风险名称	风险描述	影响等级	发生概率	风险等级	管理建议
CR001	政治风险	政权变更	……	……	……	……	……
CR002		战争动乱					
CR003		政策变化					
CR004		恐怖袭击					
CR005		……					

续表

风险编号	风险类型	风险名称	风险描述	影响等级	发生概率	风险等级	管理建议
FR006	经济风险	汇率变化	……	……	……	……	……
FR007		物价波动	……	……	……	……	……
FR008		通货膨胀	……	……	……	……	……
FR009			……	……	……	……	……
……	……		……	……	……	……	……

9.3.2 描述和评价风险单元

根据项目实际情况，项目风险管控小组和专家对每一个风险单元的影响等级、发生概率进行评价，并确定风险等级。

9.3.2.1 风险等级的确定

风险影响等级的评估一般以定性评估为主，将风险对项目的影响分为5个等级：非常严重、严重、一般、微小、可忽略。对于影响等级的确定，需要项目风险管控小组和专家认真分析，参考过往相关项目经验，或者以访谈的方式获得相关支持信息。一般的风险影响等级可以用表9.2进行描述。为了更贴近企业的具体业务，企业可以围绕自身经营的实际情况制定有针对性的风险影响等级表，表9.3便是从成本损失、人员安全、企业声誉等方面制定的风险影响等级表。

表 9.2　　　　　　　风 险 影 响 等 级 表

风险影响等级	风险等级	定义或说明
非常严重（critical）	4	一旦风险事件发生，将导致项目失败
严重（serious）	3	一旦风险事件发生，或导致经费大幅增加，项目周期延长，项目可能无法达到预期目标
一般（moderate）	2	一旦风险事件发生，会导致经费一般程度的增加，项目周期一般性延长，但仍能满足项目一些基本要求
微小（minor）	1	一旦风险事件发生，经费只有小幅增加，项目周期延长不大，项目需求的各项指标仍能保证
可忽略（negligible）	0	即使风险事件发生，对项目也基本不产生影响

表9.3　　　　　　　　　　风 险 影 响 等 级 表

评估项目	非常严重（4）	严重（3）	一般（2）	微小（1）	可忽略（0）
成本损失	极大损失（1000万元）	重大损失（500万元）	中等损失（200万元）	轻微损失（50万元）	较低损失（5万元以下）
进度影响	影响整个项目工期，难以弥补	影响整个项目工期，有弥补机会与措施	影响单项工程进度	影响单位工程进度	基本不对项目进度造成影响
人员安全	一个以上人员伤亡事件	一个员工伤亡事件	严重影响员工的安全健康	严重影响某岗位个别员工安全健康	短暂影响员工安全健康
环境影响	灾难性的损害，民众群体事件发生，项目停工	环境损害，公众投诉事件发生，需短暂停工	对环境造成中等程度影响，有投诉，需要进行弥补	对环境造成中等程度影响，需向有关部门报告该事项	短暂影响，无需处理
企业声誉	负面消息在国际主流媒体传播，政府或监管机构需要介入	负面消息在东道国传播，对企业形象造成负面影响	负面消息在局部地区传播，产生中等影响	负面消息在局部地区传播，产生轻微影响	负面消息在业内小范围传播，产生轻微影响
质量问题	影响项目整体质量，无法验收	影响项目整体质量，弥补成本高	影响单项工程质量，有一定的成本支出	影响单项单位工程质量，弥补成本低	对项目质量基本无影响
企业运营	停止运营	暂停运营	短暂停止运营	短暂停止运营	对运营无影响
……	……	……	……	……	……

9.3.2.2 风险发生概率的确定

风险发生概率是指风险发生的可能性，项目风险管控小组和专家结合风险单元的实际情况，评估其发生的概率并填入项目风险评价表，见表9.4。

表9.4　　　　　　　　　　风 险 概 率 确 定 表

风险概率范围/%	风险概率范围（数字表示得分）	解释说明	风险概率范围/%	风险概率范围（数字表示得分）	解释说明
0～10	E（0）	不可能发生	61～90	B（3）	可能发生
11～40	D（1）	极少发生	91～100	A（4）	极有可能发生
41～60	C（2）	可能在项目中期发生			

9.3.2.3 风险相关性分析

境外投资和对外承包工程风险是非常复杂的，风险单元除对项目本身影响外,还会影响其他风险单元。因此,评估项目风险,还要对风险单元间的相关性进行分析和评价。

风险单元的相关性分析主要包括以下 4 个方面的内容。

(1) 确定两个或多个风险单元是否存在相关性。

(2) 一种风险出现,另一种风险一定出现。如严重等级的质量风险的发生,一定会引起成本的损失,企业必须做好应对准备。

(3) 一种风险出现,另一种风险一定增加。如劳工风险发生,与劳工相关的损失一定增加。

(4) 一种风险出现,另一种风险一定减小。如外汇风险,当汇率出现波动时,可能有利于企业。汇率风险降低有时还会使企业从中受益。

风险单元的相关性分析,是客观评价风险的基础工作,要做到既不夸大风险的存在,也不低估风险的影响。在做好单一风险概率和影响的评价后,还要对各种风险的相互影响进行分析,并调整评价结果。

9.3.2.4 确定风险等级

风险等级的确定是风险评估的重要内容,风险等级估计采用第 3 章介绍的等风险图法:

$$R = f(P_r, q) = P_r q$$

即:

$$风险量 = 发生概率 \times 潜在损失 \tag{9.1}$$

结合上述对风险单元发生概率和影响等级的评价,利用风险等级对照表,确定风险等级,见表 9.5。

表 9.5　　　　　风 险 等 级 对 照 表

风险概率范围/%	非常严重(4)	严重(3)	一般(2)	微小(1)	可忽略(0)
0~10	低	低	低	中	中
11~40	低	低	较低	中	高
41~60	低	较低	中	中	高
61~90	中	中	中	高	高
91~100	中	中	高	高	高

根据不同项目的风险单元情况,企业需要对所有的风险单元进行发生概率和影响等级的评价,并最终确定所有风险单元的风险等级,最后将各种风险单元按照风险等级由高到低排列。

9.3.3 区分同等级风险的方法:Borda 序值法

对于部分风险较少、不复杂的项目,根据原始风险矩阵的相关信息就可以直接采取对应的风险控制建议，进行风险管控。但对于一些风险较多、较复杂的项目，相同等级的多个风险单元（尤其是跨类别的风险），其重要程度可能并不一样。如在某项目的 20 个风险单元中，风险等级为高的风险有 3 个，但这 3 个风险单元中如何区分其重要程度成为新的问题。在一些大型项目中，需要评估的风险单元有数百个，分布在同一等级的风险单元有数十个，仅仅依靠前述方法，很难从区分度不大的风险单元中找出关键风险，在控制风险的资源配置方面就缺乏依据。因此，必须对多个风险等级相同的风险单元进行重要性排序，以确定哪一个风险单元是最关键的。在风险矩阵分析法中，解决这一问题可以采取 Borda 序值法。

9.3.3.1 Borda 序值法简介

Borda 序值法是对同等级风险进行再次排序的方法，以对风险矩阵分析法进行优化/补充。以 ZY 项目风险评估为例，介绍 Borda 序值法在境外项目风险评估中的应用。表 9.6 是 ZY 项目的风险评价表（仅选取部分国家风险和部分劳务风险），其中影响等级和发生概率依据表 9.2 和表 9.4 的定义填写，风险等级依据表 9.5 的定义填写。

表 9.6　　　　　　　ZY 项目风险评价表

风险编号	风险类型	风险名称	风险描述	影响等级	发生概率	风险等级	管理建议
CR001	国家风险	政权变更	政权动荡，执政能力有限，短期变更可能小	非常严重（4）	不可能发生（0）	中	……
CR002		恐怖袭击	恐怖袭击频发，绑架、炸弹袭击时有发生	严重（3）	极有可能发生（4）	高	……
CR003		战争动乱	战争风险较小，但局部动乱可能性较大	一般（2）	极有可能发生（4）	高	……
CR004		政府违约	政府单方面撤销许可或违反合同约定	严重（3）	可能发生（3）	高	……
PR001	劳工风险	劳务法律	未满足法律对劳务保护的要求	严重（3）	可能发生（3）	高	……
PR002		工会组织	未满足工会组织诉求	一般（2）	可能发生（3）	中	……
PR003		罢工情况	未满足劳务诉求	严重（3）	可能发生（3）	高	……
PR004		员工解雇	未按当地法律要求	微小（1）	极有可能发生（4）	中	……

ZY 项目风险评价表的 8 个风险中,高风险 5 个,中等风险 3 个,评估结果没有将各风险单元很好地区分开来。这是有限的风险等级定义所导致的风险评估结果相同或者类似,对于风险管控者来说,这样的风险评估结果很难作为调配资源、控制风险的依据。

将相同风险等级的风险单元集合称为"风险结",也就是说在同一个"风险结"中有多个风险等级相同的风险单元。作为风险管控的重要工作,需要将"风险结"中的风险单元加以区分,以下是利用 Borda 序值法打开风险结的简单说明。

9.3.3.2 Borda 数计算

Borda 数的计算公式为

$$b_i = \sum_{k=1}^{m} N - R_{ik} \tag{9.2}$$

式中:b_i 为第 i 个风险的 Borda 数。

k 代表风险准则,在此案例中,分别代表风险发生的可能性($k=1$,表 9.6 发生概率栏)和风险发生所造成的后果($k=2$,表 9.6 影响等级栏);N 是总风险数;R_{ik} 是在某一准则下(在 N 个风险中),比风险 i 更严重的风险个数。$k=1$,R_{ik} 是比风险 i 更可能发生的风险个数;$k=2$,R 是比风险 i 有更严重影响的风险个数。

ZY 项目案例中,风险个数 $N=8$,Borda 数的计算方法为

对于风险 CR001,政权变更风险的发生概率分值是 $E(0)$,比政权变更风险发生概率更大的风险个数为 7 个,即 $R_{11}=7$;政权变更风险的影响程度的分值是非常严重(4),比政权变更风险影响程度更大的风险个数为 0,即 $R_{12}=0$。

所以,根据公式,我们可以得到政权变更风险的 Borda 数:

CR001:$b_1 = (8-7) + (8-0) = 9$

同理,我们可以计算其他 8 个风险的 Borda 数:

CR002:$b_2 = (8-0) + (8-1) = 15$

CR003:$b_3 = (8-0) + (8-5) = 11$

CR004:$b_4 = (8-3) + (8-1) = 12$

PR001:$b_5 = (8-3) + (8-1) = 12$

PR002:$b_6 = (8-3) + (8-5) = 8$

PR003:$b_7 = (8-3) + (8-1) = 12$

PR004:$b_8 = (8-0) + (8-7) = 9$

9.3.3.3 Borda 序数计算

Borda 序数的定义:对于某一风险,在风险总数中,比该风险 Borda 数数值大的风险个数。在计算出 Borda 数后,我们可以很容易地计算出 Borda 序

数。ZY 项目案例中，某一风险的 Borda 序数就是在总共 8 个风险中，比该风险 Borda 数数值大的风险个数。

CR001 政权变更的 Borda 数为 9，其他风险的 Borda 数比 CR001 大的有 5 个，所以 CR001 政权变更风险的 Borda 序数为 5。同理，其他各风险的 Borda 序数依次为 0、4、1、1、7、1、5，见表 9.7。

表 9.7　　　　　　　　ZY 项目风险数和风险序数表

风险	1	2	3	4	5	6	7	8
	CR001	CR002	CR003	CR004	PR001	PR002	PR003	PR004
Borda 数	9	15	11	12	12	8	12	9
Borda 序数	5	0	4	1	1	7	1	5

将 Borda 序数填入风险评价表，即得到新的风险评估表，见表 9.8。

表 9.8　　　　　　　　ZY 项目风险评估 Borda 序数表

风险编号	风险类型	风险名称	风险描述	影响等级	发生概率	风险等级	Borda 序数
CR001	国家风险	政权变更	政权动荡，执政能力有限，短期变更可能小	非常严重（4）	不可能发生（0）	中	5
CR002		恐怖袭击	恐怖袭击频发，绑架、炸弹袭击时有发生	严重（3）	极有可能发生（4）	高	0
CR003		战争动乱	战争风险较小，但局部动乱可能性较大	一般（2）	极有可能发生（4）	高	4
CR004		政府违约	政府单方面撤销许可或违反合同约定	严重（3）	可能发生（3）	高	1
PR001	劳工风险	劳务法律	未满足法律对劳务保护的要求	严重（3）	可能发生（3）	高	1
PR002		工会组织	未满足工会组织诉求	一般（2）	可能发生（3）	中	7
PR003		罢工情况	未满足劳务诉求	严重（3）	可能发生（3）	高	1
PR004		员工解雇	未按当地法律要求	微小（1）	极有可能发生（4）	中	5

观察表 9.8，不难发现：

(1) 通过 Borda 序值法，将原来的高、中两个风险等级，转化为 0、1、4、5、7 五个更细的风险等级。

(2) 4个国家风险从原来的高风险和中等风险两个级别完全分开。

(3) 4个劳务风险从原来的高风险和中等风险两个级别区分为3个级别。

(4) CR002的Borda序数是0，是最严重的风险。

(5) CR004、PR001、PR003的Borda序数都是1，没有能够区分，说明Borda序值法并不能完全消除"风险结"。

9.3.3.4 使用Borda序值法注意事项

Borda序值法的优点在于简单易用，可识别哪一个风险单元是对项目影响最为关键的风险，并在项目全周期过程中使用。通过Borda序值法区分风险单元，仅仅需要风险发生的概率和可能的影响等级这两个指标，无须任何主观判断，因此分析结果能更客观地反映风险事实。Borda序值法在处理较多的风险单元时，需要借助软件系统协助计算。对于需要了解Borda序值法更多内容的读者，可以查阅相关资料。

9.3.3.5 风险评估结果

通过建立风险矩阵，并引进Borda序值法，对风险单元进行发生概率、影响等级的分析后，可得到风险评估结果表，见表9.9。

表9.9 风险评估结果表

风险编号	风险类型	风险名称	风险描述	影响等级	发生概率	风险等级	Borda序数	管理建议
CR001	国家风险	政权变更	……	非常严重(4)	不可能发生(0)	中	5	……
CR002		恐怖袭击	……	严重(3)	极有可能发生(4)	高	0	……
CR003		战争动乱	……	一般(2)	极有可能发生(4)	高	4	……
CR004		政府违约	……	严重(3)	可能发生(4)	高	1	……
……	……	……	……	……	……	……	……	……

注 ①表9.9中的风险单元的评价是初始评价；②项目风险管控小组应该结合风险相关性对风险单元的等级做最终的确定；③针对同等级的风险，采取Borda序值法确定优先级；④管理建议是利用评估结果，提出风险管控方案（手段和工具、管理成本、行动时间等），并对管控后的风险重要性、残留风险、可接受性、成本收益进行粗略的评估。

9.4 小 结

随着我国经济的发展和国力的提升，进入新世纪后就提出"走出去"战略，起始以承包工程为主，并逐步向对外投资工程方向发展。2013年提出

"一带一路"倡议后，我国对外投资工程项目快速发展。截至2021年1月，我国与171个国家和国际组织，签署了205份共建"一带一路"合作文件，成果丰硕。但在成就的背后不能忽视面临的风险，有些教训十分深刻。鉴于此，我国有专门机构对海外投资项目进行风险评估，为我国企业对外投资提供咨询。综合这些专门机构对海外投资的风险分析成果，可将它们分为3类。不同国家或地区、不同类型工程项目，风险影响的重要程度不尽相同。针对这一特点，本章采用风险矩阵分析法评估风险等级；而当项目较为复杂，同一等级中存在多个风险单元时，即出现"风险结"时，采用Borda序值法对它们进一步区分，但该方法并不能解开所有的"风险结"。国际工程项目风险历来变幻莫测，特别是政治风险更是难以捉摸，但影响深刻，因而相关研究有待深入。

第 10 章 重大工程社会稳定风险的形成与评估

10.1 重大工程社会稳定风险及其特点

10.1.1 重大工程与社会稳定风险

10.1.1.1 重大工程

重大工程为重大工程建设项目的简称。国内外对于重大工程的定义尚未达成共识,总体上主要从项目组成因素复杂性与投资规模两个角度进行定义(王德东,2012)。国外一些学者界定了工程项目的投资规模,提出成本超过 10 亿美元逐渐被视作重大工程的关键标准(Marrewijk,2007)。美国联邦公路管理局(Federal Highway Administration,FHA)将重大工程定义为投资 10 亿美元以上的建设项目或直接或间接对社会、环境和国家财政等产生重大影响并受到公众和政治利益集团高度关注的建设项目。

结合我国国情,可将重大工程界定为:投资规模达到 50 亿元以上,或者工程范围涉及两个以上省区市,并在组织、技术、目标上具备高度复杂性,对国家经济、政治、文化、社会、生态文明有重大影响的大型工程项目。

10.1.1.2 重大工程社会稳定风险

社会风险与社会稳定相伴而生,社会风险系数小,社会稳定的系数就会大(陈曦,2011)。社会稳定风险是指导致社会冲突、危及社会稳定和社会秩序的可能性,即社会稳定风险意味着社会不稳定、社会失序或社会动荡的可能性,是破坏社会和谐的重要因素(周红云,2013)。

重大工程社会稳定风险有狭义和广义之分。狭义上是指由于工程立项决策方面的问题,导致工程项目利益相关方的矛盾和冲突,并进而形成群体性事件的风险;广义的社会稳定风险还进一步包括工程建设方在内的群体性事件的风险。目前重大工程立项阶段的社会稳定风险评估主要是评估在所选择工程项目方案的条件下,项目利益相关方矛盾和冲突的严重程度,并进而形成群体性事件的可能性,即狭义上的社会稳定风险。

10.1.2 社会稳定风险的分类

总结重大工程的多年实践,可将其社会稳定风险大体上分为3类:程序性风险、认知性风险和摩擦性风险(冯周卓等,2017)。

(1) 程序性风险。程序性风险是指项目实施责任主体没有按照法律或者政策规定的程序进行项目建设运营而引发与群众之间矛盾的风险。重大工程项目建设必须经过政府相关行政主管部门的审批,严格按照国家及地方规定开展征地拆迁补偿工作,并应在规定时间内对项目基本信息与项目实施信息进行公示。同时,政府需对项目实施责任主体进行监督,保障相关法律法规的执行和政策的落实。

(2) 认知性风险。认知性风险是由公众认知水平不足造成的对重大工程实施的环境和安全问题不信任而引发的风险。与公众认知性风险息息相关的是公众对项目环境影响与技术安全的担忧程度,担忧程度越低,项目的认知性风险越低。对此,项目实施责任主体应向公众解释实施方案,公布项目建设与运营过程中环境保护和安全保障措施,细化规则和方案,使公众明确自身权益和安全健康有所保障。另外,可向政府寻求帮助,由政府出面调解,以政府的权威性,使群众信任项目实施方。

(3) 摩擦性风险。摩擦性风险是项目实施责任主体与项目实施所在地群众由于经济纠葛、人文破坏等问题无法达成共识而引发矛盾所带来的风险。引发项目实施责任主体与建设地群众或组织矛盾的因素包括经济与非经济因素,这些因素可能使得项目实施责任主体与建设地群众或组织之间产生诉求冲突,项目建设便受到阻力。因此,项目实施责任主体应与建设地群众进行沟通,尽量达成共识。同时,双方应依据相关法律法规和相关政策切实解决问题,合理满足各方利益诉求。

10.1.3 社会稳定风险的特点

社会稳定风险意味着社会失序或社会动荡的可能性,与人民群众的美好生活息息相关,因此更能在群体中产生共鸣。重大工程社会稳定风险更多地表现为公众对工程项目的抵制与抗议,从而引发的群体性冲突事件。总体而言,社会稳定风险具有如下特点:

(1) 利益相关者范围广。相对于一般的群体性事件,重大工程社会稳定风险涉及的地域更大、公众更多,涉及的利益相关者范围更广(王英伟,2020)。一方面是由重大工程本身涉及范围较广、影响力大的特点所决定的;另一方面由于关乎社会稳定,政府、专家学者、媒体对此较为关注,尤其经过媒体的报道后,吸引了更大范围内官员、政协委员、专家学者、媒体、企业以及各阶层、各职业普通市民等利益团体和个人的强烈关注。

(2) 非理性。在诸多重大工程建设过程中，公众倾向于认为聚集、游行、集体上访等非理性极端事件更能引起政府的关注，由此产生社会轰动效应，以达到规避风险的目的（杨志军等，2017）。如在抵制一些工程项目时，公众选择以街头聚众等形式表示抗议，这种聚集群体情绪上的互相感染使得抵制工程项目的共同诉求变得更加强烈。在这种情况下，公众采取的表达利益诉求的渠道和方式以及所营造的舆论氛围和社会情绪均呈现非理性化的特点。

(3) 社会稳定风险的涌现具有层级螺旋上升的特点。多数重大工程建设呈现出"公示→抗议→项目搁置→项目复建→更大规模抗议→项目再次搁置/改址重建"的模式，这主要是由于政府在重大工程项目建设中多处于主导地位，与公众相比，政府拥有决策权和丰富的资源，双方的实力和利益诉求存在较大偏差（王英伟等，2020），冲突扩大化成为民众不得不采取的策略，由此导致社会稳定风险的涌现和升级。

(4) 自组织性。公众具有一定的自组织性，对重大工程社会稳定风险的认知更多的是一种社会建构行为，表现为社群公众之间的信息、情绪以及认知的交换与学习行为（刘小峰等，2021）。公众依据自身特性和项目类型对社会稳定风险做出判断，并与周边的居民产生交互，在非理性情绪的驱动下，来自该区域内的各类公众容易被组织动员起来共同抗争维权，从而引发群体性事件，对社会稳定造成较大影响。

10.2 重大工程社会稳定风险影响因素与形成机理

10.2.1 社会稳定风险影响因素

重大工程社会稳定风险的影响因素因工程类型和工程所在地背景不同而有所差异，但总的来说，可从经济、社会、环境、制度、技术、劳资等几个方面归纳影响社会稳定风险的主要因素。

10.2.1.1 经济因素

重大工程在建设过程中最受关注的是经济利益，由重大工程建设引发社会稳定风险的经济因素主要体现为以下几个方面：

(1) 经济结构改变导致居民生活成本增加。重大工程的建设可能会影响当地的经济结构，如建设地物价水平变动、医疗支出增加、交通费用增加等，导致其生活成本增加，一旦超过民众的承受范围，他们就会提出诉求或者抗议，甚至引发群众集体上访。

(2) 就业结构及产业布局改变，进而影响民众和企业的收入。重大工程的建设可能会改变局部地区的就业结构，破坏原有产业布局，如部分行业就业机会减少，部分企业面临大量员工失业、经营环境改变等破产风险，从而引发新的社会稳定风险。

（3）征地补偿不合理引发群众抗议。部分重大工程的建设需要征用民众的土地、房屋等，涉及群众的切身利益，这对于以土地为生存保障的农民来说极为敏感，而且各民众的利益诉求存在一定差异，若补偿额度及方式不合理，就难以取得其对项目建设的支持和理解，甚至引发群众抗议，影响社会和谐稳定。

10.2.1.2 社会因素

重大工程建设可能导致社会稳定风险的社会因素主要有居民社交网络改变、公共服务水平下降、社会治安水平下降等，具体表现为以下几个方面：

（1）居民社交网络改变。重大工程建设涉及的征地移民，改变了部分民众原有的社交网络和生活环境，而建立新的社会关系需要克服心理和地域障碍，人们的"乡土情结"等使其不愿意花费大量的时间和精力去适应新的环境，由此产生不满情绪，增加了社会潜在风险发生的可能性。

（2）公共服务水平下降。重大工程的建设可能会在一定程度上破坏当地的水利、水电、交通、教育、通信等基础设施，影响项目周围部分居民原有的生活习惯，而且移民地人口的突然增加会对当地基础设施的服务造成压力，一旦超出原有的承载力，可能会引发公众对工程建设的抵触情绪，这种情绪的传染和累积极易引发社会稳定风险。

（3）社会治安水平下降。人口大规模流动和地域性产业结构变化造成城镇、社会格局发生变化，这些变化增加了社会管理的难度，导致社会控制能力减弱，社会治安水平下降，破坏社会稳定秩序。

10.2.1.3 环境因素

重大工程在建设和运营过程中可能会占有或破坏当地的生态环境、自然资源，继而增加潜在社会风险发生的可能性，主要包括两个方面：

（1）自然环境破坏。重大工程的建设涉及土地开发、房屋建设等工程活动，在一定程度上可能会引起大气污染、噪声污染、水体污染、水土流失以及建筑固体废弃物污染等环境问题。

（2）人文环境破坏。重大工程在建设过程中可能因项目用地破坏部分寺庙、教堂等标志性建筑文物，对当地少数民族和传统的风俗习惯、民族宗教文化等产生破坏和冲击。此类问题如果在重大工程策划、审批或设计阶段没有及时解决或对公众隐瞒，往往会引发公众的不满与抗议，甚至爆发群体性事件。

10.2.1.4 制度因素

重大工程引发社会稳定风险的制度风险因素主要有公众参与程度、工程社会稳定风险应急管理制度以及工程社会稳定风险问责制度等相关制度的完善程度和执行力度，主要表现为以下几个方面：

（1）公众参与制度不完善导致民众意见和利益诉求表达受阻或低效。在这种情境下，相关部门无法及时捕捉民众对项目建设的舆论和情绪，无法及时处理敏感性社会问题，民众关注的问题长期未得到有效的回应和妥善的解决，导致多数人采取非理性的方式来维护自己的权益，直接激发各种社会矛盾和冲突的发生。

（2）相关部门工程社会稳定风险管理制度不健全，导致群体性事件进一步扩大。目前部分基层政府部门缺少专门分管重大工程社会稳定风险管理工作的组织机构，开发商、承包商等工程企业的社会稳定风险应急管理制度和问责制度不够完善，相关部门社会稳定风险管理意识不足，对现有的社会风险防范制度执行不到位，存在被动式、任务式开展工作等现象，容易错失治理风险的最佳时机，导致小问题变成大矛盾。

10.2.1.5 技术因素

重大工程设计方案不合理、材料选用不当，以及在施工过程中施工方法选择或机械设备使用不当等技术问题可能会改变周边地区的地质结构，造成临近建筑倾斜、沉降甚至倒塌等多种地质灾害。轻则影响居民生活，重则造成民众无家可归、威胁生命健康。一旦存在这种安全隐患，极易引起民众的不满和恐慌，损伤政府信用，加剧政府与民众之间的信任危机，如果处理不当，很有可能导致群体性事件爆发。

10.2.1.6 劳资因素

在重大工程建设过程中，若劳动者权益未能得到合理的保障，比如工程承包方长期拖欠建筑工人薪资、强制加班等，可能会引发建筑工人的不满。同时，相对于一般工程更为复杂，其参与人员、机械多，工期长，容易对施工人员的安全产生不利影响。若出现建筑工人受伤或伤亡后没有得到满意的补偿或处理等重大生命安全财产事件，可能会引发项目现场阻碍施工、聚众闹事等影响项目建设、社会治安的负面事件。

10.2.2 社会稳定风险形成机理相关研究

由于社会稳定风险的独特性，大量研究基于风险社会理论、社会冲突理论、利益相关者理论、复杂适应系统理论、社会燃烧理论等深入探究了社会稳定风险的成因和形成机理。

风险社会理论是一种研究社会问题的理论范式，它以现代社会存在高风险为前提，形象地描绘了现代化环境的偶然性、矛盾性，以及对政治重新安排的敏感性（乌尔里希·贝克等，2002）。风险社会理论认为，人的心理、社会、制度和文化等各方面的因素会与风险事件发生相互作用,从而改变人们对风险程度的感知能力,使其做出调整,产生新的风险行为。这种行为反应又会造成新的风险和社会后果,而产生的新后果可能会远远超过事件本身对人类健康和环境带来的直接伤害。由重大工程引发的社会稳定风险产生于复杂的社会、制度、文化等背景,而社会系统、风险事件以及人的相互作用进一步增加了风险的复杂性和综合性,增强了社会稳定风险治理的难度。一些学者运用风险社会理论分析重大工程建设潜在的风险因素,研究重大工程引发的社会群体性风险事件。刘岩等(2011)基于风险社会理论,认为公众在面对环境风险时表现出"强行动意愿和群体化行动倾向"的特征,具有强烈的风险指向性和风险建构性特征,据此提出政府与公众之间应强化风险沟通。吉龙华等(2011)基于风险社会的研究视角提出我国群体性事件产生的重要原因是利益分化和制度缺失,认为建立各社会阶层成员充分、有效参与的利益协调机制是防范群体性事件的重要途径。

社会冲突理论是解释突发事件本质的基本理论,是关于如何应对和解决社会发展过程中出现的社会矛盾的一种理论,主要用于研究社会冲突的性质、起因和影响等。该理论认为引发社会冲突的主要原因是资源、权力等稀缺性物品的分配不均和价值观的不一致,起因是下层社会对不平等社会系统的剥离感(颜鹏飞,2007)。在社会转型时期,利益主体多元化,社会风险隐患多且复杂,若不能正视各主体的利益诉求,对有限的物质资源进行公平合理的分配,就很可能发生冲突事件,从而增加社会整体的稳定风险。重大工程容易引发社会问题的主要原因在于各利益主体的角色地位以及利益诉求较难协调一致。一般来说,政府主要关注项目建设带来的社会和政治效益,而投资者参与项目建设主要追求企业利益最大化,公众则主要关注项目建设带给自身的效益和影响。由于重大工程建设所能提供的资源和机会的有限性,导致各方基于自身利益最大化进行相互博弈,不可避免地产生矛盾和冲突。将社会冲突理论应用于重大工程社会稳定风险分析,对于揭示重大工程建设过程中利益相关者冲突产生的根源具有重要意义。黄杰等(2015)基于社会冲突理论提出了一个关于我国群体性事件发生机理的解释框架,即"风险感知差异→应对策略和行为→冲突爆发和升级"的过程链条。宋超(2014)则认为社会组织能够很好地弥补政府单一主体治理社会冲突的不足,实现社会冲突的善治,维护群众利益和社会稳定。

利益相关者理论认为,任何一个企业、组织或工程项目等的发展或成功都离不开各种利益相关者的投入或参与,应追求利益相关者整体利益的最大化,而不仅仅是某个主体的利益,这不同于以追求股东利益最大化为目标的股东至上理论。在重大工程建设过程中,虽然投资主体对项目起到主导和推动作用,但重大工程的社会性和影响力决定了其利益相关者不仅包括传统意义上的投资者、承包商和建筑工人，还包括媒体、社区、公众等。因此，相较于一般工程项目，重大工程涉及的利益相关者更加广泛，关系更为复杂，受利益相关者的影响更为突出（Wendong，2020）。这就意味着重大工程决策和稳评过程中主体之间的利益矛盾复杂，较难达成共识，极易产生社会稳定风险隐患，成为社会失稳的导火索。一些学者从利益相关者视角出发，研究重大工程社会稳定风险的治理模式。例如，王锋等（2012）基于利益相关者理论，通过对利益相关者的利益诉求、期望、心理及行为表现等的分析，针对重大工程社会稳定风险提出了"利益相关者导向型风险评估"模型。黄德春等（2020）以贝叶斯网络为工具，从利益相关者视角研究了社会稳定风险的预防。

复杂适应系统理论（Complex Adaptive System，CAS）的基本思想是系统中的成员是具备适应性的主体，能够与外界环境及其他主体进行相互作用，在交互的过程中，主体不断地"学习"并"积累经验"，通过改变自身的结构和行为方式，主导复杂系统产生演变（仇保兴，2017）。CAS理论认为，系统演化的动力本质上来源于系统内部，微观主体的相互作用生成宏观的复杂性，侧重揭示局部细节变化对全局行为的影响。与一般工程不同，重大工程具有高度的不确定性，面临的社会稳定风险错综复杂，是一个包含更多主体、更为复杂的系统，因此，运用CAS理论分析把握工程系统中各主体的自适应性和自组织性，进而研究社会稳定风险的形成与演化，提出治理措施，对于有效消除社会风险事件的消极影响具有重要意义。部分学者通过将复杂适应系统理论应用于重大工程社会稳定风险管理，从复杂性视角研究各类主体之间以及主体与环境之间的相互作用。例如，秦璇等（2021）基于复杂适应系统理论，通过构建复杂工程社会稳定风险演化模型，探究了管理者的风险应对能力和公众间信息交流对复杂工程社会风险演化的影响。李乃文等（2015）基于复杂适应系统理论和多主体建模与仿真方法，探索了矿工风险感知偏差的形成及演化过程，构建了矿工风险感知偏差演化模型。

文献综合分析显示，现有对重大工程社会稳定风险形成机理的研究主要从社会学、政治学、公共管理或心理学等不同视角出发，探讨社会稳定风险产生和发展的条件，以及要素之间的逻辑关系，进而对重大工程引发群体性事件的成因、机制和结果进行系统性分析，这对于探寻重大工程社会稳定风险的本质和演化机理，从源头上控制社会稳定风险的形成，具有十分重要的意义。

10.2.3 基于社会燃烧理论的社会稳定风险形成机理分析

社会燃烧理论将社会学与物理学相结合，从社会物理学角度动态描述社会稳定风险产生、发展及其演化过程的内在联系，被很多学者应用于解释社会稳定风险的成因和机理。本节以社会燃烧理论为分析框架，解析重大工程社会稳定风险的形成机理。

10.2.3.1 社会燃烧理论

社会燃烧理论由牛文元（2000）提出，属于社会物理学领域的一个理论。社会燃烧理论的原型是自然界中的燃烧，自然燃烧需要具备三个条件：燃烧材料、助燃剂和点火温度。牛文元（2002）将社会冲突、失稳、无序与物理燃烧现象相对应，提出社会燃烧理论。该理论认为社会秩序失衡需要三个条件：一是引起社会无序的基本动因，即引发人与自然或人与人之间冲突的风险因素，可以视为引发社会不稳定的"燃烧物质"；二是引发社会系统更加脆弱的因素，如媒体的误导、谣言的传播、法律制度不完善、社会心理的放大等，相当于社会动乱中的"助燃剂"；三是当社会风险积累到一定程度时，通常一些具有规模和影响的突发性事件打破了社会系统稳定状态的临界点，这些事件可以作为社会动乱中的"点火温度"。

社会燃烧理论指出，只有当"人与自然"的关系、"人与人"的关系达到完全平衡状态时，整个社会才处于和谐稳定的状态。若出现影响上述两大平衡关系的事物，都会给社会稳定带来负效应，破坏社会和谐状态，这些引起动乱的因素即是"燃烧物质"。当这些因素积累到一定程度，并在舆论的引导下，即引起动乱的"助燃剂"，就会形成一定数量和规模的人口聚集，这时若发生某一突发事件，只要达到"点火温度"，就可能会发生社会失稳或社会动乱，甚至社会崩溃。社会燃烧理论将自然科学中的社会燃烧现象和机理巧妙地应用在社会科学领域中，为分析社会稳定风险产生的原因及风险的发展演化提供了重要的理论基础。

10.2.3.2 理论应用

有大量研究将社会燃烧理论应用于重大工程社会稳定风险演化机理的研究，对社会稳定风险从量变到质变的过程进行描述和探讨。杨芳勇（2012）根据社会燃烧的三要素，建立了测量社会稳定风险的指标体系和评估模型，从而对风险进行评估。王冠群等（2020）在社会燃烧理论视域下，结合案例发现闭塞的决策模式、低效的政府回应以及刚性的政府治理分别扮演着燃烧物、助燃剂、导火索的角色，三者的共同作用构成了"中国式邻避"的逻辑链条。向鹏成等（2016）考虑重大环境风险型工程的特点，分析项目建设中存在的易引发社会稳定风险的燃烧物质、助燃剂和点火温度，从而构建了此类工程社会稳定风险的演化模型。

重大工程面临的社会稳定风险在不同的项目情景下会有所差异，然而，在社会燃烧理论框架下，通过分析理论的三要素及它们之间的关系，可对社会稳定风险或群体性事件的形成过程在一般意义上进行诠释。重大工程的建设可能会对项目建设地局部地区的经济、环境、政治、文化等社会系统造成不同程度的干扰，由此引发一系列的社会问题和矛盾，如项目选址规划不当、利益补偿不均、工程自身具有的潜在环境风险等（即"燃烧物质"）。当这些风险因素积累到一定程度，在社会舆情的引导、公众社会心理放大等因素（即"助燃剂"）的作用下，社会系统中无序混乱的个体会不断壮大并集结成具有相当规模且带有强烈破坏力的负面群体。此时社会系统的承载力逼近临界值，在突发性事件（即"点火温度"）的激励作用下，导致重大工程社会稳定风险的全面爆发。

综上，政府相关主体及工程管理部门可利用社会燃烧理论指导重大工程社会稳定风险管理，通过控制"燃烧物质"，净化"助燃剂"，减少"点火温度"事件的发生，在社会稳定风险形成的不同阶段采用合理的管控措施，从根源上控制社会稳定风险和群体性事件发生的条件，对于实现社会持续正常运转至关重要。

10.2.4 案例分析

重大工程在满足城市和社会发展需要、改善人民生活等方面发挥了重要作用，但部分项目因具有较强的潜在"负外部性"经常引发群体性事件，面临较大的社会稳定风险。这一现象被形象地称为"邻避"效应，此类项目被称为"邻避"项目，主要包括垃圾焚烧厂、火葬场、核电站、化工厂等（钟慧玲，2016）。

10.2.4.1 工程概况❶

宁波 PX 项目由浙江省人民政府和中国石化于 2009 年确立，该项目在宁波市宁波石化经济技术开发区镇海炼化公司原有的生产规模基础上扩建，总投资 558.73 亿元人民币，占地面积 $422hm^2$，预计年产 1500 万 t 炼油、120 万 t 乙烯。如果该项目启动，会给宁波带来近千亿的年产值，极大地提高宁波市的经济地位。

2012 年 10 月初，部分村民就该项目落户后的相关环保及村庄搬迁问题到镇海区政府信访。在上访过程中，村民发现"镇海炼化一体化项目"就是 PX 项目。10 月 22 日，湾塘等村近 200 名村民，以居住点距离化工企业过近为由，集体到区人民政府上访。国内几大网站如新浪、腾讯、网易等刊登了镇海人民抗议 PX 项目的报道。10 月 25 日凌晨，镇海区人民政府办公室在镇海区

---

❶ 摘自：贺静. PX 项目风波再起各方关注引发热议 [J]. 中国石油和化工经济分析，2012 (11)：6-8；刘勤兵. "社会燃烧理论"框架下的环境群体性事件分析 [D]. 华中科技大学，2013；彭小兵，邹晓韵. 邻避效应向环境群体性事件演化的网络舆情传播机制——基于宁波镇海反 PX 事件的研究 [J]. 情报杂志，2017，36 (4)：150-155.

人民政府官网上发布《关于镇海炼化一体化项目有关情况的说明》，呼吁村民理性表达诉求，不传播、不轻信网上不实信息，共同维护社会和谐稳定大局。当天，抗议活动发生在区人民政府、大西门路茗园路口、隧道口一带，并致使这一带交通陷于瘫痪。政府在下午做出回应，就前三季度镇海区经济社会发展和民生实事工程、生态环境整治情况，以及镇海炼化扩建一体化项目，与广大网民交流，表示 PX 项目有着最严格的准入门槛，并会加快原有生产装置升级，加大环保治理投入，同时表示下步将广泛听取各方意见，严格履行审查程序。

10 月 27 日，抗议活动同时在镇海城区和宁波市中心进行，警察带走了部分闹事者。但"警察以催泪瓦斯攻击公民""警察带走群众"等舆论，使得原本激进的民众更加愤怒。镇海区人民政府在其官方网站发布《告全区市民书》，呼吁民众"相信党委、政府""理性表达诉求，正确反映民意，维护社会和谐稳定"。

10 月 28 日下午 6 点，宁波市经与项目投资方研究，做出了"坚决不上 PX 项目"的决定。至此，宁波 PX 项目群体事件才落下帷幕。

10.2.4.2 风险形成机理分析

借助社会燃烧理论对宁波 PX 项目案例，从"燃烧物质""助燃剂""点火温度"三个方面构建社会稳定风险研究框架如图 10.1 所示，据此对项目引发的群体性事件的形成机理探讨如下。

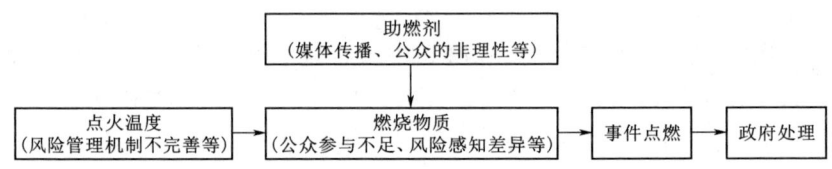

图 10.1 基于社会燃烧理论的社会稳定风险形成机理

1. 燃烧物质

（1）公众参与不足。虽然我国重大工程的社会稳定评估、环境影响评估等机制要求做到保证群众的知情权和参与权，但仍存在参与渠道不畅通、利益诉求表达受阻等现象，加深了政府和公众之间的信息不对称，并引发公众与政府之间的信任危机。在上述案例中，从 2012 年 10 月初开始，陆续有部分村民就 PX 项目的相关环保问题多次采用合法的方式到镇海区政府信访，但是没有得到满意答复，成为了后续大规模抗议活动的"燃烧物质"。这说明在项目稳评过程中缺乏足够的公众参与以及公众与政府之间的有效沟通，导致公众参与广度与深度不够，参与不及时，最终导致社会稳定风险的发生。若相关部门在项目建设前期组织充分、有效的公众参与，可能会很大程度地降低社会稳定风险发生的可能性。

（2）风险感知差异。政府、公众等对于项目的潜在利益和风险的差异化感知是重大工程建设引发社会矛盾的另一重要原因（刘小峰等，2021）。政府部门主要关注项目产生的政治效益和社会效益，宁波 PX 项目是中国"十二五"重点生产力布局规划项目，拟扩建年产 1500 万 t 炼油、120 万 t 乙烯炼化一体化项目，总投资约 558.7 亿元人民币，一旦这个项目投产，带给宁波的工业总产值预计在千亿以上，所以政府对该项目建设持支持态度。而公众更加关注自身的生命安全和身体健康，重视风险真实发生所带来的影响。PX 项目的投资方主要关注项目带来的经济利益，目的是使项目顺利立项、建设和投产，以获得预期的企业利润。各利益相关者的风险感知不同，其行为选择和利益诉求的表达方式也不同，这就加快了群体性突发事件的爆发速度。

（3）潜在环境和健康损害。"邻避"类重大工程引发群体性事件的主要原因之一是公众对项目可能带来的对环境和健康的损害的担忧（董幼鸿，2013）。宁波 PX 项目是典型的环境类重大工程，虽然我国目前的技术水平能在很大程度上降低甚至消除项目对周边公众带来的环境健康影响，但由于公众无法对此类项目进行感同身受的直接体验，对风险的判断多来自于间接经验，而以往确实存在一些由重大工程引发的环境污染、影响健康等负面影响，导致民众对项目产生深深的焦虑和恐惧，并在人群中感染和扩散，加重社会的焦虑和恐慌。

2. 助燃剂

（1）媒体传播。在网络资源发达的大数据时代，新闻媒体和网络的迅速发展，特别是微博、论坛等线上实时性裂变式传播能够对事件进行快速直播，使更广范围里的人了解事件的发展状况，对实践中社会群体性事件的发展有不可忽视的作用，易引起社会舆论的轩然大波，从而造成大范围影响（白鹭，2018）。在上述案例中，镇海区人们借助新浪微博、腾讯、网易、东方论坛等媒体平台表达对 PX 项目的不满，并获得了普通民众巨大的精神支持和舆论支持。由此可以看出，媒体成为社会风险爆发强有力的助燃剂，也成为政府最后妥协的推动因素。

（2）公众的非理性。公众在进行重大工程社会稳定风险评估时往往处于一种非理性的情绪，对环境条件估计不足、对信息甄别不够准确。鉴于我国以往确实发生过由重大工程引发的社会群体性事件，一些民众就开始散播谣言，夸大事件真相，再加上各种"燃烧物质"的汇聚，民众抵制 PX 项目的抗议行为符合大多数人的心声，借助网络在社会上得到了迅速而广泛的传播，凝聚成引人注目的社会舆论，在一定程度上加快了宁波 PX 事件的发生发展。由此可见，公众的非理性导致的谣言等负面社会舆论是引发环境群体性事件的助燃条件之一。

3. 点火温度

(1) 社会稳定风险预警机制不完善。社会稳定风险在爆发前都会有相应的征兆，比如人们会就项目环境风险、健康风险向地方有关部门反映，在这个过程中，相关政府部门及工程管理部门应启动社会稳定风险预警机制，采取预防措施避免事件的发生。在宁波 PX 项目案例中，镇海区民众通过各种论坛发帖、信访、组织小规模的集体抗议活动等方式来表达他们的利益诉求，却没有得到地方政府及时有效地回应，最终迫使民众采取极端抗议的方式来对政府的回应做出反馈，并导致风险型环境群体性事件的爆发（贺静，2012）。

(2) 风险的社会放大。在诸多重大工程建设过程中，公众倾向于认为聚众、游行、集体上访等非理性极端事件更能引起政府的关注，由此产生社会轰动效应，以达到规避风险的目的（杨志军等，2017）。在宁波 PX 项目中，公众出于对项目建设可能引发的环境污染、威胁健康等问题的担忧，约数千名市民聚集在市委、市政府门前广场及附近道路。随着参与人数的增加，人们的从众心理开始发挥作用，完成从个体向群体去个性化的转变，个体逐渐失去理智的行为，群体成员之间的相互效仿、相互促进，很快达到风险型环境群体性事件的"点火温度"。

10.2.4.3 风险治理措施

(1) "燃烧物质"是引发社会稳定风险爆发的根源，要从根源上消除社会群体性事件，需要做到以下几个方面：第一，完善公共参与机制，将公众参与制度化和程序化，使其作为社会稳定风险评估（简称"稳评"）工作的必经过程（黄杰等，2015），全方位提高政府的公信力；第二，完善信息公开机制，对于公众所关心的危害身体健康的有害物质是否产生不良效果等相关的信息做到及时说明，保障公众知情权；第三，重视公众的风险感知，政府应将"公众风险感知"纳入我国现行的重大工程稳评机制中，使之成为政府决策的重要依据，提升社会风险驾驭能力；第四，提升风险沟通意识，加强风险沟通能力，建立制度化和非制度化的风险沟通机制，进一步规范各主体间的沟通方式。

(2) 隔绝引发邻避冲突的"助燃剂"，控制事件的推动因素，需要做到以下两点：第一，利用媒体做好正面宣传，相关政府部门应在最快的时间内将真实、可靠的信息传递给媒体，通过主流媒体做出报道，增强信息发布的权威性，及时引导公众情绪和社会舆论正面发展；第二，建立健全网络舆论监控机制。相关政府部门应及时对网络信息进行动态监控，分析公众关心的重点和诉求，加强对负面社会舆论和谣言的预警、回应和调控，同时对其制造者和重要传播者予以相应的法律惩罚，控制网络谣言等社会舆论的不当传播，阻止事态的进一步发展（王开茹，2019）。

(3) 为避免"点燃"社会稳定风险，相关主体应做好以下措施：第一，提高社会稳定风险预警意识，提升风险处置能力。相关部门应准确预估事情的发展趋势和结果，及时采取预防、疏缓和应急措施，尽可能阻止冲突升级扩散为显性激烈的群体性事件。第二，培育社会组织。一方面通过社会组织收集民众的利益诉求，加强政府和公众双向互动的风险沟通；另一方面通过社会组织向当地公众提供必要的心理辅导和人文关怀，引导公众走向理性维权，从源头上切断重大工程社会群体性事件的导火索。

10.3 重大工程"稳评"要求与方法

10.3.1 "稳评"相关方

重大工程社会稳定风险评估的参与方通常涉及政府、投资方/项目法人、咨询方等多个主体。政府的相关部门主要负责对"稳评"过程进行监管，根据提交的项目评估报告，对项目进行审批和验收，从而实现对社会稳定风险的管控。在很多情况下，投资方/项目法人是项目"稳评"的主导方，负责组织和协调项目稳评工作，而具体的"稳评"工作通常是委托给具有相应资质的咨询方开展。

（1）政府。政府方稳评主体指项目报建单位的上级主管部门，主要包括党委部门、信访办、维稳办等。在重大工程的"稳评"中，党委维稳领导小组确定牵头单位，成立评估小组，在项目单位递交的稳评报告的基础上，综合考虑项目与当地社会的互适性，再次进行独立的社会稳定风险分析评估，进而完成对项目的审批与决策工作。由于政府处于重大工程项目决策的中心，其角色定位和风险决策直接决定着工程项目社会稳定风险的发展趋势。因此，政府要兼顾效率与公平，从宏观和微观的角度综合权衡项目建设的当前利益和长远利益、地方利益和国家利益等各种因素，在民主参与和科学论证的基础上进行项目的审批和验收，以确保满足各利益主体目标，为工程项目的顺利实施提供服务（王阳，2016）。

（2）投资方/项目法人。其作为"稳评"的主导者，应当对工程项目的背景进行充分调查和分析，组织相关部门和专家或委托有能力和经验的第三方机构进行项目风险的识别、评估和预测，判断项目建设是否具备必要的环境和条件，以及面临社会风险的可能性和影响程度，并根据要求将"稳评"报告递交给相关政府部门。需要注意的是，投资方/项目法人不能一味地追求项目带来的经济利益，必须要权衡和兼顾社会利益，否则会导致其与政府、社会公众等其他主体的关系恶化，影响项目和企业的可持续发展。

（3）咨询方/第三方稳评机构。重大工程"稳评"是一项专业性较强的工作，政府相关部门和投资方通常会委托符合条件的第三方工程咨询、环保咨询或科研院所等机构来完成评估工作。各省市对于从事稳评工作机构所应具备的能力和条件，以及评估范围、评估原则和评估流程等做出相应规定。由咨询方具体实施社会稳定风险的评估工作，可以提高评估的科学性和专业性，更重要的是能够保证评估的客观性和公正性。

10.3.2 "稳评"要求

10.3.2.1 "稳评"范围

2012年8月，国家发展改革委印发的《国家发展改革委重大固定资产投资项目社会稳定风险评估暂行办法》（以下简称《稳评暂行办法》）中规定，国家发展改革委审批、核准或者核报国务院审批、核准的在中华人民共和国境内建设实施的固定资产投资项目，均应按照本办法开展"稳评"工作。因此，凡是与人民群众利益密切相关的、牵涉面广、影响深远，易引发矛盾纠纷或有可能影响社会稳定问题的政府或企业投资建设项目，包括涉及征地拆迁、环境影响、社会保障、公益事业等方面的重大建设、重大决策制定以及其他对社会稳定有较大影响的重大决策事项，都应纳入"稳评"范围。

10.3.2.2 "稳评"的原则

重大工程"稳评"以"维稳"为核心，牵涉面广、影响深远。为充分吸纳各利益群体的意见，实现稳定与发展的互促共生，"稳评"必须坚持实事求是、科学民主、以人为本和公平效益的原则，这些原则相互联系，共同指导重大投资项目社会稳定风险评估工作。

（1）实事求是原则。重大工程"稳评"工作是工程项目顺利完工的基础和前提，"稳评"工作的关键在于实事求是，一切从实际出发，尊重客观事实和内在规律性，坚持评估工作的科学性和独立性，制定与工程实际相符的评估方案，保障工程建设中的各个环节能够得到有效的评估，从而及时发现并合理应对涉稳隐患，为工程顺利建设打下基础，并力争为今后类似工程的评估工作提供借鉴和参考。

（2）科学民主原则。依照相关法律法规和政策制定科学、规范的评估标准，深入调查研究，多渠道、多方式、多层次征求各方群体意见，定性与定量分析相结合，充分论证，确保评估工作的全面性、客观性和准确性。

（3）以人为本原则。统筹考虑重大工程建设的发展需要与人民群众承受能力之间的互适性，统筹考虑人民群众的长远利益与现实利益，切实维护人民群众的合法权益。

（4）公平效益原则。正确处理社会改革、发展与稳定的关系，把社会各领域、各产业改革的力度、发展的速度与社会可承受程度统一起来，实现社会效益、经济效益、环境效益的有机统一和良性循环。

10.3.2.3 "稳评"内容

重大工程涉及利益相关者众多、关系复杂、公众关注度高，在建设过程中不可避免地会涉及土地征用、房屋拆迁、环境改变、生产安全等社会敏感问题，可能会对社会稳定产生负外部性影响。因此，《稳评暂行办法》规定，项目单位在组织开展重大项目前期工作时，应当对社会稳定风险进行调查分析，征询相关群众意见，查找并列出风险点、风险发生的可能性及影响程度，提出防范和化解风险的方案措施，提出采取相关措施后的社会稳定风险等级建议。

《稳评暂行办法》中指出，"稳评"的主要内容为项目建设实施的合法性、合理性、可行性、可控性，可能引发的社会稳定风险，各方面意见及其采纳情况，风险评估结论和对策建议，风险防范和化解措施以及应急处置预案等内容。总体来说，重大工程"稳评"中有两个非常关键的要素。一是要对工程自身进行评估，看其是否符合国家、城市发展需要，符合国家、当地的法律规定，是否符合当地社会公众的根本利益、能够被群众所支持，是否会因此产生大量矛盾纠纷等；二是要对外部环境进行评估，即看重大工程的影响是否能够对当地经济发展起到助推作用，是否能够对当地群众的生产生活产生有利影响，能否对当地群众带来经济效益，能否促进就业、改善生活等。综上，重大工程稳评的内容及标准主要表现为以下几点：

（1）合法性。合法性主要包括重大工程的实施是否符合宪法、法律、法规以及党和国家的方针政策；与国家和当地经济社会发展规划、行业规划、产业政策、行业标准是否符合；与土地利用总体规划、区域规划、专业规划等是否符合；以及项目的相关审批文件是否达到合法性等。

（2）合理性。合理性主要包括重大工程的实施是否统筹兼顾了各方的现实利益和长远利益；利益相关者的收益是否存在不公平现象；是否会给群众的生产生活造成过多不便；是否可能引发相关或类似群体攀比；征地补偿和征迁安置方案等是否尽最大可能维护了所涉及群众的合法权益等。

（3）可行性。可行性主要包括重大工程建设是否与本地经济社会发展水平相适应；项目建设的时机和条件是否成熟；所需社会资源及人力资源是否在可承受范围；项目建设方案是否充分考虑了群众的意见；征地补偿和征迁安置方案是否得到大多数群众的支持等。

（4）安全性。安全性主要包括重大工程是否存在可能引发群体性事件等影响社会稳定的隐患；是否影响社会生态环境、人文环境；项目实施是否可能引发较大的社会治安问题；是否符合可持续发展的要求等。

（5）可控性。可控性主要包括重大工程建设可能引发的社会稳定风险隐患是否可控；是否存在相应有效的风险化解措施、紧急应对预案和预警措施；是否能够得到有效的防范和化解；宣传解释和舆论引导措施是否充分等。

10.3.3 "稳评"方法

2013年2月17日，国家发展改革委办公厅颁布《重大固定资产投资项目社会稳定风险评估报告编制大纲及说明（试行）》和《重大固定资产投资项目社会稳定风险分析篇章编制大纲及说明（试行）》，鼓励各地区各部门根据项目所在地的实际情况和行业发展特点，探索合适的"稳评"方法和标准，提出"稳评"一般采用定性分析与定量分析相结合的方法，逐一对风险因素进行多维度分析，估计其发生的概率和影响程度，包括对主要风险因素的概率、影响程度和风险程度进行定性和定量的分析评判。《稳评暂行办法》中指出，由项目所在地人民政府或其有关部门指定的评估主体组织对项目单位做出的社会稳定风险分析开展评估论证，根据实际情况可以采取公示、问卷调查、实地走访和召开座谈会、听证会等多种方式进行重大工程"稳评"。

（1）问卷调查法。该方法针对重大工程面临的一系列较为具体和现实的问题，通过科学合理设置问卷向项目周边居民及项目所在地公众了解情况，获取他们对于项目建设的观点和看法，并应用统计学方法进行定量描述和分析，以表征项目的潜在社会风险因素及风险发生的概率和影响程度。问卷调查法将较为抽象的重大工程社会稳定风险具体化，为进行项目稳评和决策提供重要依据，是重大工程社会稳定风险识别与评估常用的方法。

（2）头脑风暴法。由工程管理、公共管理、社会学、心理学等领域的业界和学界专家组成专家小组，依据头脑风暴法的流程和规定，专家小组成员在不受任何干扰和限制的情况下，以会议的形式就重大工程社会稳定风险的影响因素及风险等级等相关问题进行讨论、座谈，充分发表看法。该方法适用于项目资料较少，不确定性因素较多的特殊类型的工程项目，通过将各领域相关专家聚集在一起，相互交流，达到相互补充的激发效应，有助于识别容易被忽视的潜在社会稳定风险源。

（3）德尔菲法。针对重大工程社会稳定风险问题设计相关的对象征询意见表，以E-mail等方式匿名征询相关领域专家的意见，并向其提供项目背景资料，通过统计学的方法对专家意见进行汇总、整理和分析，并把结果反馈给所有专家，专家依据反馈再次确定自己的意见，通过综合多轮以对工程的社会稳定风险进行识别和评估。与头脑风暴法相比，德尔菲法采用匿名征询的方式征求专家意见，充分发挥专家的主观能动性，可有效避免个人意见受他人影响、群体意见由地位较高专家所主导等现象，在一定程度上保证了"稳评"的客观和公正。

（4）情景分析法。情景分析法作为一种风险管理技术，通过对重大工程实施责任主体及项目建设地环境的研究，模拟该项目在建设过程中各种可能引发社会风险的情景，进而判断、辨析并预测工程影响社会稳定的趋势。情景分析主要围绕项目当前情况或历史数据进行预测模拟，因此在不确定性较大的情况下，数据可能出现随机性，同时情景可能会脱离现实，产生一定的偏差，所以运用情景分析法进行稳评时往往和其他方法相结合，以充分发挥情景分析法的优势，增强分析结果的可靠性与可信性。

（5）经验法。该方法通过选择有代表性的工程项目作为研究对象，全面收集该项目的背景资料，并进行系统地归纳整理，对该项目面临的潜在社会稳定风险进行全面分析，并在此基础上探求反映此类项目风险评估的规律性认识，形成风险清单，进而运用到个体项目中。需要注意的是，该方法具有一定的偶然性和特殊性，得出的经验和结论并非一定是科学的，如案例的选取和分析具有一定的主观性，得出的结论较保守，因此应考虑将该方法与问卷调查等方法综合使用。

10.3.4 案例分析

10.3.4.1 工程概况❶

某重大水利整治工程，主要包括兴建4个枢纽工程，以及河道整治和连通工程，整个工程呈面状分布。总投资为170亿元，建设总工期为65个月，基准年安置人口为160人，永久征地4438亩，其中耕地408亩，拆迁房屋面积$1352m^2$。

10.3.4.2 "稳评"过程

该项目"稳评"主体为该工程项目法人，其委托了第三方评估机构进行评估工作。根据《稳评暂行办法》的相关规定，"稳评"的内容主要包括风险调查、风险识别、风险估计、风险防范和化解措施以及落实措施后的预期风险等级5个方面。

（1）风险调查。调查范围为该工程的建设范围，调查的对象主要为区域内及周边村民等年满18周岁的不同阶层、职业、性别及年龄的公众及村委会等单位团体，尽可能做到从各个方面获取不同的意见和诉求。项目属重大基础设施建设项目，涉及利益相关群体众多，故通过对项目区经济、社会环境调查，了解可能带来的一系列社会问题和可能引发的社会风险。通过实地调查、问卷调查、访谈等方法，以项目建设区域内及其周边居民为主要对象，兼及其他利益相关者，从项目的合法性、合理性、可行性、可控性等方面，对在该项目准备、实施和运营阶段有可能引起各种程度的社会稳定风险进行调查。调查内容

---

❶ 摘自：某省水利规划设计研究院．"某河道综合整治工程"社会稳定风险分析报告［R］．2021．

包括立项审批程序履行情况、与规划及政策相容性、规划相符性、选址可行性、项目建设区域建设条件、利益相关者意见、诉求、公众参与情况、有关职能部门和基层组织意见、媒体舆情导向、历史遗留矛盾等。

（2）风险识别。风险识别是根据项目的特点，在风险调查的基础上，针对利益相关者不理解、不认同、不满意、不支持的方面，或在日后可能引发不稳定事件的情形，综合运用相关知识和风险分析方法，全面、全程查找并分析可能引发社会稳定风险的各类风险因素。该项目通过调查问卷、走访、类似风险事件等多形式展开风险调查，按照风险核对表，运用小组讨论、德尔菲等方法，确定主要特征风险因素，具体见表10.1。

表 10.1　　　　　　　　项目特征风险因素识别表

风险类型	序号	风险因素	风险可能发生阶段	风险特征
政策规划和审批程序	1	立项、审批程序	准备、实施	短期、间断性影响
技术经济	2	资金筹措和保障（由土地房屋征收征用补偿资金和资金筹措和保障合并）	准备、实施	短期、间断性影响
征收补偿	3	土地房屋征收征用补偿标准和方案	准备、实施	短期、间断性影响
	4	对当地的其他补偿	实施、运营	短期、间断性影响
生态环境影响	5	水体污染物排放	实施、运营	实施阶段——短期、间断性影响；运营阶段——长期、持久性影响
	6	噪声和振动影响	实施、运营	
	7	湿地、自然保护区影响	实施、运营	
	8	水土流失	实施、运营	
项目管理	9	文明施工及其协调机制（由文明施工和质量管理和社会稳定风险管理体系合并）	准备、实施	短期、间断性影响
经济社会影响	10	对周边交通的影响	实施、运营	短期、间断性影响
安全生产	11	施工安全、卫生与职业健康	实施、运营	短期、间断性影响
	12	施工农民工工资拖欠	实施、运营	短期、间断性影响
与社会互适性	13	历史上遗留的社会矛盾	实施、运营	短期、间断性影响

（3）风险估计。该项目风险估计采用定性分析与定量分析相结合的方法。在定性分析中，根据活动特点，风险调查的情况，分析引发风险的原因，根据可能引发的风险事件，判断风险发生的概率和影响程度。在定性分析的基础上

逐一对风险因素进行多维度分析，估计其发生的概率和影响程度。根据《固定资产投资项目社会稳定风险分析篇章编制大纲（征求意见稿）》中相关标准，单因素风险估计按照风险因素发生的可能性，将风险发生概率划分为很高、较高、中等、较低、很低5档；按照风险发生后对活动的影响大小，将影响程度划分为严重、较大、中等、较小、可忽略5档；对于风险程度分别按照标准进行赋值，并按式（3.46a），即"风险程度$R=$风险概率$P\times$潜在损失q"计算得出风险量/程度，每个单因素的风险程度可划分为重大、较大、一般、较小和微小共5个等级。具体见表10.2～表10.4。根据《稳评暂行办法》，按照项目社会稳定风险导致的后果的影响程度，可将项目社会稳定风险分为高风险、中风险、低风险三级。参考《固定资产投资项目社会稳定风险分析篇章编制大纲》，确定项目风险等级评判标准见表10.5。

表10.2　　　　　　单因素风险概率评判参考标准

概率等级	定量评价标准	定性评判标准	概率等级	定量评价标准	定性评判标准
很高	81%～100%	几乎确定	较低	21%～40%	发生的可能性很小
较高	61%～80%	很有可能发生	很低	0～20%	发生的可能性非常小，几乎不可能
中等	41%～60%	有可能发生			

表10.3　　　　单因素风险潜在损失/影响程度评判参考标准

影响等级	定量评价标准	潜在损失/影响程度
严重影响	81%～100%	在省内或更大范围内造成一定负面影响（社会稳定、形象等方面），需要通过长时间的努力才能消除，且付出巨大代价
较大影响	61%～80%	在省内造成一定影响（社会稳定、形象等方面），需要通过较长时间才能消除，并需付出较大代价
中等影响	41%～60%	在当地造成一定影响（社会稳定、形象等方面），需要通过一定时间才能消除，并需付出一定代价
较小影响	21%～40%	在当地造成一定影响（社会稳定、形象等方面），但可在短期内消除
可忽略影响	0～20%	在当地造成很小影响，可自行消除

表10.4　　　　　　　　风　险　程　度　等　级

风险量/程度	定量评价标准	发生的可能性和后果
重大风险	$P\times q>0.64$	可能性大，社会影响和损失大，影响和损失不可接受，必须采取积极有效的防范化解措施

续表

风险量/程度	定量评价标准	发生的可能性和后果
较大风险	$0.64 \geqslant P \times q > 0.36$	可能性较大，或社会影响和损失大，影响和损失是可以接受的，需采取一定的防范化解措施
一般风险	$0.36 \geqslant P \times q > 0.16$	可能性不大，或社会影响和损失不大，一般不影响项目的可行性，应采取一定的防范化解措施
较小风险	$0.16 \geqslant P \times q > 0.04$	可能性较小，或社会影响和损失较小，不影响项目的可行性
微小风险	$P \times q \leqslant 0.04$	可能性很小，且社会影响和损失很小，对项目影响很小

表 10.5　　拟建项目社会稳定风险等级评判参考标准

风险等级	高风险 （重大负面影响）	中风险 （较大负面影响）	低风险 （一般负面影响）
总体评判标准	大部分群众对项目建设实施有意见、反应特别强烈，可能引发大规模群体性事件	部分群众对项目建设实施有意见、反应强烈，可能引发矛盾冲突	多数群众理解支持单少部分人对项目有意见，通过有效工作可防范和化解矛盾
可能引发风险事件评判标准	冲击、围攻党政机关、要害部门及重点地区、部位、场所，发生打、砸、抢、烧等集体械斗、聚众闹事、人员伤亡事件，非法集会、示威、游行、罢工、罢市、罢课等	集体上访、请愿、发生极端个人事件、围堵施工现场，堵塞、阻断交通，媒体（网络）出现负面舆情等	个人非正常上访、静坐、拉横幅、喊口号、散发宣传品，散布有害信息等
风险事件参与人数评判标准	200 人以上	20～200 人	20 人以下
单因素风险程度	2 个及以上重大或 5 个及以上较大单因素风险	1 个重大或 2～4 个较大单因素风险	1 个较大或 1～4 个一般单因素风险
整体风险指数评判标准	>0.64	$0.36 \sim 0.64$	<0.36

该项目单风险因素估计结果见表 10.6，具有立项、审批程序，资金筹措和保障，土地房屋征收征用补偿标准和方案等一般风险因素 10 个，以及水体污染物排放、水土流失和施工安全、卫生与职业健康 3 个较大风险因素。由表 10.7 可知，项目整体风险估计指数为 0.278，位于 0.36 以下区间，属于低风险范围，发生一般性群体事件概率较大，200 人以上规模群体事件发生概率相对较小。然而，项目涉及 3 个较大风险因素。对照表 10.5 的风险等级评判标准，按照"就高不就低"和"叠加积累"原则，在未考虑所提出的风险对策措

施前提下,认为该项目社会稳定风险属于中风险。

表 10.6 单风险因素估计汇总表

序号	风险因素	风险概率		风险影响		风险量/程度	
1	立项、审批程序	45%	中等	48%	中等	0.216	一般
2	资金筹措和保障	49%	中等	50%	中等	0.245	一般
3	土地房屋征收征用补偿标准和方案	48%	中等	47%	中等	0.226	一般
4	对当地的其他补偿	46%	中等	49%	中等	0.225	一般
5	水体污染物排放	58%	中等	65%	较大	0.377	较大
6	噪声和振动影响	45%	中等	46%	中等	0.207	一般
7	湿地、自然保护区影响	51%	中等	54%	中等	0.275	一般
8	水土流失	63%	较高	64%	较大	0.403	较大
9	文明施工及施工协调机制	50%	中等	50%	中等	0.250	一般
10	对周边交通的影响	54%	中等	58%	中等	0.313	一般
11	施工安全、卫生与职业健康	57%	中等	64%	较大	0.365	较大
12	施工农民工工资拖欠	50%	中等	62%	较大	0.310	一般
13	历史上遗留的社会矛盾	42%	中等	45%	中等	0.189	一般

表 10.7 初始综合风险指数计算表

序号	主要风险因素	风险权重 (I)	风险量/程度 ($R=P\times q$)	风险指数 ($I\times R$)
1	立项、审批程序	0.07	0.216	0.015
2	资金筹措和保障	0.09	0.245	0.022
3	土地房屋征收征用补偿标准和方案	0.08	0.226	0.018
4	对当地的其他补偿	0.08	0.225	0.018
5	水体污染物排放	0.07	0.377	0.026
6	噪声和振动影响	0.07	0.207	0.014
7	湿地、自然保护区影响	0.07	0.275	0.019
8	水土流失	0.08	0.403	0.032
9	文明施工及施工协调机制	0.08	0.250	0.020
10	对周边交通的影响	0.07	0.313	0.022
11	施工安全、卫生与职业健康	0.09	0.365	0.033
12	施工农民工工资拖欠	0.08	0.310	0.025
13	历史上遗留的社会矛盾	0.07	0.189	0.013
合计		1		0.278

(4) 风险防范和化解措施。根据该项目的特点,针对主要的风险因素,研究提出各项综合性和专项性的风险防范、化解措施,明确风险防范、化解的目标,提出落实措施的责任主体、协助单位、防范责任和具体工作内容。风险防范和化解措施汇总见表10.8。

表 10.8 风险防范措施汇总表

序号	风险因素	风险可能发生阶段	主要防范、化解措施
1	立项、审批程序	决策、准备	建设单位提供相关必要材料,尽快完成该项目立项审批工作进而取得立项批复。同时,规划选址、土地预审、环评、水土保持、节能审查等项目前期准备工作也需加快进度
2	资金筹措和保障	准备、实施	加强对征地拆迁补偿资金的管理,建立征地拆迁补偿资金的发放使用台账检查制度和信息公开制度,将征地补偿政策、补偿标准、补偿金额等在基层公共宣传栏进行公示,由当地财政部门和基层政府共同做好补偿款的管理和监督工作,监督补偿款的发放工作,切实保证把补偿款直接发放给征地单位或群众,避免截留、克扣征地补偿款现象
3	土地房屋征收征用补偿标准和方案	实施、运营	1) 制定征地方案,并科学确定征地的范围及标准,认真核实征地范围、数量、单价、合价,明确征地补偿资金数量; 2) 建立征地补偿资金的发放使用台账检查制度和信息公开制度,将补偿政策、标准以及补偿金额等逐级在媒介上进行公示;公示征地补偿资金使用情况,接受社会监督; 3) 召开座谈会、听证会,征求被征地拆迁群众的意见,使补偿方案更完善、合理; 4) 妥善衔接本工程与该地区近期其他类似工程的补偿安置政策,避免评估价格相差过大等不公平现象
4	对当地的其他补偿	实施、运营	1) 对工程建设征收耕地采取货币化一次性补偿的方式进行生产安置,对符合当地失地养老保险政策的被征地农民,由地方政府统筹安排按相关政策纳入失地养老保险保障体系; 2) 对农村道路、农田水渠等公共基础设施产生破坏的,应进行及时修复并进行一定的补偿,修复完工后,请当地村民代表参与验收检查; 3) 对临时占用土地按国家政策进行补偿并遵循原地、同面积恢复、同等质量、可持续性、协调性、经济合理等原则及时恢复,临时用地事先与当地土管部门联系,确定其今后的用途

续表

序号	风险因素	风险可能发生阶段	主要防范、化解措施
5	水体污染物排放	实施、运营	1) 施工生产废水经过沉淀处理后,尽量作为施工用水的一部分重复使用,工作人员生活污水按照规定处理后送农田用于作物浇灌,禁止向水体排放船底油污水; 2) 相应的应急救援工作小组,并建立风险应急联动机制。一旦发生突发溢油环境事件时,应立即通知工程管理处,同时向当地环保、港务等部门报告,与相关部门协同采取应急减缓措施
6	噪声和振动影响	实施、运营	采用低噪声的施工机械和先进的施工技术,合理安排施工时间、布置噪声声级高的施工机械和选择运输线路,做好施工机械的维护保养
7	湿地、自然保护区影响	实施、运营	1) 委托专业的生态监测机构,对保护区及工程上、下游湖区的水生生物资源变化进行长期的监测; 2) 河道整治工程尽量避免鱼类洄游、产卵高峰期,采取适当施工避让措施,降低对鱼类等的洄游及河湖生物交流的阻隔影响; 3) 应科学制定圈围规模,合理布局,加强对工程施工行为的监督和管理,减少对洲滩和植被的破坏
8	水土流失	实施、运营	1) 严格按照国家相关法律法规要求开展项目水土保持方案编制、评审工作; 2) 对于项目所占用的临时用地,应及时做好土地复垦工作,土地复垦后应恢复至原有的地形地貌,满足植被种植要求和水土保持要求
9	文明施工及施工协调机制	准备、实施	1) 项目在实施过程中应严格实行各项管理制度,贯彻"安全第一、预防为主"的方针,落实各项文明施工措施; 2) 施工结束后,做好临时施工便道、弃渣场、料场等临时施工用地的恢复工作; 3) 加强施工协调管理,对现场文明施工进行监督、检查、指导,并及时处理与群众的纠纷,预防风险的发生
10	对周边交通的影响	实施、运营	1) 加强施工管理,文明施工,制定交通组织方案; 2) 加强项目施工管理,加快施工进度,缩短施工场地占道时间; 3) 合理设置施工车辆的运输线路,尽可能选择交通量相对较小的道路,避免施工车辆进出高峰与相邻道路交通高峰重叠; 4) 根据实际情况可以考虑扩建运输通往施工现场的旁道,提高道路的通行能力; 5) 施工时间与船只航行高峰期合理调配,预留必要航道

续表

序号	风险因素	风险可能发生阶段	主要防范、化解措施
11	施工安全、卫生与职业健康	实施、运营	1) 按照国家相关标准和规范做好项目及生产生活附属设施的防风、防震、防火、防电、防雷等相关设计; 2) 建立完善的生产安全运行管理体制,包括生产安全管理、设备操作规程、机械设备巡查制度等,并确保其有效运行; 3) 制定台风、暴雨、爆炸等各种事故情况下的应急救援预案和措施,并定期进行应急事故预案及对策演练; 4) 施工期间疫情防控遵循"六必"总原则:身份必问、信息必录、体温必测、口罩必戴、消毒必做、突发必处; 5) 设立集中检测点,血吸虫病流行季节定期集中全面检查,施工区域先使用药物对血吸虫尾蚴进行杀灭,如人员必须下水施工,穿戴防护用具:如缠布绑腿、穿长筒胶鞋、下水裤等,可阻止血吸虫尾蚴侵入人体;使用以1%的氯硝柳胺浸泡的血防衣裤、手套、袜子、绑腿等,防护效果更好,长期需要下手工作的人员应口服预防药物青蒿琥酯
12	施工农民工工资拖欠	实施、运营	选择正规、信誉好的施工队伍,规划对施工人员的管理,在项目建设过程中,要采取防范措施,加强对人员的综合管理,及时、足额支付施工人员工资,保障施工人员的合法权益
13	历史上遗留的社会矛盾	实施、运营	1) 施工地涉及的各县、区、乡镇政府、村委会明确施工区域划分,同时各级基层党组做好积极协调工作,通过有力的宣传方式化解临近村落村民之间的历史遗留矛盾问题; 2) 同时优化施工方案,县区村行政区域交接处施工的要做到有序分工和互相协作,推进工程顺利进展

(5) 预期风险等级。根据《稳评暂行办法》规定,提出社会稳定风险防范化解措施后,还需提出采取相关措施后的社会稳定风险等级建议。采用措施后,重点单因素风险的发生概率、影响程度、风险的等级都应将发生变化,能够取得显著的效果。根据风险识别以及风险防范措施可行性和有效性分析,采取防范措施后,该项目由3个较大、10个一般单因素风险下降为7个一般、6个较小单因素风险,整体综合风险指数由0.278降低至0.175,风险等级指数下降了37.05%,社会稳定风险等级由中风险变为低风险。具体见表10.9。

表 10.9　　　　　　　　　预期风险等级结果汇总

序号	风险因素	风险概率		风险影响		风险程度	
1	立项、审批程序	35%	较低	36%	较小	0.126	较小
2	资金筹措和保障	40%	较低	41%	中等	0.164	一般
3	土地房屋征收征用补偿标准和方案	39%	较低	40%	较小	0.156	较小
4	对当地的其他补偿	41%	中等	38%	较小	0.156	较小
5	水体污染物排放	42%	中等	50%	中等	0.210	一般
6	噪声和振动影响	40%	较低	40%	较小	0.160	较小
7	湿地、自然保护区影响	39%	较低	40%	较小	0.156	较小
8	水土流失	51%	中等	53%	中等	0.270	一般
9	文明施工及施工协调机制	42%	中等	40%	较小	0.168	一般
10	对周边交通的影响	42%	中等	43%	中等	0.181	一般
11	施工安全、卫生与职业健康	45%	中等	43%	中等	0.194	一般
12	施工农民工工资拖欠	36%	较低	50%	中等	0.180	一般
13	历史上遗留的社会矛盾	38%	较低	39%	较小	0.148	较小
风险指数				0.175			

10.4　小　　结

本章从经济、社会、环境、制度、技术、劳资等方面归纳了重大工程社会稳定风险的影响因素，总结了社会稳定风险形成机理相关研究。基于社会燃烧理论，分析了重大工程社会稳定风险的形成机理，并以宁波 PX 项目为例开展了分析。"稳评"是目前重大工程项目立项的前置条件，政府主管部门颁发相关文件对"稳评"提出了要求和相关规定，并提出了风险评估编制大纲。"稳评"的参与方主要包括政府、投资方/项目法人、咨询方等；评估要求从评估范围、原则和内容等方面进行阐述；评估方法则主要包括问卷调查法、头脑风暴法、德尔菲法、情景分析法、经验法等。本章以某重大水利整治工程为例对"稳评"展开了分析。

第 11 章 地铁工程施工安全风险分析与应对

11.1 地铁工程施工安全风险与事故

11.1.1 地铁工程施工安全风险

11.1.1.1 地铁工程及其特点

地铁是城市轨道交通最常见的形式,可将其定义为利用地面、地下或高架设施,不受其他地面干扰,使用专用动力车辆行驶于专用线路,并以密集班次、大量快速输送都市及附近地区旅客的公共运输系统(宋亮亮,2020)。地铁不仅运输能力和运输效率出众,而且对资源的消耗和对城市环境的污染都很小,是最受大城市青睐,解决出行问题的最佳交通方式(宋亮亮,2017),但地铁工程施工安全也存在较大的风险。

城市地铁工程一般以地下施工为主,一般具有以下特点。

(1) 工程隐蔽性强,难以获取自然采光,瞭望视野有较大的局限性。

(2) 工程作业循环性强,作业时空交叉且作业空间相当有限。

(3) 城市地下管网密布,包括大量敏感的城建基础设施,如供水、排水系统;天然气、热力系统;电力系统等,工程环境接口复杂(丁烈云等,2012)。

(4) 工程常位于"软硬交错"底层,工程地质和水文地质条件多样,具有高度不确定性,不可预见因素较多。

(5) 工程结构形式多样,施工方法常交叉变换,施工技术复杂、难度大。

(6) 工程参与方多、专业多、环节多、接口多,组织协调难度大。

除上述外,地铁工程还具有建设规模大、工期长、技术难等特征,这些属性决定了地铁工程建设成为一项高风险的施工任务。因此开展施工安全风险管理研究,实施安全风险管理,提升安全风险管理水平对地铁工程项目意义重大,是地铁工程项目取得成功的根本保障。

11.1.1.2 地铁工程施工安全风险的内涵

《城市轨道交通地下工程建设风险管理规范》(GB 50652—2011)中将风

险定义为:"不利事件或事故发生的概率(频率)及其损失的组合",因此,地铁工程施工安全风险可定义为在特定条件下,地铁工程施工过程中,出现不利于安全施工的危险或有害暴露等安全事件的可能性以及造成损失的严重程度(吴贤国等,2016)。这种损失包括各类人员产生的健康危害、身体伤害及死亡等人员伤亡,自然环境污染、周边区域场地及邻近建筑物的破坏等环境影响,风险引起的各种直接或间接费用等经济损失,建设时间未按照计划规定日期完成等工期延误,以及非正常安全转移安置、社会不稳定、政府公信力丧失等社会影响。地铁工程施工安全风险管理的目的在于识别出地铁工程施工中可能出现的风险因素、评估地铁施工过程中的主要风险因素,建立施工安全风险管理体系,制定提高地铁工程施工安全管理水平的措施及办法,在安全可靠、经济合理、技术可行的前提下,将地铁工程施工过程中的各类风险降低到可接受的范围内,最大限度地保障地铁工程的施工安全。

11.1.2 地铁工程施工安全事故

11.1.2.1 施工安全事故及其类型

地铁工程施工安全事故是施工过程中由风险因素直接或间接导致的不利事件,这些事件会导致人员伤亡或财产损失。其种类较多,如物体打击、高处坠落、坍塌、起重伤害等。通过相关网站、企业调查报告、新闻门户媒体、期刊论文和学位论文等渠道中获取事故案例和事故调查报告,共收集了从2002年2月到2018年12月间,在我国各地发生的267起地铁工程安全事故数据。参照《企业职工伤亡事故分类》(GB/T 6441—1986),对地铁安全事故的类型进行统计,结果如图11.1所示。

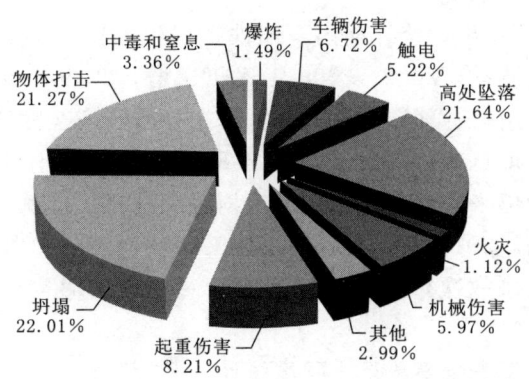

图11.1 2002—2018年地铁工程安全事故类型统计

由图11.1可以看出,地铁施工安全事故的类型共有11种,分别为物体打击、坍塌、起重伤害、机械伤害、火灾、高处坠落、触电、车辆伤害、中毒和窒息、爆炸以及其他类型。其中，坍塌、高处坠落和物体打击事故数占比分别为22.01%、21.64%、21.27%，远超其他事故类型，并且合计占比达64.92%，超事故总数半数以上，为地铁工程施工多发的事故类型。坍塌事故是指在重力或外力作用下，物体超过自身强度极限，导致结构稳定性破坏从而造成伤害。主要有深基坑施工中的土石方坍塌、脚手架坍塌、堆置物倒塌、模板支撑失稳引起的坍塌等。高处坠落是指当工人作业面在2m及以上时，发生坠落造成冲击伤害的危险。在地铁工程施工中，最容易发生高处坠落事故的主要有脚手架作业时坠落、临边洞口坠落两类。物体打击事故则是指在重力或外力作用下引发物体运动，打击人体造成伤害。

11.1.2.2　年度施工安全事故发生频率统计

采用上述267起安全事故数据，按照地铁施工安全事故的发生年份并结合年度死亡人数进行频率统计，基本情况如图11.2所示。

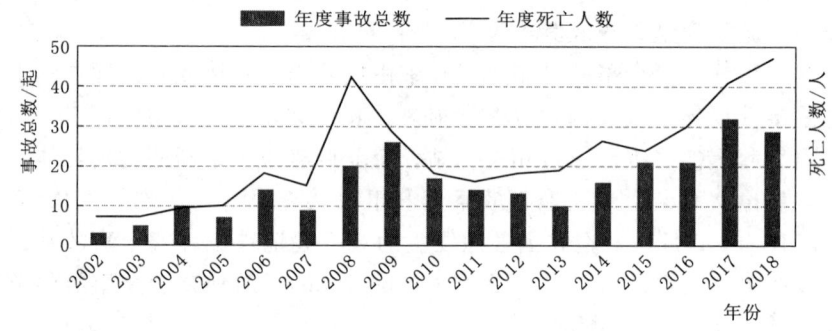

图11.2　2002—2018年度施工安全事故发生频率统计

由图11.2可以看出，统计期内，地铁工程施工安全事故次数总体有上升趋势且呈现周期性波动，2002—2008年逐年递增，2009年达到高峰。事故增多有明显的警示作用，管理部门采取加大安全检查和安全教育力度，加强了施工单位安全风险管理意识，2010—2013年事故次数出现小幅回落，并在2013年达到谷底，随着越来越多的地铁建设规划得到批复，地铁工程的建设规模进入爆发式发展时期，2014—2018年事故数又逐年递增。事故导致的死亡人数的变化趋势基本与事故次数的变化趋势维持一致，2018年死亡人数最多，达到47人。

11.1.2.3　年度施工安全事故严重程度统计

同样采用上述数据，对地铁工程安全事故严重程度进行统计，结果如图11.3所示。

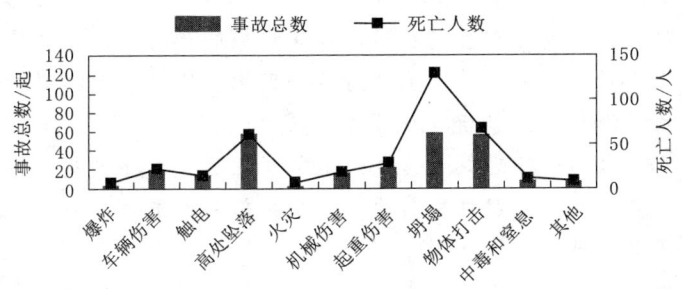

图 11.3　2002—2018 年度地铁工程安全事故严重程度统计

由图 11.3 可以看出，事故死亡人数与事故发生次数基本保持一致。坍塌、高处坠落和物体打击是多发的事故类型，这三类事故造成的死亡人数也是最多的。其中，尤其值得注意的是坍塌事故，坍塌事故量的占比与高处坠落和物体打击数量占比相当，但是坍塌事故死亡人数最多，达到 130 人，超过高处坠落和物体打击事故死亡人数的 2 倍以上。坍塌事故是高频率、高死亡的事故类型，一旦发生，往往会造成群死群伤和重要的经济损失。因此，坍塌事故是地铁工程施工过程中面临的最大威胁，需要进行重点防范和控制，注意坍塌事故的风险源的管理。

[案例 11.1]　佛山地铁工程透水坍塌重大事故

2018 年 2 月 7 日 20 时 40 分许，由中交二航局组织施工的佛山市轨道交通 2 号线一期工程土建一标段湖涌站至绿岛湖站盾构区间右线工地突发透水，引发隧道及路面坍塌。在 2 月 7 日晚事发前，右线盾构机完成 905 环掘进后，位于隧道底埋深约 30.5m 的淤泥质粉土、粉砂、中砂交界处且具有承压水的复杂地质环境中，在管片拼装作业时，突遇土仓压力上升，盾尾下沉，盾尾间隙变大，盾尾透水涌砂。作业人员采取应急堵漏措施，向盾尾密封内打入油脂，并采取向盾尾漏浆处抛填沙袋的反压措施，但仍未能有效控制涌泥涌砂险情，透水涌砂继续扩大，下部砂层被掏空，使盾构机和成型管片结构向下位移、变形。隧道结构破坏后，巨量泥沙突然涌入隧道，猛烈冲断了盾构机后配套台车连接件，使盾构机台车在泥沙流的裹挟下突然被冲出 700 余米，并在隧道有限空间内引发了迅猛的冲击气浪，隧道内正在向外逃生的部分人员被撞击、挤压、掩埋，最终地面坍塌范围东西向约 65m，南北向约 81m，深度 6～8m，地面塌方面积约 4192m²，坍塌体方量接近 2.5 万 m³。事故造成 11 人死亡、1 人失踪、8 人受伤，直接经济损失约 5323.8 万元。

事故原因：①事故发生段存在深厚富水粉砂层且临近强透水的中粗砂

层,地下水具有承压性,工程地质条件和水文地质条件均很差的地层中,盾构机穿越该地段时发生透水涌砂涌泥坍塌的风险高;②盾尾密封装置在使用过程密封性能下降,盾尾密封被外部水土压力击穿,产生透水涌砂通道;③涌泥涌砂严重情况下人员在隧道内继续进行抢险作业,撤离不及时;④隧道结构破坏后,大量泥沙迅猛涌入隧道,在狭窄空间范围内形成强烈泥沙流和气浪向洞口方向冲击,导致部分人员逃生失败,造成了人员伤亡的严重后果。

事故教训:①项目参建各方没有牢固树立安全发展理念,没有真正把安全放在首位;②参建各方对复杂地质条件下的地铁盾构施工安全风险意识淡薄、措施不力;③风险处置不科学,现场指挥不当;④项目部对盾构分部安全管理体制不顺,统一管理流于形式;⑤城市轨道交通盾构施工技术标准、规程和管理规定滞后;⑥职能部门安全监管缺乏行业针对性。

(来源:http://yjgl.gd.gov.cn/gk/zdlyxxgk/sgdcbg/content/post_2511537.html)

[案例11.2] 深圳地铁工程较大坍塌事故

2017年5月11日10时左右,深圳市轨道交通工程3号线三期南延工程3131标基坑发生一起土方坍塌事故,造成3人死亡,1人受伤,直接经济损失345万元。5月10日下午,深圳地铁集团发出停工通知:认真对照施工组织设计检查,彻底清查安全隐患。停工通知发出后,基坑现场依然进行土方开挖。5月10日晚上,深圳市某市政工程有限公司现场生产经理郑某交代现场工长魏某于次日带工人下基坑进行抽排水、检查钢支撑、钢围檩作业。5月11日上午7点多,魏某安排杂工班班长陈某等5人下基坑作业。事故发生前,深圳市某建筑工程有限公司(土方分包单位)正在开挖面挖土,有4台挖掘机在作业,坡顶有泥头车在装土,深圳市某市政工程有限公司陈某等5名工人在基坑内作业,其中徐某在15轴附近第四层钢围檩托架上用砂浆抹墙,钟某、赵某亮在下方拌砂浆,赵某福在检查15~16轴之间的钢围檩,陈某在基坑底排水。作业现场坑底有积水,垫层浇筑接近14,土方挖到底至15轴附近(垫层未施工)。11日上午10时左右,基坑内15~18轴附近北侧土体突然发生滑塌,滑塌土方约200m³,导致15轴第四层钢管支撑移位,造成在基坑15轴附近的3名作业人员瞬间被埋。最终事故造成3人死亡,1人受伤,直接经济损失345万元。

事故原因:①擅自组织实施的土方开挖作业未按照施工方案进行,开挖面开挖坡度偏陡,挖掘机作业时局部超挖,坡顶超载。在此情况下,由于场地地质条件较差，受5月9日至10日深圳市普降中到大雨影响，基坑开挖面土体含水量增加，土体强度有不同程度的降低，开挖面失去稳定，造成了本次边坡滑塌事故。②宝豪市政公司、隆盛建筑公司违反地铁集团停工通知要求，擅自组织部分员工进行土方开挖作业和下基坑进行抽排水、检查钢支撑、钢围檩等作业。③地铁集团未认真落实建设单位职责，对施工、监理单位现场人员履职情况检查整改不力，未跟踪落实停工通知。④市政总公司未认真落实施工单位职责，项目主要管理人员未完全履职，违法分包、对分包单位管理不力，对土方开挖工程现场监督整改不力，未有效督促落实建设单位的停工通知。⑤宝豪市政公司违法承包工程，违法分包工程，现场管理架构不健全，不落实停工通知，安排工人到危险区域作业且无相应安全防范措施。⑥隆盛建筑公司项目管理人员配备不足，在明知地铁集团停工通知的情况下擅自组织施工，且不按施工方案进行土方开挖作业，现场超挖，未及时消除安全隐患。⑦甘肃铁科咨询公司安全监理人员配备不足，对施工单位履职情况监督不力，对施工单位违法分包工程、分包单位违法承包工程失察，对土方开挖工程现场旁站监理缺失。

（来源：http://www.safehoo.com/Case/Case/Collapse/201809/1536604.shtml）

11.1.3　地铁工程施工安全风险研究现状

地铁工程是极其重要的生命线工程，针对地铁工程的施工安全风险，国内外相关领域的专家及学者运用风险管理的相关工具和方法开展了大量的研究工作。吴贤国等（2014）提出一种基于贝叶斯网络理论的施工风险分析方法，解决地铁施工风险评价中在不确定性方面存在的不足。应国柱等（2016）运用模糊层次分析法对地铁项目施工过程中的风险进行了评价，并根据实际情况不断地对评价方法进行调整，加强了风险评价方法的适用性。赵金先等（2017）结合集对分析法和层次分析法，构建AHP-SPA地铁施工风险评价模型，更加科学合理地评价了地铁施工安全风险。周勇等（2018）将动态赋权与模糊层次评估模型相结合，对兰州某地铁车站基坑施工过程中存在的风险因素及其风险概率和风险损失进行量化分析，获取了地铁基坑的风险状态。宋博（2019）基于数据包络和反向传播神经网络，提出一种地铁车站基坑施工安全风险评价方法，利用该方法对重庆地铁1号线小什字车站进行评价，得出小什字车站深基坑安全等级高的结论。王建波等（2021）利用改进的物元可拓评价模型对地铁盾构施工风险进行评价，并以青岛地铁1号线进行实证分析，认为整体风险低。叶新丰等（2021）构建施工阶段地质风险动静态管控机制及工作流程，并将该机制应用于北京地铁昌平线南延西土城站项目，取得了良好的效果。地铁工程的施工安全风险评价能有效对项目的施工风险进行评估，对可能的风险实现预判，为防范安全风险提供合理建议和措施。然而现有的研究通常将安全风险因素视为独立的个体，忽略了安全风险之间的联系，因此有必要对地铁工程施工安全风险因素之间的联系展开研究。

通过风险预警能有效控制风险，地铁工程施工的风险预警对减弱或消除事故有着重要意义，因此地铁工程风险预警的研究引起学者的广泛关注。周志鹏等（2009）基于信息技术建立了地铁施工安全风险实时监控系统，并在灰色系统理论的基础上构建了地铁施工安全风险实时预警模型。丁烈云等（2012）提出地铁施工安全风险信息融合与时空耦合的预警方法，实现对危险施工工序和部位的有效跟踪和定位，便于及时采取施工风险控制和应急措施，保障施工安全。王乾坤等（2018）提出基于 T-S 模糊神经网络的多信息融合模型，利用该模型能够提高地铁深基坑施工安全预警的准确性和高效性。何高峰等（2019）建立了南宁地铁 2 号线的隧道 BIM 结构模型和基于地质数据库的三维地质模型，结合项目实时变形监测信息，进行反馈和验证，实现 BIM 在复杂地质环境下地铁隧道的安全预警预报功能。羊权荣等（2019）结合 BIM 和 GIS 技术，开发出面向建设管理的施工监测系统，解决施工监测数据集成、展示预警和二次预警问题，并应用于青岛轨道交通 8 号线施工项目中。

分析地铁施工安全事故是研究地铁工程施工安全风险重要的一个切入点，而对地铁施工安全事故进行统计学分析又是该研究的重要方面。胡群芳等（2013）收集了 2003—2011 年我国地铁隧道施工事故数据资料，从事故的发生时间、事故类型、出现位置及死亡人数等方面进行了统计，以反映事故发生的特征，揭示了我国地铁隧道施工事故发生规律。李凤伟等（2014）对 2003—2010 年国内地铁建设中 118 起地铁施工事故进行了统计分析，得出塌陷和坍塌是最主要的事故类型，且事故类型的分布有一定的区域性。李皓燃等（2017）搜集了 2002—2016 年地铁施工事故 246 起，从时间、事故类型、施工工法、发生位置、站台形式、死伤人数等 8 个方面统计、分析和描述事故发生的规律性。于海莹等（2019）对 2002—2018 年间搜集的 246 起地铁施工事故数据，从事故特征和事故规律的角度进行多方位的数据统计分析，发现坍塌是地铁施工中的最主要事故类型，地铁施工事故类型的分布有一定地域性和时域性，盾构法是事故最多的工法，死亡人数会随建设里程和运营里程的上升而上升等规律。通过对地铁工程施工安全事故的统计与分析，可以掌握事故发生的规律，为预防地铁事故提供参考。

地铁施工安全事故的类型是多样的，众多学者着眼于具体事故或特定类型事故的分析研究，以求总结出一般性规律。夏润禾（2019）对城市地铁隧道施工中出现的坍塌事故原因和类型进行分析，提出预防事故发生必须以安全生产法律法规和施工安全标准规范为准则，构建风险管控和隐患排查双重预防机制。柴乃杰等（2018）基于故障树模型，分析了地铁施工地表坍塌事故，排查出已发生的地铁施工地表塌陷的原因，判断出未来施工最有可能导致地表塌陷的潜在原因，为施工单位及早预防和控制地表塌陷发生提供理论依据。陈绍清等（2020）建立了深基坑坍塌事故导致人员伤亡的故障树模型，通过对事故分析得知，施工地质条件复杂、设计方案不合理、勘察资料有误等事件为主要致灾因素。文艳芳等（2021）基于 71 例地铁隧道施工坍塌事故，利用 PSR-IAHP 模型分析了致灾因子、风险主体状态和风险管理响应三者间的作用机理，量化了三者之间耦合作用的强度，为城市地铁隧道施工坍塌风险断层控制奠定理论基础。对地铁事故进行统计和分析的目的是为了汲取经验、总结规律，获取地铁安全风险管理的相关知识，因此地铁施工安全风险的知识管理受到很多学者的关注。许娜等（2016）采用文本挖掘方法对 221 起城市轨道交通建设项目安全事故调查报告进行数据分析，同时引入信息熵对事故致因的重要度进行评估，对安全事故的经验与教训实现了有效迁移，促进了安全风险知识的共享和重用。李解等（2017）分析了城市轨道交通施工安全风险管理系统结构及功能，认为利用知识集成改善信息约束能够对系统功能的产生积极影响，包括风险认识更加客观、风险决策更加及时和风险管控行为更加合理。王兴鹏等（2018）利用案例推理方法对地铁安全风险的知识进行重用，基于相似历史案例的知识获取当前事故的原因和应对措施。陈赟等（2021）基于知识元理论和情景理论，构建了地铁工程施工事故情景表达通用层次模型，并通过案例提出事故情景知识元表达式，通过该模型能够简洁、完整表达事故信息，能够为指导地铁施工安全风险预警和事故应急决策提供支持。毫无疑问，地铁安全事故是研究地铁工程施工安全风险的有效途径，通过分析地铁安全事故，既能够获得特定安全事故的安全风险知识，也能够掌握一般事故的安全风险因素，为地铁工程的施工安全风险评价提供支撑，为地铁工程的施工安全风险应对提供支持。

11.2 地铁工程施工安全风险分析

11.2.1 地铁工程施工安全风险因素

地铁工程施工安全事故的发生本质上源于施工过程中存在着安全风险因素。风险因素有来自人的不安全行为和失误、管理缺陷，也有机械和环境的不安全状态。这些风险因素在地铁施工的时间与空间内相互作用与结合,继而导致施工过程出现隐患、偏差、故障、失效,以致发生安全事故。

11.2.1.1 人员因素

人作为地铁施工的主体,是最为活跃的因素,在地铁施工安全中心起到主导作用。绝大多数地铁施工安全事故暴露出的问题与人员因素存在密切联系,地铁施工人员的不安全行为往往是地铁施工事故发生的直接因素。在地铁施工的各个环节和活动中,都需要人为参与操作、协作、控制和监督,与外界环境交流,形成信息流的传递。因此,人为因素是地铁施工安全的重要风险因素,具体指地铁施工作业人员能被观察到的,可能导致安全事故的不安全行为或状态,主要包括施工安全风险研判不足、安全意识淡薄、勘察设计不到位、操作失误。

(1) 施工安全风险研判不足。建筑施工安全生产管理人员的一项重要工作便是研判施工场地的安全形势,定期检查各部门风险管控的开展情况,确保风险管控工作落实有效。地铁施工的工作环境狭小,一旦出现突发安全状况,管理人员若不能及时判断其危险程度,组织人员及时抢修或紧急撤离,错过最佳应急时机,可能会造成大量人员伤亡。

(2) 安全意识淡薄。安全意识是人们在从事生产活动时,对危险的辨识与判断能力,是人脑对客观存在的不安全因素(人的不安全行为、物的不安全状态及环境不安全条件)的综合反映。安全意识的高低取决于人们对安全的需要和危险因素的认知能力。在地铁施工作业中,相关人员对安全警报和安全信息的关注度不高,对危险的敏感度低,安全意识淡薄,则不安全行为发生的概率就会很高。

(3) 勘察设计工作不到位。由于地铁沿线的工程地质和水文地质十分复杂,无论采取哪种施工工法都会对原有地层地质稳定性和力学平衡产生很大的影响,容易造成周围岩体的损伤、变形和失稳塌陷。因此,地铁施工前的勘察设计工作就显得尤为重要,勘察工作通过获取岩土结构的性质,了解地形地貌和不良地质情况,为后续的基坑支护方案、地下水处理方法选取提供可靠的参数指标。

(4) 操作失误。人是生产活动的主体,人在施工时出现不符合安全规定的行为,会对整个地铁施工的安全水平造成影响,导致安全事故发生。操作失误指人员违背设计和操作规程的错误行为,且该错误行为可使系统发生故障或产生不安全事件。

11.2.1.2 机械与材料因素

机械材料风险因素来源于机械设备因素和材料因素两方面,主要包括机械材料的适用性、可用性和状态。不同的地下工程,将会采取不同的施工工法,相应地，施工机械与材料的选择也是大相径庭。地铁工程施工基本方式包括开挖式和盾构式，与开挖式施工技术相比，盾构掘进技术安全性强、技术集成高、对地表影响也相对较小，已逐渐成为地铁工程施工的主流之选。然而，近年来盾构法施工安全事故导致的人员伤亡事故明显增多，这很大程度上归因于盾构法施工使用的机械材料普遍大型化，与施工环境匹配度要求高，并且使用贯穿整个工程的始末，更容易产生机械材料安全风险，对地铁的施工安全造成严重威胁。机械材料因素主要包括盾构机选型匹配性差、盾尾密封装置性能下降、支护体系抗力不足、机械设备维护不当、材料不安全状态等。

（1）盾构机选型匹配性差。地铁工程建设具有很高的精确性和专业性，因此，对施工机械的匹配度要求较高。对于完成地铁工程建设的主要设备类型，其选型需要结合特定的施工环境、基础地质、工程地质和水文特征进行综合判断。只有在结合实际的工程建设需求选取恰当的机械设备，才能满足工程地质施工的需要，确保地铁施工顺利的开展。

（2）盾尾密封装置性能下降。盾尾密封装置受偏心管片过渡挤压后产生塑性变形而失去弹性，或盾尾在施工中磨损严重，密封性能下降，在注浆压力作用下导致浆液从盾尾漏进，导致地下水流入隧道，地表下沉，后果不堪设想。

（3）支护体系抗力不足。支护体系主要发挥了挡土、截水、保证坑底稳定的作用，同时可以承担必要的施工荷载、控制土体变形、保证基坑周围已有建筑物在施工过程中的安全，为在建地下结构工程施工提供最起码的施工条件。支护体系抗力不足，其后果是土体的稳定性降低，坍塌或周围地面沉降风险大幅提升。

（4）机械设备维护不当。地铁施工过程所涉及的机械设备复杂程度高，规模也比一般施工作业的大，机械设备中存在的安全隐患不容忽视。施工机械和其中的零件、材料在实际设计和使用中都具有一定时限的使用寿命。在地铁施工中，由于磨损、腐蚀、穿孔、温度变化等的影响，机器会逐渐丧失其功能，且使用时间越长，可靠性越低。若不及时进行更换维修，则会产生不同类型的故障，对安全生产构成极大威胁。

（5）材料不安全状态。材料的不安全状态指材料在出厂之后的各项指标达不到实际的工程需求、材料的保存不够规范导致材料损坏或者是性能下降、对材料的养护不够充足从而造成材料存在不安全的状态。对于盾构法，常见的材料不安全状态有密封油脂、垫片等防水材料质量不合格，成环管片的强度、精度、抗渗级别不达标等。

11.2.1.3 环境因素

地铁施工的环境和待建的地下结构共同构成一个相互作用的复杂系统。一方面，复杂多样的地铁施工环境及地质条件会加剧施工作业的安全风险，如地铁隧道在施工时常会面临软土盾构、大断面过江和穿越既有隧道等环境挑战；另一方面地铁施工涉及土体开挖、降水等作业，势必会扰动现有的地下环境，极易引发土层流失、邻近建筑物开裂和管道渗漏等安全风险。归纳环境风险因素主要包括4种，即地质条件不良、地下水发育、周围环境不良、施工气象条件恶劣。

（1）地质条件不良。不良地质条件经常会影响地铁的设计及施工方案，对地铁施工项目的成功与否有时甚至起到决定性作用。工程施工如果碰到坍塌，一般是由地质因素所致，因为某些地质条件会对施工造成不便，如地层软弱、特殊性岩石、断层、溶洞等，均会超过地基的承受力，造成工程坍塌。

（2）地下水发育。地铁施工首先需要勘明土壤、岩层的富水性与导水性、与其他含水层的补给关系以及与地表水体的补径排关系等。为保证地铁的工程质量与施工安全，通常需要对地下水发育的区段进行相应的施工降水，利用有效的工程措施对地下水的水位和分布进行人为改变。如果处理不当，则可能诱发地表塌陷、管涌等工程灾害。

（3）周围环境不良。周围环境因素指施工区域周边建筑物密集程度、施工区间管线和交通道路分布情况等。地铁施工地段一般处于城市中心，邻近建（构）筑物和地下铺设的管线比较多。由于地铁工程的特殊性，将不可避免地扰动周边岩土体的平衡态，造成工地附近地面塌陷、路面破损等，并影响周围的构筑物的安全。同时，地铁建设与各种地下管线相互干扰，在施工中，通常会有燃气管、水管破损事故发生。甚至地铁施工段在主要道路上，附近车辆交通也会影响施工难度，故周边建筑、交通及管线会使地铁施工复杂程度增加。

（4）施工气象条件恶劣。地铁的施工周期较长，完成一个项目一般要跨越很多季节，极端的气象条件对地铁施工具有极其重要的影响，如暴雨、台风的出现，会影响地下工程土体的稳定性，增加塌方发生的概率，造成人员伤亡、工期延误和经济损失。

11.2.1.4 管理因素

地铁工程相比于其他类型的工程项目，其施工安全管理更加复杂，组织协调难度更大，一旦地铁施工过程中出现管理方面的缺陷，将极易激发人的不安全行为和物的不安全状态，导致风险因素组合后无限蔓延，失去控制。地铁施工项目从始至终都要涉及管理工作，其水平的高低主要由管理人员的管理能力与相关规章制度执行的程度决定。管理因素风险包括安全生产主体责任不落实、隐患排查治理工作不到位、应急管理不当、安全技术交底不充分、安全教育培训不到位、安全监督管理不力。

（1）安全生产主体责任不落实。安全生产责任制度指从最高管理者、管理者代表到项目负责人、项目技术负责人、专职安全生产管理人员、施工员、班组长和岗位人员等各级人员的安全生产责任制和各个部门（如安全环保、设备、技术、生产等部门）的安全生产责任制。安全生产责任制落实到位，可以做到群治群防，最大程度减少施工安全事故的发生。

（2）隐患排查治理工作不到位。施工项目各方对地铁施工安全隐患敏感性不强，在隐患排查和治理环节存在漏洞和缺陷，忽视施工中重点安全风险的辨识管控，安全事故将从隐患中萌发。只有从根本上、源头上减少安全事故发生的概率，深入推进隐患排查治理工作体系建设，督促落实重大危险源管理，制止和纠正违章指挥、冒险作业等不安全行为，才能将安全事故消灭在萌芽状态。

（3）应急管理不当。由于存在不可预见及不可控制的因素，地铁施工突发的安全事件难以避免，针对即将出现或已经出现的事件迅速、有序、有效地采取一系列必要的应对措施就显得至关重要。应急管理是降低地铁施工系统脆弱性，提升地铁施工安全的关键因素。

（4）安全技术交底不充分。安全技术交底是在施工前由工作负责人对参加地铁施工的作业人员针对某施工过程预见的不安全因素及危险源，以预防事故为重点，保障人身安全为目的，对施工中采取的施工工法、防护措施、安全操作规程及应急措施等提出的具体要求。

（5）安全教育培训不到位。安全教育培训是指对建筑行业从业人员进行安全思想、安全知识及技能的教育和培训，能帮助相关人员端正安全态度、梳理安全生产观、养成安全习惯。地铁施工环境复杂、风险因素较多，对于从业人员的职业要求程度自然更高，只有通过对从业人员安全教育培训，提高人员安全素质和自我保护能力，才能有效控制人的不安全行为，从而减少安全事故发生。

（6）安全监督管理不力。建筑安全生产监督管理，应当根据"管生产必须管安全"的原则，贯彻"预防为主"的方针，依靠科学管理和技术进步，推动建筑安全生产工作的开展，控制人身伤亡事故的发生。通常情形下需要监督检查的工作包括：安全规章制度、实施状态、具体操作、安全资源配置、技术交底等。

11.2.2 地铁工程施工安全事故致因机理

安全事故的发生不是其中单一因素作用的结果，而是多种因素共同作用导致的，并且各种因素之间也是相互影响的。同样，地铁施工安全事故之所以发生，是多方安全风险因素共同造成的。具体而言，地铁施工安全事故是致险因子、孕险环境和承险体三种因素综合作用的产物。

（1）致险因子是引发事故发生或者是推动事故形成的要素，是促成安全风险事件形成的直接因素，乃至是最终形成事故的根本原因，如各种施工方案、施工技术、施工设备、施工操作及人员活动等。对于单个风险而言，致险因子是起点，风险事件是终点，而对于整个地铁工程施工安全风险而言，致险因子并不会单独出现，一起安全事故的背后，往往是多个或多种致险因子，它们会相伴而生，致险因子之间存在着很强的风险关联性。

（2）孕险环境是事故发生的必备条件，指潜在发生事故的区域与环境，包括各种工程场地区域、地质、水文和周边环境、地下管网情况、施工工艺、管理方案等。孕险环境是风险事故的客观条件基础，是决定事故是否会产生的根本性因素，通常可以将孕险环境视为事故的内因。

（3）承险体是致险因子的作用对象，是遭受或承担风险损失的主体，是事故灾害的承受者，如施工人员、社会群体、机械设备、工程结构、周围建筑物、道路、管线及生态环境等。在很多情况下，受损的承险体又会演变为新的致险因子，造成新的安全事故，形成事故的连锁反应。

地铁工程施工过程中，由于复杂的孕险环境的存在，加之风险因素的诱导以及相互耦合作用，不断传递、扩散和演变，一系列致险因子共同作用于承险体，当风险强度超过承险体的承载极限，就会导致施工区域内的各类突发安全事故，造成承载体受损，具体的事故致因机理如图11.4所示。

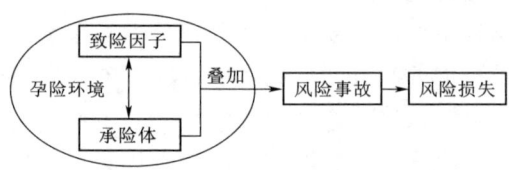

图 11.4　地铁工程施工安全风险事故的致因机理

11.2.3　基于 ISM 的地铁施工安全风险因素作用机制

地铁工程施工安全事故是一系列安全风险因素共同作用的结果，而且这些安全风险因素之间是相互影响的。因此，防范地铁施工安全事故，提升地铁施工安全管理水平，需要清晰地认知安全风险因素之间存在着怎样的联系，揭示出安全风险因素对地铁工程施工的作用机制。解释结构模型（Interpretative Structural Modeling，ISM）使这成为可能。ISM 由美国学者 Warfield 于 1974 年提出，其根据专家的经验和知识，明确各要素之间的关系，这些关系可能是直接关系、间接关系，也有可能是层次关系、并列关系，然后应用有向图来描述系统要素之间的关系，再借助图论中的关联矩阵将这些关系定量化地表达出来，最后借助电子计算机的辅助将系统相关因素的复杂关系表示为一个多阶的结构模型，这个模型能够清晰展示因素之间的相互关系，明确因素对系统的作用机制。运用解释结构模型方法的主要步骤如下：

（1）组建研究小组，确定系统因素集。针对要研究的问题，寻找相关领域的专家、学者，组成研究小组，再由研究小组确定研究因素合集，记为 $S=\{F_i|i=1,2,\cdots,n\}$。

（2）建立意识模型，计算可达矩阵。判断因素集中任意两个因素之间的直接关系，生成初始可达矩阵，其运用规则如下：

如果 F_i 对 F_j 有直接作用，那么在初始可达矩阵中对应的 $t_{ij}=1$，$t_{ji}=0$。

如果 F_j 对 F_i 有直接作用，那么在初始可达矩阵中对应的 $t_{ij}=0$，$t_{ji}=1$。

如果 F_i 与 F_j 互有直接作用，那么在领接矩阵中对应的 $t_{ij}=1$，$t_{ji}=1$。

如果 F_i 与 F_j 互不相关，那么在领接矩阵中对应的 $t_{ij}=0$，$t_{ji}=0$。

该初始可达矩阵只能反映出因素之间的直接关系，元素间的间接关系是无法直接获取的，因此，通过式（11.1）生成最终的可达矩阵 M，所有的直接与间隔关系都能够反映在 M 中。

$$(A+I) \neq (A+I)^2 \neq \cdots \neq (A+I)^r = (A+I)^{r+1} = M \quad (11.1)$$

式中：A 为邻接矩阵；I 为单位矩阵；r 为运算次数。

（3）生成 ISM。借助可达集、先行集和共同集，对最终可达矩阵 M 进行级间划分。可达集 $R(F_i)$：因素 F_i 可以到达的集合，即 $R(F_i)=\{F_j|F_j\in F,(i,j)=1\}$。先行集 $A(F_i)$：可以到达因素 F_i 的集合，其表达式为 $A(F_j)=\{F_i|F_i\in F,(j,i)=1\}$。共同集 $I(F_i)$：可达集与先行集的交集，即 $I(F_i)=R(F_i)\bigcap A(F_i)$。级间划分和具体的迭代过程根据式（11.2）生成，首先将第一次得到的因素放置于第 1 层，然后将因素所在的行与列从可达矩阵中划去，在余下的矩阵中确定第 2 层的因素。以此类推，直到所有的因素都进行了划分。

$$L_i = \{F_j | F_j \in F - L_0 - L_1 - \cdots - L_{i-1}, R(F_j) = A(F_j)\} \quad (11.2)$$

式中：$i=1,2,\cdots,l$；$l \leqslant n$；$L_0 = \varnothing$。

最后，参照最终的可达矩阵表，从底层往顶层，确定同层级和不同层级因素之间的关系。如果低层级的因素与高层级元素的关系无法经过中间层因素达成，那么该关系需要用有向箭头表示出来，反之，则不需要另外标注箭头。当所有层因素间的关系都确定之后，就可以得到系统的 ISM。

地铁工程施工安全风险因素共有 19 个，具体见表 11.1。邀请业内专家学者对这 19 个因素之间的关系进行判断，共邀请 5 位专家，为了提高结果的准确度，首先请各位专家单独对因素间点的直接联系进行识别，然后经过汇总分析之后，对有异议进行讨论，达成一致意见后，输出结果，最后对输出的结果中不合理、不正确的成分加以修改，满意之后形成最终结果。梳理最终结果，共得到 19 个因素之间共 27 条单项关系，1 条在 R14 与 R17 之间的双向关系。

表 11.1 地铁工程施工安全风险因素

类别	编号	风险因素	类别	编号	风险因素
人员因素	R1	施工安全风险研判不足	环境因素	R10	地质条件不良
人员因素	R2	安全意识淡薄	环境因素	R11	地下水发育
人员因素	R3	勘察设计不到位	环境因素	R12	周围环境不良
人员因素	R4	操作失误	环境因素	R13	施工天气恶劣
机械材料因素	R5	机械选型匹配性差	管理因素	R14	安全生产主体责任不落实
机械材料因素	R6	盾尾密封装置性能下降	管理因素	R15	隐患排查治理工作不到位
机械材料因素	R7	支护体系抗力不足	管理因素	R16	应急管理不当
机械材料因素	R8	机械维护不当	管理因素	R17	安全技术交底不充分
机械材料因素	R9	材料不安全状态	管理因素	R18	安全教育培训不到位
—	—	—	管理因素	R19	安全监督管理不力

由获取的直接关系，建立意识模型，生成邻接矩阵 A，再根据式 (11.1) 求得可达矩阵 M，见表 11.2。风险因素之间的直接关系用 1 表示，而通过运算规则得到的间接关系则用 1^* 表示。

表 11.2 可 达 矩 阵

因素	R1	R2	R3	R4	R5	R6	R7	R8	R9	R10	R11	R12	R13	R14	R15	R16	R17	R18	R19
R1	1	0	0	0	0	0	0	0	0	0	0	0	0	0	0	1	0	0	0
R2	0	1	1	1	1^*	1^*	1^*	0	1^*	0	0	0	0	0	1	0	0	0	0
R3	0	0	1	0	1	0	1	0	0	0	0	0	0	0	0	0	0	0	0
R4	0	0	0	1	0	1	0	0	1	0	0	0	0	0	0	0	0	0	0
R5	0	0	0	0	1	0	0	0	0	0	0	0	0	0	0	0	0	0	0
R6	0	0	0	0	0	1	0	0	1	0	0	0	0	0	0	0	0	0	0
R7	0	0	0	0	0	1	0	0	0	0	0	0	0	0	0	0	0	0	0
R8	0	0	0	0	1	0	1	1	0	0	0	0	0	0	0	0	0	0	0
R9	0	0	0	0	0	0	0	0	1	0	0	0	0	0	0	0	0	0	0
R10	0	0	0	0	0	0	0	0	0	1	0	0	0	0	0	0	0	0	0
R11	0	0	0	0	0	0	0	0	0	0	1	0	0	0	0	0	0	0	0
R12	0	0	0	0	0	0	0	0	0	0	0	1	0	0	0	0	0	0	0
R13	0	0	0	0	0	0	0	0	0	1	0	0	1	0	0	0	0	0	0
R14	0	0	0	1^*	0	1^*	1^*	1	1^*	0	0	0	0	1	1	1^*	1	1	1

续表

因素	R1	R2	R3	R4	R5	R6	R7	R8	R9	R10	R11	R12	R13	R14	R15	R16	R17	R18	R19
R15	0	0	0	0	0	1	1	0	1	0	0	0	0	0	1	0	0	0	0
R16	0	0	0	0	0	0	0	0	0	0	0	0	0	0	0	0	1	0	0
R17	0	0	0	1	0	1*	1*	1*	1*	0	0	0	0	0	1	1	1	1*	1*
R18	0	0	0	0	0	0	0	0	0	0	0	0	0	0	0	1	0	1	0
R19	0	0	0	1*	0	1*	1*	1*	0	0	0	0	0	1*	1*	1*	1	1	1

基于可达矩阵 M，表示出每个因素的可达集、先行集和共同集，根据式 (11.2) 对因素进行层次的划分，最后生成的解释结构模型如图11.5 所示。

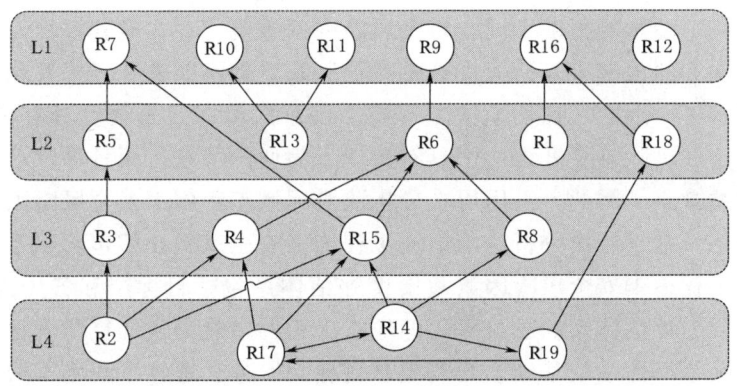

图 11.5　地铁工程施工安全风险因素的解释结构模型

从图 11.5 中可以看出，地铁工程坍塌事故安全风险 ISM 模型具有 4 层递阶结构，R7（支护体系抗力不足）、R9（材料不安全状态）、R10（地质条件不良）、R11（地下水发育）、R12（周围环境不良）、R16（应急管理不当）处于解释结构模型的表层。这与事实相符，施工机械、作业环境和应急相关因素处于顶层，往往是致使地铁坍塌事故的最直接因素。解释结构模型的中间层为第二、三层，包括 R1（施工安全风险研判不足）、R5（机械选型匹配性差）、R6（盾尾密封装置性能下降）、R13（施工天气恶劣）、R18（安全教育培训不到位）、R3（勘察设计不到位）、R4（操作失误）、R8（机械维护不当）、R15（隐患排查治理工作不到位）等因素，这些因素对于导致地铁施工坍塌事故的作用虽说没有第一层影响因素来得直接，但它们也是地铁施工安全系统中不容忽视的重要因素。R2（安全意识淡薄）、R14（安全生产主体责任不落实）、R17（安全技术交底不充分）、R19（安全监督管理不力）处于模型的第四层，即最底层，它们是触摸不到的因素，因为大多属于管理层面而不易直接感知，也就最容易受到忽视。

11.3 地铁工程施工安全风险因素重要度评估与风险应对

结合地铁工程的建设,做好地铁车站及其周边开发区域的工程地质、水文地质、周边建筑、地下管线、地下构筑物、障碍物等勘察工作,将安全风险把控关口前移,可大大降低未来地下空间开发风险。

11.3.1 地铁工程施工安全风险因素重要度评估

地铁工程施工安全风险因素众多,且复杂多变、关联性强,不同的风险因素对地铁施工的影响程度不同,每个风险因素重要度存在显著差异,对地铁施工安全影响大的关键风险因素进行重点控制和管理将能够有效提升地铁施工的安全管理水平。因此,评估地铁工程施工安全风险因素重要度具有重要意义。层次分析法在风险重要度评估中具有快捷、简便的特点,而且评价结果准确性较高,误差微小。因此,采用层次分析法对地铁工程施工安全风险因素的重要度进行评估。基于层次分析法的地铁工程施工安全风险评估包含以下步骤:

地铁工程施工安全风险因素重要度评估体系包括目标层和各风险指标层,其中目标层为评估体系的总目标,即地铁工程的风险因素的重要度评估,各风险指标层是指标体系的基础,为实现总目标而服务。地铁工程施工安全的四类风险因素,人为因素、机械材料因素、环境因素、管理因素,作为第一层指标。将提取出的19个风险因素作为第一层指标下属的第二层风险指标,建立风险因素重要度层次结构体系,如图11.6所示。

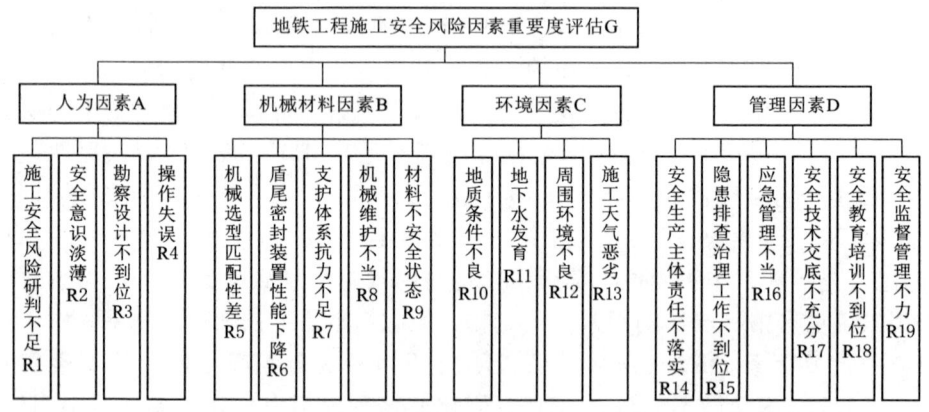

图 11.6 地铁工程施工安全风险因素重要度评估层次结构

针对已建立起来的风险评估层次结构体系，进一步确定各层因素相对于上一层因素的重要性，以明确单个风险因素的权重。获得风险因素之间关系的途径有问卷调查法和专家访谈法。由于判断风险因素的重要性是一种较为主观的认知，专家访谈得到的数据比问卷调查更为精确和客观，于是本书采用专家访谈法，依据专家的知识和经验判断得出风险因素的权重。邀请5位有经验的专家进行深度交流，其中来自高校的专家有3位，来自地铁工程施工管理部门的专家有2位。判断从指标体系的第二层开始，对于从属于（或影响）上一层因素的同一层诸因素，专家用成对比较法评定每两个风险因素间的重要程度，依据1~9标度法取值，建立判断矩阵。a_{ij}为比较因素i和因素j的重要性的结果。判断矩阵元素a_{ij}的标度方法见表11.3。

表11.3　　　　　　　　　比 例 标 度 表

标度（a_{ij}赋值）	含　义	标度（a_{ij}赋值）	含　义
1	i、j两因素同样重要	1/3	i因素比j因素稍微不重要
3	i因素比j因素稍微重要	1/5	i因素比j因素明显不重要
5	i因素比j因素明显重要	1/7	i因素比j因素强烈不重要
7	i因素比j因素强烈重要	1/9	i因素比j因素极端不重要
9	i因素比j因素极端重要	2、4、8、1/2、1/4、1/6、1/8	上述两相邻判断的中间值

人为因素、机械材料因素、环境因素和管理因素的相对重要度评分见表11.4。

表11.4　　　　　　　　　第 一 层 指 标 评 分 表

G	A	B	C	D
A	1	2	1/2	4
B	1/2	1	1/3	1/3
C	2	3	1	1
D	1/4	3	1	1

同理对人为、机械材料、环境和管理因素下各具体安全风险因素进行相对重要度的判断，并对判断结果进行一致性检验，结果见表11.5~表11.8。

表11.5　　　　　　　　人为因素A的判断矩阵及权重

A	R1	R2	R3	R4	归一化 w
R1	1	2	1/2	2	0.281
R2	1/2	1	1	2	0.235

续表

A	R1	R2	R3	R4	归一化 w
R3	2	1	1	3	0.365
R4	1/2	1/2	1/3	1	0.120

$CI=0.064$、$RI=0.9$、$CR=0.0711<0.1$

表 11.6　机械材料因素 B 的判断矩阵及权重

B	R5	R6	R7	R8	R9	归一化 w
R5	1	1/2	1/3	4	1/3	0.129
R6	2	1	1/2	3	2	0.234
R7	3	2	1	4	3	0.386
R8	1/4	1/3	1/4	1	1/3	0.062
R9	3	1/2	1/3	3	1	0.189

$CI=0.0074$、$RI=1.12$、$CR=0.066<0.1$

表 11.7　环境因素 C 的判断矩阵及权重

C	R10	R11	R12	R13	归一化 w
R10	1	1	2	5	0.385
R11	1	1	2	2	0.315
R12	1/2	1/2	1	3	0.204
R13	1/5	1/2	1/3	1	0.097

$CI=0.050$、$RI=0.9$、$CR=0.0556<0.1$

表 11.8　管理因素 D 的判断矩阵及权重

D	R14	R15	R16	R17	R18	R19	归一化 w
R14	1	4	3	2	1/2	1/2	0.326
R15	1/4	1	1/2	1/2	2	1/2	0.092
R16	1/3	2	1	2	4	1/2	0.175
R17	1/2	2	1/2	1	1/2	1/2	0.106
R18	2	1/2	1/4	2	1	1/3	0.088
R19	2	2	2	2	3	1	0.213

$CI=0.080$、$RI=1.24$、$CR=0.065<0.1$

对上述所有风险因素的重要度进行汇总，从最高层到最低层逐步合成，最终得到地铁工程施工安全风险因素综合重要度，见表 11.9。

表 11.9　　　　　地铁工程施工风险因素分析指标权重汇总

因素分类	安全风险因素	层级重要度	综合重要度
人员因素 (0.154)	施工安全风险研判不足 R1	0.281	0.043
	安全意识淡薄 R2	0.235	0.036
	勘察设计不到位 R3	0.365	0.056
	操作失误 R4	0.120	0.018
机械材料因素 (0.105)	机械选型匹配性差 R5	0.129	0.014
	盾尾密封装置性能下降 R6	0.234	0.025
	支护体系抗力不足 R7	0.386	0.041
	机械维护不当 R8	0.062	0.007
	材料不安全状态 R9	0.189	0.020
环境因素 (0.333)	地质条件不良 R10	0.385	0.128
	地下水发育 R11	0.315	0.105
	周围环境不良 R12	0.204	0.068
	施工天气恶劣 R13	0.097	0.032
管理因素 (0.408)	安全生产主体责任不落实 R14	0.326	0.133
	隐患排查治理工作不到位 R15	0.092	0.038
	应急管理不当 R16	0.175	0.071
	安全技术交底不充分 R17	0.106	0.043
	安全教育培训不到位 R18	0.088	0.036
	安全监督管理不力 R19	0.213	0.087

从总目标的整体角度，可以得出结论：在第一层指标中，管理因素（0.408）的权重最大，其次是环境因素（0.333），再次是人为因素（0.154），最后是机械材料因素（0.105）。这与大量的事故致因调查结果相吻合，发生在地铁工程建设阶段的安全事故中与施工管理缺陷、环境风险有关的安全事故占有很大比例，这正是由于城市地铁工程施工对象的不确定性以及环境的复杂性决定的。环境是滋生人员不安全行为和物的不安全状态的土壤，是事故发生的基础原因，而管理因素则是事故发生的深层原因。地铁工程的施工过程是一个典型的复杂社会技术系统，与其他工程项目相比，将会面对更加复杂的决策、管理与组织方面的问题，安全绩效更是与管理水平高低直接挂钩。无处不在的安全风险若是缺乏完善的安

全管理制度、强有力的安全监督，极易导致安全事故。

从第二层风险指标角度来看，人为因素的第二层指标中较为突出的风险因素为勘察设计不到位（0.365），这是因为地铁工程施工环境中的风险要素如地下水、不良地质、管道等很难被精确探测，因此在施工前的勘察设计工作尤其重要，科学的勘察设计工作是地铁施工的第一道安全屏障。机械材料因素中的支护体系抗力不足（0.386）的权重最大，支护结构是地铁工程的重要组成部分，与地铁主体结构的安全性等有着直接的关系，支护体系抗力不足容易导致地铁施工过程中的基坑变形或建（构）筑物沉降或移动，对地铁工程和环境造成不利影响。在环境因素的第二层指标中，地质条件不良（0.385）贡献了最高的权重。涉及地铁作业的地质条件具有多变的属性，是引起地铁工程安全事故频发的潜在危险因素。管理因素中的安全生产主体责任不落实（0.326）和安全监督管理不力（0.213）占有较高权重，各参建方安全生产责任不明确、落实不到位，施工现场疏于安全监督，将致使安全隐患的可控性降低，安全事故发生的可能性进一步增加。

从综合权重角度来看，安全生产主体责任不落实（0.133）、地质条件不良（0.128）、地下水发育（0.105）、安全监督管理不力（0.087）对地铁工程的安全性影响显著。

11.3.2 地铁工程施工安全风险应对

11.3.2.1 地铁工程施工重大安全风险应对措施

1. 机械设备管理措施

（1）机械材料的质量。根据原有生产厂家的规定，做好机械设备安装工作。地铁施工相关设备的安装应当在相关技术人员的指挥监控下，由专业的安装队伍按照机械出产厂家的机械施工组织设计的技术安装方案统一装配。并在安装完毕后由相关专家验收合格、现场签证，保证设备安装合理。设备经过调试、试运行阶段正常后，方可投入使用。

（2）机械设备的使用与维护。各个环节严格把关，避免机器运行出现故障。在设计、采购、安装、生产的各个阶段严格把关，避免任一环节的疏漏，保障机械本身安全性，以防止设备运行不佳出现故障。加强对机械操作人员的培训，特种机械操作必须取得上岗证，并经过实际操作培训合格后才能操作，避免操作失误等问题发生而造成损失。定期进行设备故障检测，机械操作人员及普通人员要明确机械的危险部位，检查机械使用的老旧、磨损状况。管理人员需做好设备安全防护装置的检查工作，发现防护物品缺失要及时上报，并提醒他人注意安全。

（3）机械材料的贮存。材料的存放要做到分类存放、定位编号、专人管理,并保证堆放位置方便装卸、搬运。同时,材料堆放场地要做好防火、防雨、防盗、防风措施,保证材料场地周围环境卫生状况良好。材料领取要进行登记,做好台账,做好领料卡与记录。并定期进行盘点清理,对比实际使用数量与设计用量,合理控制,出现节超必须认真分析原因,既不能偷工减料影响安全质量,又不能浪费而影响成本。

2. 环境管理措施

(1) 充分调查工程地质情况。由于城市环境和地质条件往往比较复杂,而且地铁工程又是线性工程,不同地段的工程地质不尽相同,因此,做好地铁工程勘察工作尤为重要。工程勘察是对地铁施工地质、水体条件、周围环境勘察探明的过程,是地铁工程建设的基础性工作,其工作质量的优劣直接决定着地铁工程建设的质量和安全。地铁施工前需要勘测的内容主要包括基岩埋深及基岩界面起伏,基岩中断层破碎带位置、范围,淤泥、软土的范围厚度,土体的承载力;砂岩中地下水的含水情况,岩溶水极其连通情况,地下水与地面水间水利联系概况;岩溶发育程度;地下管线、古老下水道、其他地下障碍物的探查;临近建(构)筑物的状态等。将工程勘察作为安全风险把控的第一道关口,可大大降低未来地铁工程建设风险。

(2) 降低周边建筑环境对施工的影响。施工前应仔细了解施工地段附近的构筑物、地下管线埋置情况及道路交通状况。定期检测收集周边建筑、管线的沉降值、土体变形位移等数据,将数据汇总后进行分析。并预测未来数据变化情况,当预测数据接近预警值时应当采取有效措施,以避免风险持续增长。

(3) 提前通知可能遭遇的恶劣气候。提前关注天气情况,并做好遭遇极端天气的措施预案,增强抵御不可预见的自然灾害的能力。在遭遇恶劣天气如高温、暴雨、大风等情况下,尽量避免在裸露的场地进行工作,做好基坑防汛排水工作。如遇雨雪天气对裸露在外的材料进行覆盖或转移到仓库,为施工现场的工器具采取有效的保护措施,长期不用的裸露工艺管线采取防冻保温措施等。

3. 安全监控管理措施

树立"预防为主"的思想和"超前防范"的意识,建立地铁施工安全风险实时监控系统,对施工作业存在的各类风险进行有效监控。可利用传感器等技术设备进行工地实测数据的采集;自然环境条件的不可预测性和机械的可靠性也是导致施工中风险发生的不可抗拒的原因之一,运用数据分析技术对管线沉降、土体位移变化、盾构机的掘进实时参数以及材料消耗参数的数据进行实时监控评估与预测;再利用 GIS、BIM、大数据、云平台等技术,将不同单位、不同专业集成到统一平台系统,实现地铁施工全生命周期风险的智能化管理。将提前预测的风险及时反馈至相关部门,最大限度地减少和降低风险损失;最后可在工地安装远程监控报警设施,网络连接直传监控室和项目经理、项目安全管理部门办公室,系统可自动识别发现员工有无违规行为,并进行报警,方便管理者进行风险管控。

11.3.2.2 地铁工程施工一般安全风险应对措施

(1) 遵守法律法规及相关文件要求。施工单位在地铁隧道的建设过程中,首先应当严格遵守国家和各级交通、建设和安全监管部门颁布的与安全生产相关的法律、法规、规章、规范性文件和强制性标准的规定。包括:

1) 法律法规主要包括《中华人民共和国建筑法》《中华人民共和国安全生产法》《中华人民共和国劳动法》《中华人民共和国消防法》《建设工程安全生产管理条例》等。

2) 部门规章主要有《建筑施工企业安全生产许可证管理规定》(建设部令第128号发布,住房和城乡建设部令第23号修订)、《城市轨道交通工程安全质量管理暂行办法》(建质〔2010〕5号)和《城市轨道交通建设工程质量安全事故应急预案管理办法》(建质〔2014〕34号)等。

3) 规范性文件主要有《危险性较大的分部分项工程安全管理办法》《建筑施工特种作业人员管理规定》《建筑起重机械备案登记管理办法》《城市轨道交通建设项目管理规范》(GB 50722—2011)《城市轨道交通技术规范》(GB 50490—2009)和《盾构法隧道施工与验收规范》(GB 50446—2008)等。

4) 强制性标准主要有《建筑施工安全检查标准》(JGJ59—99)《施工单位安全生产评价标准》(JGJ/T 77—2003)等。

(2) 安全教育培训管理措施。人是生产的第一要素,是安全生产的主体,既是安全管理的对象,同时又是提高安全管理水平的动力。因此,人安全性的提高与改善是系统安全提高的关键。加强人员的安全教育培训能够有效控制地铁施工阶段的安全风险,降低地铁施工阶段的人员伤亡和财产损失。安全教育培训使得各级人员掌握专业技能、了解各施工界面的安全状况,以此实现全员自主管理,即让每一位现场作业人员自发地遵守施工场地的规章制度,形成全员全过程的施工安全风险生产理念。根据各级政府安全生产主管部门、监督部门、建设单位和监理单位对施工单位的安全教育培训和技术交底要求,施工单位制定符合本工程实际情况的贯穿施工全过程的安全教育培训方案,确保安全生产责任人和施工人员经培训后上岗,以提高安全生产意识和专业技能水平。

(3) 安全技术交底管理措施。对地铁项目的施工阶段的安全风险管理而言,安全技术交底发挥着极为重要的作用,安全技术交底工作落实到位能在很大程度上降低安全风险发生的概率。地铁施工的安全技术交底管理,可以根据地铁项目施工的精度划分为施工前的安全技术交底和施工中的安全技术交底。在工程开始前,技术安全负责人要向参与施工的所有人员进行技术措施、安全措施等知识的普及,让每类作业人员都按照相应的安全施工特点和要求开始施工,这是预防事故发生的首要步骤;在工程施工过程中,负责人应监督施工人员严格遵守规范和安全技术要求进行施工,使施工相关人员都准确了解自己的职责及岗位要求,工作人员必须掌握安全的操作步骤。安全技术交底工作要形成规范,不能是空头式,且需有针对性,认真做好负责人签字认可程序。除此之外,还需做好检查反馈工作,发现问题及时处理。

(4)应急管理措施。针对施工现场可能出现的突发灾害,地铁施工单位需要进行定期检测、评估、监控,提前制定风险应急预案,告知相关人员在紧急情况下应当采取应急措施。地铁应急管理应当做好以下五点工作:第一,应急物资设备储备统计,即每个施工单位在施工现场所配备的应急物资情况,在风险管控系统中定时上报统计结果,并由专人进行督查整改;第二,设立地铁施工现场救援组织体系,应对各应急救援组织机构的主要职责进行明确的划分与确定,进一步提高应急救援效率;第三,应有明确的应急流程,即现场发生不同的风险事故均有专项应对措施和流程,避免在发生事故时出现不知所措的情况,浪费应急抢险的宝贵时间;第四,应具备完整的应急通讯录,并定时更新添加到应急流程中,包括政府建设管理部门、市级抢险单位、市级就近医院等相关联系信息;第五,应设置应急演练考核制度,由建设单位和施工单位定期组织展开现场施工应急流程演练。

(5)安全监督管理。消除施工现场的隐患、预防险兆事件的发生、优化作业环境并提升员工安全生产意识是安全监督的主要任务。除此之外,还包括检查安全生产教育培训的效果,监督安全生产责任制度的落实,监督安全生产技术措施编制和安全生产技术交底是否完善等。安全监督部门和行政主管机构需要采取定期安全检查、不定期安全检查、专项安全检查、季节性安全检查、日常安全检查等多种形式的安全检查监督方式,力求消除安全隐患,保障地铁施工安全。

11.4 小 结

由于地铁在土地利用、能源消耗、空气质量、景观质量、客运质量方面的优势,现已成为大城市交通发展战略中的骨干。然而,地铁工程施工是一项高风险的活动,容易导致施工安全事故,造成人员伤亡、经济损失和严重的社会影响。随着地铁建设规模的不断扩大,地铁工程施工安全风险也不断增大。本章首先对地铁工程的安全风险和安全事故进行剖析,介绍地铁工程及其特点,界定地铁工程施工安全风险的概念,对地铁施工安全风险的相关研究从风险评价、风险预警、事故统计、事故致因分析、事故知识运用等方面进行了综述,明确地铁施工安全事故的定义及特征,并对地铁施工安全事故进行统计与分析；其次，对地铁工程的施工安全风险因素展开分析，从人员、机械材料、环境和管理4个方面获取地铁施工安全风险因素，明确地铁施工安全事故的致因机理，并利用解释结构模型分析地铁工程施工安全风险因素之间的层次关系；最后，对地铁工程施工安全风险因素进行分析和应对，分析地铁工程施工安全风险因素的重要度，获取关键风险因素，并对其考虑应对措施。

第12章　施工进度风险评估方法

工程施工进度常用网络计划来描述，并分为肯定型和非肯定型两类网络计划。前者假设施工项目每项活动间的逻辑关系，以及完成每项活动的时间均是确定的。事实上，在工程施工中，大多数后者的情境，即活动间的逻辑关系是确定的，而完成每项活动的时间是不确定的。这正是本章要讨论的风险评估问题。

12.1　施工进度风险及其影响因素

12.1.1　施工进度风险

工程施工进度风险属于工程产品风险，即工程产品不能按时交付的可能性。其不能按时交付会影响到工程产品的投资效益。工程施工过程由多项施工活动组成，每项活动单独组织实施，包括资源配置和施工方法。施工进度风险的产生是由于众多活动的完成时间具有不确定性，即不同施工活动实际完成时间超出规定/计划的持续时间并共同作用而形成进度风险。因此，分析施工进度风险有必要从研究每项施工活动按时完成的可能性开始。

工程施工活动不按时完成的可能性，即风险率 P_t，一般可定义为实际完成某活动的时间 t 大于规定/计划完成时间 t_s 的概率，用数学式表达为

$$P_t = P(t > t_s) \tag{12.1}$$

12.1.2　施工进度风险因素

工程施工一般为露天作业，完成施工每项活动的时间通常至少包括以下几方面：

（1）气象和水文因素。除室内作业外，大部分施工在雨天只能停工。气温过低，一般难以施工，故东北地区在冬天大部分工程要停工；气温过高经常会影响到大体积混凝土工程施工的温度控制。在河道上的工程，要避开洪水期施工或要采取工程措施后才能施工。这些均在不同程度上影响每项施工活动的完成时间。

（2）施工活动的资源配置。包括人力、材料、施工机具等要素。人力方面

涉及配备劳动力的数量，以及其技能和劳动积极性等；施工机具方面包括数量、完好程度和效率等；材料方面包括保证供应的程度、材料的质量等方面。

(3) 建设条件。经常包括建设用地和施工临时用地准备情况、工程施工用水用电供应情况，以及施工交通和通讯联络的便利程度。

综上分析，影响施工活动完成时间的不确定性因素很多，且不同工程施工项目不尽相同。因此，难以找出一般的规律，即使找到也没有普适性，因而只能另求解决方案，如采用主观判断方法，得到施工活动持续时间 t 的不确定性。

12.2 施工进度风险评估的 PERT

针对施工活动逻辑关系确定而活动持续时间不确定的网络计划，20 世纪 50 年代末，美国学者 Malcolm 等率先提出了计划评估和审查技术（Program Evaluation and Review Technique，PERT），后也称这类网络计划为 PERT 网络计划。美国海军特种计划局首次将 PERT 应用于 20 世纪 50 年代的北极星导弹的研制，使工作效率大为提高。因而也称其为经典 PERT。

12.2.1 经典 PERT 基本假设

用经典 PERT 评估施工进度风险实质上包含着下列假设：

(1) 施工中各项活动的持续时间是一随机变量，前人做过许多研究，但难以用数据来描述其不确定的规律性。因而人们只能基于实践经验，采用"三时估计"法估算活动的持续时间（王成斌等，1991）。

(2) 施工中各项活动独立，活动持续时间服从 β 分布或近似正态分布。

(3) 在网络计划图中，线路持续时间服从正态分布。

(4) 在网络计划图的众多线路中，有一条线路占主导地位。

12.2.2 基于经典 PERT 的施工进度风险评估

(1) 活动持续时间计算。PERT 认为：各项施工活动的持续时间是一随机变量，不能给出准确的数值。但可根据施工活动已有的资料或施工进度管理人员的经验，给出下列活动持续时间的 3 个估计值，即所谓"三点/时法"估计值。

1) 乐观估计时间（optimistic time），即在顺利条件下，完成某项活动所需要的时间，用 a 表示。

2) 悲观估计时间（pessimistic time），即在最不顺利的条件下，完成某项活动所需要的时间，用 b 表示。

3) 最可能估计时间 (most probable time)，即在正常条件下，完成某项活动所需要的时间，用 m 表示。

在假定各活动持续时间服从 β 分布的条件下，活动 (i, j) 的期望值 D_{ij} 和方差 σ_{ij}^2 可用下列公式计算。

$$D_{ij} = \frac{a + 4m + b}{6} \tag{12.2}$$

$$\sigma_{ij}^2 = \frac{(b-a)^2}{36} \tag{12.3}$$

我国已故著名数学家华罗庚曾对式 (12.2) 作过很通俗的解释。假定活动持续时间 m 的可能性是 a 的两倍，也是 b 的两倍。则 (a, m) 之间的平均值是 $\frac{a+2m}{3}$，(m, b) 之间的平均值是 $\frac{2m+b}{3}$，两者平均，得：

$$\frac{1}{2}\left(\frac{a+2m}{3} + \frac{2m+b}{3}\right) = \frac{a+4m+b}{6}$$

上式即为式 (12.2)。进而也可推得式 (12.3) 方差的计算式。

$$\sigma_{ij}^2 = \frac{1}{2}\left[\left(\frac{a+4m+b}{6} - \frac{a+2m}{3}\right)^2 + \left(\frac{a+4m+b}{6} - \frac{2m+b}{3}\right)^2\right] = \frac{(b-a)^2}{36}$$

(2) 网络时间参数计算和关键路线。在取得活动 (i, j) 的期望值 D_{ij} 后，用肯定型网络的关键路线法 (Critical Path Method, CPM) 求各活动的期望时间参数和期望关键路线。

根据活动持续时间随机独立和网络计划图线路持续时间正态分布的假设，对某线路，用下式计算其期望持续时间 $E(T_n)$ 和方差 σ_n^2。

$$E(T_n) = \sum D_{ij} \tag{12.4}$$

$$\sigma_n^2 = \sum \sigma_{ij}^2 \tag{12.5}$$

(3) 施工项目的完工概率和工期风险。

1) 施工项目完工概率 P。设施工项目的规定工期是 T_s，在网络计划图线路持续时间正态分布的假设下，用下式可计算规定工期下的施工项目的完工概率。

$$P(t \leqslant T_s) = \int_{-\infty}^{T_s} \frac{1}{\sigma_n \sqrt{2\pi}} e^{-\frac{1}{2}\left(\frac{t-T_e}{\sigma_n}\right)^2} dt \tag{12.6}$$

式中：$\frac{1}{\sigma_n \sqrt{2\pi}} e^{-\frac{1}{2}\left(\frac{t-T_e}{\sigma_n}\right)^2}$ 是以 T_e 为均值，σ_n 为标准差的概率密度函数。其中，T_e 即为关键路线上的 $E(T_n)$，用式 (12.4) 计算；σ_n 为关键路线上的标准差，用式 (12.5) 计算。

显然，若 $T_s = T_e$，其完工概率 $P = 0.5$；当 $T_s > T_e$ 时，$P > 0.5$；若 $T_s <$

T_e,则 $P<0.5$。

为计算方便,可将式(12.6)转换为标准正态分布($T_e=0$,$\sigma_n=1$),然后利用正态分布表计算完工概率 P。为此,作如下变换:

令 $\dfrac{t-T_e}{\sigma_n}=T$,由式(12.6)变换为

$$P\left(T\leqslant\dfrac{T_s-T_e}{\sigma_n}\right)=\int_{-\infty}^{\frac{T_s-T_e}{\sigma_n}}\dfrac{1}{\sqrt{2\pi}}e^{-\frac{T^2}{2}}\mathrm{d}T \qquad (12.7)$$

引进难度系数 λ,并令

$$\lambda=\dfrac{T_s-T_e}{\sigma_n} \qquad (12.8)$$

根据 λ 值,就可以从标准正态分布表中查得规定工期 T_s 下的完工概率 P。

2)施工进度风险。施工进度风险可用风险率 P_r 来描述,可将其定义为在规定施工工期内不能完工的概率。很显然,有了完工概率 P,即可得施工进度风险率 P_r 的计算公式为

$$P_r=1-P \qquad (12.9)$$

12.2.3 基于经典 PERT 施工进度风险评估的改进

用经典 PERT 评估施工进度风险的优点是计算简单、方便,但在评估精度方面有一定的问题。根据上述情况,人们不断在探求用经典 PERT 评估施工风险的改进方法(王卓甫等,2002),即利用修正的 PERT 评估施工进度风险。

12.2.3.1 PERT 网络线路间影响分析

在某工程施工进度 PERT 网络图中,如图 12.1(a)所示的简单的子网络,对该子网络,假设线路①→②→④是主导线路,①→③→④是次要线路。当考虑节点④的时间参数时,显然,仅仅考虑主导线路的作用是不合理的。

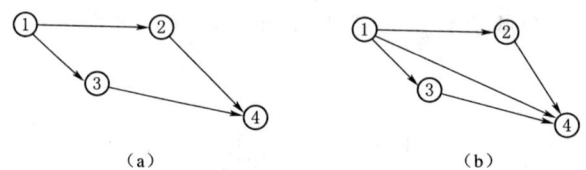

图 12.1 网络示意图

对如图 12.1(b)所示的简单的子网络,假设线路①→②→④是主导线路,线路①→③→④同图 12.1(a)中的线路①→③→④,由于线路①→④的存在,显然,图 12.1(b)节点④的时间参数和图 12.1(a)中节点④的时间

参数也是不一样的。

在 PERT 网络中，n 条相互独立的线路相交于某节点，这 n 条线路合成后，即得该节点的最早开始时间，其也必为随机变量，记为 $F(t)$。由概率统计理论可知，其概率分布函数可用下式计算。

$$F(t)=\prod_{k=1}^{n}F_k(t) \tag{12.10}$$

式中：$F_k(t)$ 为第 k 条路线的累计概率分布函数。

此外，在 PERT 网络中，n 条相互独立的线路相交于某节点，同样由概率统计理论可知，该节点最早开始时间概率特征值与线路合成的先后无关。如在图 12.1（b）中，有①→②→④、①→④和①→③→④三条线路，其累计概率分布函数分别记为：$F_a(t)$、$F_b(t)$ 和 $F_c(t)$，则有

$$[F_a(t)F_b(t)]F_c(t)=F_a(t)[F_b(t)F_c(t)]=F_b(t)[F_a(t)F_c(t)] \tag{12.11}$$

式中：即使 $F_k(t)$ 服从正态分布，但也难以保证合成后的 $F(t)$ 服从正态分布。

12.2.3.2 PERT 网络线路合成分析

顺着 PERT 网络箭线方向，在每一节点，对线路进行合成。通过合成，即得节点的最早开始时间或该节点紧后工序的最早开始时间。

对 PERT 网络，一般可分为下列 3 类节点：第一类，为只有 1 条线路汇入节点，如图 12.2 中节点②、③、④、⑥和⑨；第二类，为有且仅有 2 条线路汇入节点，如图 12.2 中节点⑤和⑦；第三类，为有 2 条以上线路汇入节点，如图 12.2 中节点⑧。

(1) 第一类节点的合成分析。对于第一类节点，节点最早时间 TE_j 的期望 $\overline{TE_j}$ 和方差 $\sigma^2_{TE_j}$ 即为紧前线路完成时间的期望值和方差。

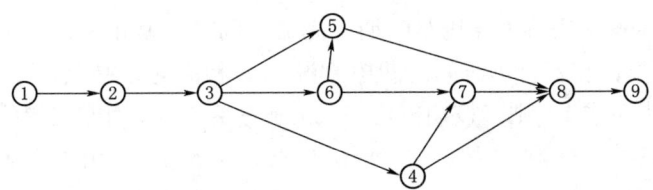

图 12.2　PERT 网络节点分类示意

由

$$TE_j=TE_i+t_{ij}, \quad i<j \tag{12.12}$$

式中：t_{ij} 为工序 (i, j) 持续时间。

当工序持续时间服从正态分布时，

$$\overline{TE_j}=\overline{TE_i}+D_{ij}, \quad i<j \tag{12.13}$$

$$\sigma_{TE_j}^2 = \sigma_{TE_i}^2 + \sigma_{ij}^2, \quad i<j \tag{12.14}$$

(2) 第二类节点的合成分析。对于第二类节点，有两条线路汇入，节点 j 最早时间 TE_j 的期望 $\overline{TE_j}$ 和方差 $\sigma_{TE_j}^2$ 应为紧前两线路持续时间的合成值。对于这类节点，其合成值的计算按下列步骤进行。

1) 计算第 k ($k=1, 2$) 条线路到节点 j 的最早时间的期望值 $\overline{TE_j^k}$ 和方差 $\sigma_{TE_j^k}^2$，并确定主导线路。

对线路 k，其最早完成时间 EF_j^k

$$TE_j^k = TE_i + t_{ij}, \quad i<j, \quad k=1,2 \tag{12.15}$$

当工序持续时间服从正态分布时，

$$\overline{TE_j^k} = \overline{TE_i} + D_{ij}, \quad i<j \tag{12.16}$$

$$\sigma_{TE_j^k}^2 = \sigma_{TE_i}^2 + \sigma_{ij}^2, \quad i<j \tag{12.17}$$

用式 (12.8) 计算各线路的难度系数 λ，其中难度系数 λ 小者为主导线路。此处，在使用式 (12.8) 时，T_s 取最长线路的持续时间，T_e 取和所求 λ 相对应线路的持续时间，σ_n 取和所求 λ 相对应线路的标准差。

2) 逆 PERT 网络图中箭线方向，搜索汇入节点各线路最邻近的分流节点。寻求 PERT 网络中分流节点的目的是为了在合成过程中消除相关线路对合成结果的影响。求得最邻近的分流节点后，可使分流线路不相关，以便直接使用概率的乘法公式。

3) 计算第 k 条线路相对于最邻近的分流节点 b 到分析节点 j 的相对期望持续时间 $\overline{T_{bj}^k}$ 和相应的方差 $(\sigma_{bj}^k)^2$：

$$\overline{T_{bj}^k} = \sum_{g=b}^{j} D_{gh}, \quad b \leqslant g < h \leqslant j \tag{12.18}$$

$$(\sigma_{bj}^k)^2 = \sum_{g=b}^{j} \sigma_{gh}^2, \quad b \leqslant g < h \leqslant j \tag{12.19}$$

4) 用当量概率法对主导线路的期望完成时间进行修正。设从分流节点 b 到节点 j 主导线路的相对持续时间的期望值为 $\overline{T_{bj}^k}$，相应的方差为 $(\sigma_{bj}^k)^2$，其分布曲线如图 12.3 中曲线 1，则其按期望值完成的概率为 0.5；而非主导线路按该期望值完成的概率为 P。由于两条线路相互独立，因而，合成后的完成概率为 $0.5P$。设将在主导线路持续时间期望值 $\overline{T_{bj}}$ 的基础上，将其延长，延长之后其方差不变，而仅其持续时间延长了 ΔT，并使图 12.3 中曲线 2 在 $t=\overline{T_{bj}^k}$ 处的累计概率为 $0.5P$，这种修正方法可称为当量概率修正法。此时，ΔT 可用下式计算。

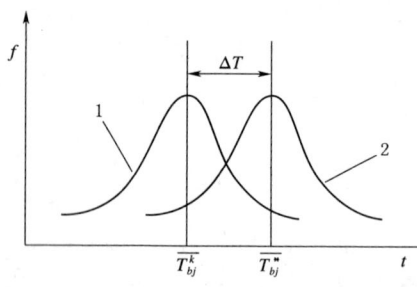

图 12.3 主导线路概率修正示意图

$$\Delta T = |\lambda^*| \sigma_{bj} \qquad (12.20)$$

式中：λ^* 可由 $0.5P$ 的值，并经查正态分布表而得；σ_{bj} 为主导线路的标准差。

经过上述修正后，可得到节点 j 的最早时间的期望值 $\overline{TE_j^*}$

$$\overline{TE_j^*} = \overline{TE_j} + \Delta T \qquad (12.21)$$

主导线路修正后假设其方差不变。

若需要以活动为对象计算网络的时间参数，则可设在主导线路的节点 j 后存在一虚增活动和增加一个相应的节点 j'，如图 12.4 所示。该虚增活动的持续时间为 ΔT，方差为 0。而原在节点 j 后

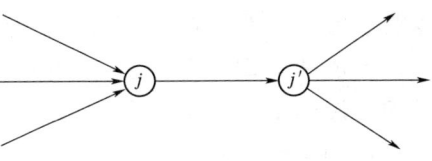

图 12.4 线路合成后改造的网络图

的紧后活动为该虚增活动的紧后活动，即节点 j' 的紧后活动。经这样处理后，就可用经典 PERT 网络的方法计算其时间参数。因此，此方法也称当量概率修正 PERT 方法。

PERT 网络第二类节点合成分析流程如图 12.5 所示。

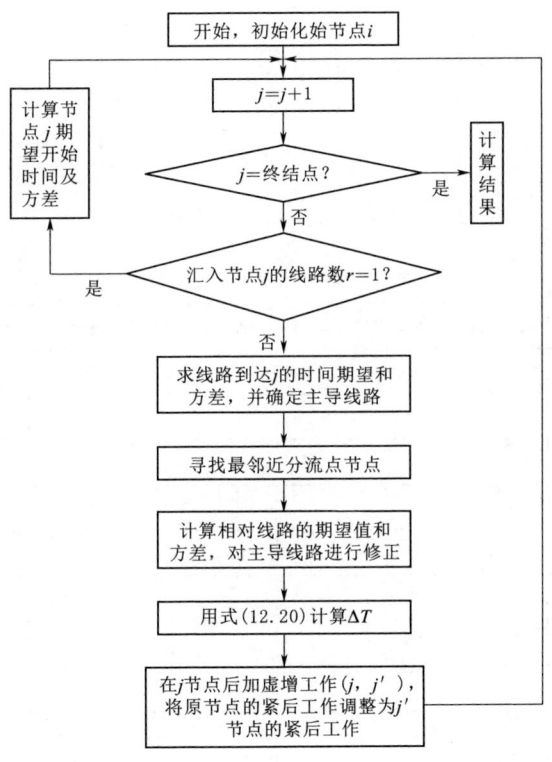

图 12.5 PERT 网络第二类节点合成分析流程图

(3)第三类节点的合成分析。对于第三类节点的合成,跟第二类节点的合成类似,先确定主导线路,然后用非主导线路对其进行修正。

当2条以上线路相互独立时,λ可由 $A=0.5 P_1 P_2 \cdots P_n$ 的值,并经查正态分布表而得,其中 n 为第三类节点中汇入线路的条数。

当2条以上线路不独立或不全部独立时,可先选其中的子网络进行修正,使其成为独立的线路,然后再进行修正。

上述对 PERT 的改进,仅考虑了线路间影响的因素,并没有涉及活动间的相关性问题,目前这方面研究也有一定进展(刘俊艳等,2012;李潇等,2020),但并不成熟。

[案例 12.1] 基于修正 PERT 的某工程施工进度风险估计

某工程的一个子网络进度计划如图 12.6 所示,计划(规定)工期 $T_s=55$ 天,工序的持续时间近似服从正态分布,相应持续时间的期望值 D_{ij}、标准差 σ 和方差 σ^2 见表 12.1。

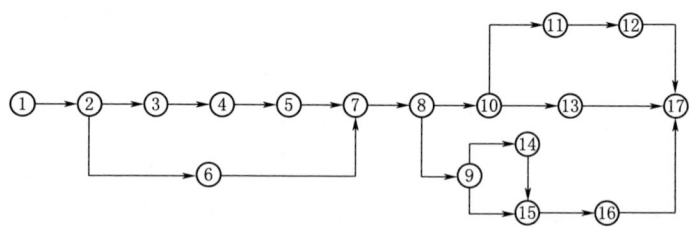

图 12.6 某工程施工的一个子网络进度计划

表 12.1 某工程施工活动持续时间特征值

活动(i, j)	活动持续时间期望值 D_{ij}/天	活动持续时间标准差 σ	活动持续时间方差 σ^2
1, 2	2	0.16	0.026
2, 3	5	0.33	0.110
2, 6	5	0.35	0.123
3, 4	1	0.10	0.010
4, 5	10	0.70	0.490
5, 7	3	0.20	0.040
6, 7	17	1.00	1.000
7, 8	3	0.20	0.040
8, 9	3	0.18	0.032
8, 10	10	0.70	0.490

续表

活动 (i, j)	活动持续时间期望值 D_{ij}/天	活动持续时间标准差 σ	活动持续时间方差 σ^2
9, 14	5	0.30	0.090
9, 15	15	1.00	1.000
10, 11	1	0.10	0.010
10, 13	4	0.50	0.250
11, 12	4	0.66	0.440
12, 17	1	0.10	0.010
13, 17	1	0.10	0.010
14, 15	10	0.70	0.490
15, 16	3	0.20	0.040
16, 17	5	0.35	0.123

[解析] 在如图 12.6 所示施工进度计划中，显然，节点⑦和节点⑮为第二类节点；节点⑰为第三类节点。

对于节点⑦，其最邻近的分流节点是节点②，从节点②，经节点④到节点⑦的期望值持续时间为 19 天，方差为 0.65；从节点②，经节点⑥到节点⑦的期望值持续时间为 22 天，方差为 1.123。显然，从节点②，经节点⑥到节点⑦的线路为主导线路，需用从节点②，经节点④到节点⑦的线路对其进行修正。由式（12.8）可得 $\lambda=3.72$，由标准正态分布表可知，其相应概率十分接近 1。因此，从节点②，经节点④到节点⑦的线路对主导线路的影响可以忽略。

对于节点⑮，其最邻近分流节点为节点⑨。线路⑨→⑭→⑮和线路⑨→⑮的期望值持续时间均为 15 天，方差分别是 0.58 和 1.00。显然，线路⑨→⑮是主导线路，需用线路⑨→⑭→⑮对其进行修正。由式（12.20），可得 $\Delta T=0.67$ 天。

对于节点⑰，有 3 条线路汇入，其共同最邻近分流节点为节点⑧。但要注意到其中线路⑩→⑪→⑫→⑰和线路⑩→⑬→⑰又有共同的分流点，即节点⑩。因此首先需对其进行合成分析，然后将合成结果再和线路⑧→⑨→……→⑰合成。

对于线路⑩→⑪→⑫→⑰其均值为 6 天，方差为 0.46；而线路⑩→⑬→⑰的均值为 5 天，方差为 0.26。显然，线路⑩→⑪→⑫→⑰是主导线路。因此，需用线路⑩→⑬→⑰对其进行修正。

以线路⑩→⑪→⑫→⑰的均值为相对规定工期，由式（12.8）得

$$\lambda = \frac{6-5}{0.5099} = 1.9612$$

由正态分布表查得其相对完工概率 $P = 97.5\%$，$0.5P = 0.4875$，查正态分布表，此时 $\lambda = -0.039$。然后由式（12.20），可得

$$\Delta T = 0.039\sqrt{0.46} = 0.039 \times 0.6782 = 0.026(天)$$

ΔT 很小，说明线路 ⑩→⑬→⑰ 对主导线路 ⑩→⑪→⑫→⑰ 的影响很小，可略而不计。

对线路 ⑧→⑨……→⑮→⑯→⑰，其均值为 26.67 天，方差为 1.195；对线路 ⑧→⑩→⑪→⑫→⑰，其均值为 16 天，方差为 0.95。很直观就可以确定，线路 ⑧→⑨……→⑮→⑯→⑰ 是主导线路。这两条线路合成时，应用线路 ⑧→⑩→⑪→⑫→⑰ 对线路 ⑧→⑨……→⑮→⑯→⑰ 进行修正。用式（12.8）计算，并查正态分布表，结果表明，线路 ⑧→⑩→⑪→⑫→⑰ 实现主导线路 ⑧→……→⑯→⑰ 相对期望工期的概率很大，十分接近 1，即它们对主导线路的影响很小，可以不计。

对于施工进度计划，用经典 PERT 法计算的期望工期为 53 天，方差为 2.38。经修正方法所得的计算期望工期为 53.67 天。当规定工期为 55 天时，用经典 PERT 法计算得到的完工概率为 0.903，施工进度风险率为 0.097，即 $P_r = 9.7\%$；用修正方法计算得到的完工概率为 0.805，施工进度风险率为 0.195，即 $P_r = 19.5\%$。

12.3 施工进度风险评估的 MC 方法

12.3.1 PERT 的缺陷

用经典 PERT 评估项目进度风险，其特点是方法简单，但也有明显的不足（王仁超等，2004；王卓甫，2005）主要表现为：

（1）要求施工活动持续时间服从 β 分布或正态分布，关键线路持续时间服从正态分布，不满足该要求时，对计算精度显然有影响。

（2）经典 PERT 没有考虑到网络计划图中线路的共同作用，因此所计算的期望工期偏小，方差偏大。

（3）改进后的 PERT 对于计算工作量大且施工活动较多的网络计划不太适用。

MC 方法可以克服这些不足，而且，随着计算机技术的发展，用该方法评估工程施工进度风险，其优势较为明显。

12.3.2 MC方法评估施工进度风险原理

MC方法的基本原理是在计算机上做大量试验，然后进行统计分析。每次试验时，首先运用抽样技术，得到每一活动持续时间的随机数；其次，用CPM计算完成施工项目所需时间的随机工期 T_i。模拟 N 次后，得到随机工期序列 $\{T_i\}$ ($i=1, 2, \cdots, N$)，对工期的随机值进行统计分析，得到项目工期的期望值和方差，进而可得工程项目在规定工期下的完工概率或进度风险。

与经典PERT方法一样，MC方法假设每项施工活动是随机独立的。同经典PERT方法相比，MC方法可适合于活动的各种不同分布，而不一定要求是 β 分布，而且当仿真次数足够多时，其计算结果有较高的精度。

12.3.3 MC方法评估施工进度风险的步骤

用MC方法评估工程施工进度风险的一般步骤如下：

(1) 确定施工活动分布类型，如 β 分布，密度函数为 $f(x)$；确定模拟次数 N。

(2) 估计活动持续时间的3个估计值 a、m 和 b。

(3) 根据活动持续时间的分布，经抽样，得到每一施工活动的抽样时间 u_i，即随机时间。

(4) 根据每一施工活动的抽样时间 u_i，采用CPM计算施工工期 T_i。

(5) 重复步骤(3)～步骤(4)，得到 T_i 的序列 $\{T_i\}$。

(6) 对 $\{T_i\}$ 进行统计分析，得到工期的期望值 $\overline{T}$ 和标准差 σ_T。

(7) 由规定工期，用式(12.7)和式(12.9)计算完工概率和施工进度风险率。

上述步骤中，当假设工程施工活动的持续时间服从正态分布时，其每一活动持续时间 u_i 的抽样计算可用下式：

$$u_i = \mu + \sigma \left(\sum_{i=1}^{12} r_i - 6 \right)$$

当施工活动持续时间 u_i 服从三角分布时，u_i 的抽样计算如下：

$$u_i = \begin{cases} a + \sqrt{(b-a)(c-a)r}, & 0 \leqslant r < \dfrac{c-a}{b-a} \\ b - \sqrt{(b-a)(b-c)(1-r)}, & \dfrac{c-a}{b-a} \leqslant r \leqslant 1 \end{cases}$$

当施工活动服从 β 分布时，其每一活动持续时间 u_i 的抽样只能用舍选法，其抽样流程如图12.7所示。

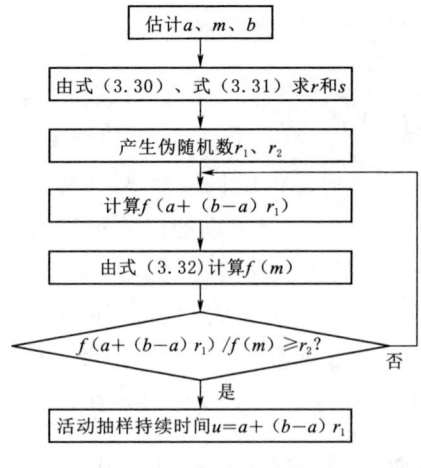

图 12.7 β 分布抽样流程图

12.4 搭接施工网络计划风险评估

工程施工中的搭接网络计划具有普遍意义,其他形式的网络可视为其特例。对这种搭接施工网络计划,无法直接用经典 PERT,也难以用 MC 方法评估,必须对搭接网络计划加以处理后,才能用 PERT 或 MC 方法(王卓甫等,2003)。

12.4.1 搭接网络计划的变形

图 12.8 (a) 中以横道图表示相邻的两施工活动或工序,若要将其以衔接的关系网络图表示,则要将工序 A 分为两部分,即工序 A_1 和工序 A_2,以双代号网络图表示如图 12.8 (b)。对这种搭接关系可如此表示,但对搭接网络中的其他搭接关系就不一定能用此方法表示,即并不能将一般的搭接施工网络直接改造为双代号网络图。

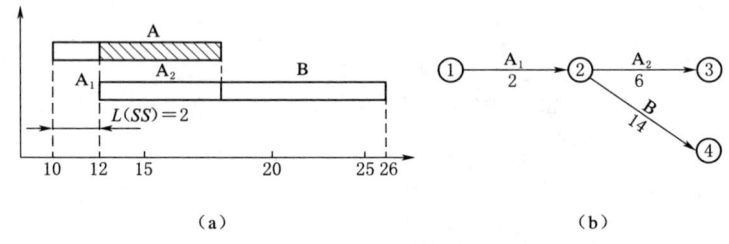

图 12.8 搭接关系的不同表示图

施工搭接网络的基本搭接关系有 4 种:从开始到开始(STS),从开始到完成(STF),从完成到开始(FTS),从完成到完成(FTF)。另有两种混合搭接关系；STS 与 FTF 的混合搭接；STF 与 FTS 的混合搭接。混合搭接要求同时满足两种搭接关系。

工序 I 到工序 J 存在 STS 搭接关系，且时距 $STS_{I,J}$ 为 t 时，建立对应 PERT 网络的关系，如图 12.9 所示。

图 12.10 中，n 为双代号网络的结束点；i、j 分别为活动 I、J 的始节点，(i,j) 的持续时间为 t，表示活动 I 和 J 先后投入工作的时间间隔，称时距，并记 (i,j) 为时距工序；虚箭线表示为虚工序，仅用以表示工序间的逻辑关系，其持续时间为 0。

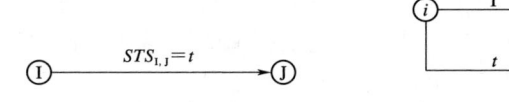

图 12.9 STS 搭接关系表示图 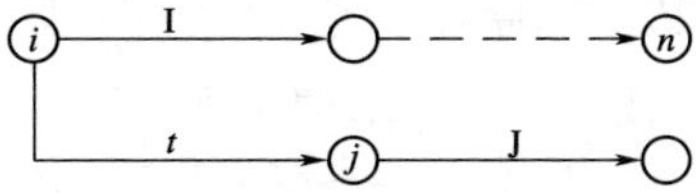　　图 12.10 处理后的 STS 搭接关系

图 12.9 的处理，是因为工序 I、J 之间的衔接要求从 I 工序开始后，经时间 t，J 工序才能开始。类似地有其他各种搭接关系，如图 12.11 所示。

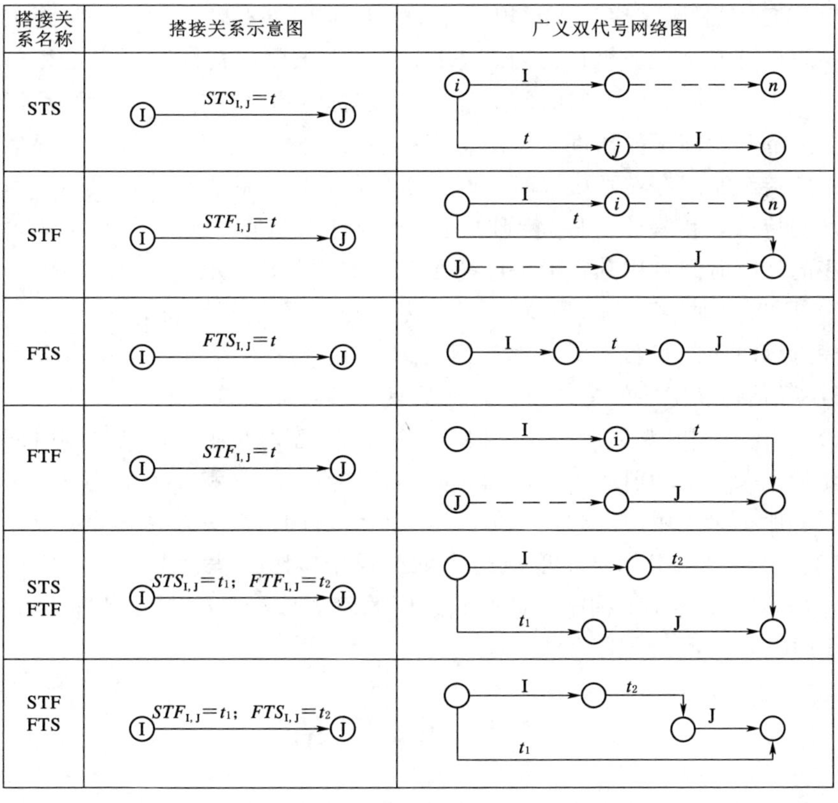

搭接关系名称	搭接关系示意图	广义双代号网络图
STS	$STS_{I,J}=t$	
STF	$STF_{I,J}=t$	
FTS	$FTS_{I,J}=t$	
FTF	$STF_{I,J}=t$	
STS FTF	$STS_{I,J}=t_1$；$FTF_{I,J}=t_2$	
STF FTS	$STF_{I,J}=t_1$；$FTS_{I,J}=t_2$	

图 12.11 各种施工搭接关系表示图

对于图 12.11 中各种施工搭接关系的时距工序，当时距存在不确定性时，同样可用和解决 PERT 网络中工序类似的方法去处理。

针对施工搭接进度网络的各种搭接关系，引入时距工序，将各种关系采用图 12.11 中的方法处理后，即可得包括常规工序、时距工序和虚工序的广义进度网络。当常规工序和时距工序的持续时间具有不确定性时，其为广义 PERT 网络。

12.4.2 施工搭接网络时序工序与风险估算

将施工搭接进度网络转换成广义 PERT 网络后，广义 PERT 网络中的时距工序和其他工序在属性上主要区别在于时距工序不消耗资源，而在其他方面没有本质区别。时距工序的持续时间在实际施工中可能会遇到确定型和随机型两种情况。

（1）确定型时距工序。确定型时距工序即时距工序的持续时间是确定的。例如，一般混凝土施工后，要经一定的时间间隔才能继续紧后工序的施工，此时的时距工序的持续时间就基本上可认为是确定的，当然有时也和养护条件有关。

（2）随机型时距工序。

1）STS 型时距工序。当常规工序的持续时间具有随机性时，时距工序的持续时间也可能具有随机性。对于 STS 型时距工序，其持续时间是相邻两工序的紧前工序开始后的一段时间，经这一段时间后，紧前工序已为紧后工序提供了一定的开始施工的条件，紧后工序可插入与紧前工序平行施工。显然，当施工工序持续时间存在随机性时，时距工序的持续时间也具有随机性，而且其随机性的特点应和紧前工序持续时间不确定性的特点类似。因此，STS 型时距工序的持续时间可用其紧前工序持续时间的百分数表示。

2）FTS 型时距工序。不确定 FTS 型时距工序的持续时间，一般来说和相邻工序持续时间的特性关系不大，而主要和施工工艺及施工组织有关。可用"三时法"估计该工序的持续时间，然后计算其特征值。

3）STF、FTF 型时距工序。对 STF、FTF 型时距工序，其持续时间的随机性比较复杂，既和前后工序持续时间的特性有关，又和施工工艺及施工组织有关。一般也只能用"三时法"估计工序持续时间，然后计算其特征值。

（3）广义 PERT 网络进度风险评估。根据实际工程情况，对时距工序处理后，得到广义 PERT 网络。此时其进度风险评估和一般项目网络计划相同，可用 PERT，也可用 MC 方法。

12.5 小　　结

工程施工一般是露天作业，受气象因素影响较大，并存在不确定性。此外，资源供应、施工机具、劳动力的状态等也存在不确定性，且每项施工活动的环境不同，因此，虽经过几代人的努力，但仍以数据来分析施工活动或工序持续时间的不确定性规律。鉴于此，人们只能借助主观的经验判断，即将"三时估计"法作为分析的基础，并在 20 世纪 50 年代就提出了经典的 PERT。经典 PERT 有不少假定，其中有一条是：施工网络计划中存在一条路线占主导地位，即始终较长，但施工过程并不全是这样。因此，本章提出了对经典 PERT 的修正，以提高施工进度风险估计的精度。对于大型施工项目，用经典 PERT 估计施工进度风险的工作量很大，不太适合。随着计算机及计算技术的发展，MC 方法在施工进度风险估计中的应用优势显得十分明显，其对施工各活动持续时间的随机性仅有独立性要求，可适用于各种不同分布，而且随着目前计算机运算速度的加快，MC 方法用于施工进度风险评估的前景十分广阔。

参 考 文 献

白鹭,2018.重大工程项目社会稳定风险评估嵌入机制研究——基于社会燃烧理论视角的案例分析[J].新西部(24):29-32.

柴乃杰,张梦,鲍学英,等,2018.基于事故树模型的地铁施工地表坍塌事故分析[J].铁道标准设计 62 (6):114-119.

陈玲,2014.有限理性、公共问责与风险分配:台湾高铁市场化的失败与启示[J].武汉大学学报(哲学社会科学版) 67 (2):29-35.

陈富良,刘红艳,2015.基础设施特许经营中承诺与再谈判研究综述[J].经济与管理研究 36 (1):88-95.

陈绍清,熊思斯,何朝远,等,2020.地铁深基坑坍塌事故安全风险分析[J].安全与环境学报 20 (1):52-58.

陈婉玲,2018.PPP 长期合同困境及立法救济[J].现代法学 40 (6):79-94.

陈曦,2011.积极稳妥地推行社会稳定风险评估工作[J].中国行政管理 (8):121-124.

陈曦,2017.项目风险应对策略选择模型与方法研究[D].沈阳:东北大学.

陈赟,陈玉斌,李晶晶,等,2021.基于知识元表达的地铁隧道施工事故情景库设计[J].铁道科学与工程学报 18 (1):259-267.

陈泽,2020.国际工程项目的政治风险识别与应对[J].国际工程与劳务 (3):68-69.

陈志鼎,简飞弘,胡巧艺,2018.施工导流风险损失估量模型研究[J].水电能源科学 36 (2):148-151.

戴二玲,张曦,王嘉南,2019.基于社会燃烧理论的建设项目社会稳定风险评估体系[J].建筑经济 (6):67-73.

邓小鹏,李启明,汪文雄,等,2008.PPP 模式风险分担原则综述及运用[J].建筑经济 (9):32-35.

丁烈云,周诚,2012.复杂环境下地铁施工安全风险自动识别与预警研究[J].中国工程科学 14 (12):85-93.

董幼鸿,2013."邻避冲突"理论及其对邻避型群体性事件治理的启示[J].上海行政学院学报 14 (2):21-30.

费方域,蒋世成,2011.不完全合同、产权和企业理论[M].上海:格致出版社.

冯周卓,张叶,2017.重大项目社会稳定风险的致因与分类识别[J].行政论坛 24 (1):97-101.

甘媛媛,2020.提高国际工程风险管理水平方法浅析[J].产业创新研究 35 (6):96-97.

关欣,张尧,金小丹,2017.考虑风险关联的项目风险应对策略选择方法[J].控制与决策 32 (8):1465-1474.

何伯森,万彩芸,2001.BOT 项目的风险分担与合同管理[J].中国港湾建设 (5):63-66.

何高峰,罗先启,张辉,等,2019.基于 BIM 的地铁隧道结构分析与安全预警[J].地下空间与工程学报 15（3）：920-926.

贺静，2012. PX 项目风波再起各方关注引发热议［J］. 中国石油和化工经济分析（11）：6-8.

胡群芳，秦家宝，2013. 2003—2011 年地铁隧道施工事故统计分析［J］. 地下空间与工程学报 9（3）：705-710.

胡振，刘华，金维兴，2011. PPP 项目范式选择与风险分配的关系研究［J］. 土木工程学报 44（9）：139-146.

胡志根，刘全，陈志鼎，等，2010. 施工导流风险分析［M］. 北京：科学出版社.

黄德春，冯同祖，2020. 基于多元利益冲突的特大型工程项目社会稳定风险预警研究［J］. 科技管理研究 40（15）：224-230.

黄华明，2002. 风险与保险［M］. 北京：中国法制出版社.

黄杰，朱正威，赵巍，2015. 风险感知、应对策略与冲突升级——一个群体性事件发生机理的解释框架及运用［J］. 复旦大学学报（社会科学版）57（1）：134-143.

吉龙华，安树昆，2011. 群体性事件的风险社会理论分析［J］. 云南行政学院学报 13（4）：125-128.

贾秀飞，叶鸿蔚，2015. 中国海外投资水电项目的政治风险——以密松水电站为例［J］. 水利经济 33（3）：32-36.

江新，徐平，郑霞忠，2016. 水电工程施工突发事件应急响应方案决策研究［J］. 中国安全科学学报 26（4）：161-167.

姜国辉，王永明，2017. 水利工程施工［J］. 北京：中国水利水电出版社.

金淮，吕培印，徐耀德，2012. 地铁初步设计地下工程安全风险评估研究［J］. 都市快轨交通 25（5）：42-47.

雷胜强，2012. 国际工程风险管理与保险［M］. 北京：中国建筑工业出版社.

李凤伟，杜修力，张明聚，2014. 地铁工程建设施工事故统计分析［J］. 地下空间与工程学报 10（2）：474-479.

李晗，贺淑娟，朱金琪，2020. 中国中央企业印度尼西亚投资风险管控：基于印度尼西亚巨港轻轨与沙特阿拉伯麦加轻轨的双案例比较研究［J］. 东南亚纵横（3）：36-46.

李皓燃，李启明，陆莹，2017. 2002—2016 年我国地铁施工安全事故规律性的统计分析［J］. 都市快轨交通 30（1）：12-19.

李解，王建平，许娜，等，2017. 知识集成对城市轨道交通施工安全风险管理系统功能影响分析［J］. 科技管理研究 37（16）：244-252.

李良松，徐多，黄宏丽，等，2019. 海绵城市建设 PPP 项目委托代理契约分析［J］. 水利水电技术 50（11）：18-24.

李乃文，王春迪，黄敏，2015. 基于 Multi-agent 的矿工风险感知偏差演化模型［J］. 中国安全科学学报 25（9）：47-52.

李文成，2017. 境外投资项目社会稳定风险评价研究［D］. 青岛：青岛大学.

李潇，胡志根，杨光，等，2020. 基于 BN-PERT 进度风险分析模型的地铁项目进度风险分析［J］. 城市轨道交通研究（6）：6-13.

李以所，2012. 公私合作伙伴关系（PPP）的经济性研究——基于德国经验的分析［J］. 兰州学刊（6）：148-156.

林义，2016. 社会保险（第四版）［M］. 北京：中国金融出版社.

刘俊艳,王卓甫,2011. 工程进度风险因素的非叠加性影响 [J]. 系统工程理论与实践 31 (8):1517-1523.
刘俊艳,Steven D,2012. 基于 BN-CPM 的工程活动相关性分析 [J]. 水力发电学报 31 (5):302-308.
刘婷,赵桐,王守清,2016. 基于案例的我国 PPP 项目再谈判情况研究 [J]. 建筑经济 37 (9):31.34.
刘小峰,丁翔,2021. 建设工程项目的邻避风险演化研究 [J]. 公共管理学报 18 (1):102-113.
刘新平,王守清,2006. 试论 PPP 项目的风险分配原则和框架 [J]. 建筑经济 (2):59-63.
刘岩,张金荣,2015. 风险社会公众面对环境风险的行动选择与应对 [J]. 社会科学战线 (10):184-192.
刘志国,李旭光,2016. 丰满重建工程施工导流方案风险分析 [J]. 水利发展研究 (6):69-74.
柳梦,张梦,卜晓月,汪震,2018. PPP 项目投资成功与失败案例分析 [J]. 科技资讯 16 (10):137-138.
龙卫洋,龙玉国,2005. 工程保险理论与实务 [M]. 上海:复旦大学出版社.
卢有杰,卢家仪,1998. 项目风险管理 [M]. 北京:清华大学出版社.
罗孝明,2002. 小湾水电站初期导流标准风险分析 [J]. 云南水力发电 (1):28-32.
马桑,2016. PPP 项目再谈判的博弈分析与模型构建 [J]. 现代管理科学 (1):40-42.
牛文元,2002. 社会物理学:学科意义与应用价值 [J]. 科学 54 (3):32-35.
牛文元,2001. 社会物理学与中国社会稳定预警系统 [J]. 中国科学院院刊 (1):15-20.
潘鹏程,潘鹏云,2006. 工程项目设计方职业风险与职业责任分析 [J]. 建筑设计管理 (5):33-36.
裴鹿成,1992. 蒙特卡罗方法通用软件展望 [J]. 计算物理 9 (4):560-562.
彭琪,2020. 事故树分析法在高处坠落事故中的应用 [J]. 中国安全生产 15 (4):44-45.
仇保兴,2017. 城市规划学新理性主义思想初探——复杂自适应系统(CAS)视角 [J]. 城市发展研究 24 (1):1-8.
亓霞,柯永建,王守清,2009. 基于案例的中国 PPP 项目的主要风险因素分析 [J]. 中国软科学 (5):107-113.
秦旋,陈舒铃,乔任,2021. 复杂性视角下基于 Agent 智能体的复杂工程社会风险演化研究 [J]. 软科学 35 (6):125-131.
任志涛,雷瑞波,2017. 基于讨价还价模型的 PPP 项目收益分配再谈判研究 [J]. 建筑经济 38 (1):37-41.
舒欢,许俊丽,2018. 中国水电企业在走出去历程中的形象塑造——以密松水电站为例 [J]. 水利经济 36 (2):44-48.
宋博,2019. DEA-BP 神经网络下地铁车站深基坑施工安全评价 [J]. 中国安全科学学报 29 (5):91-96.
宋超,2014. 社会组织参与社会冲突协同治理:功能阻滞与路径选择 [J]. 南通大学学报(社会科学版)30 (6):121-127.
宋亮亮,邓勇亮,袁竞峰,等,2017. 基于复杂网络理论的地铁运行干扰源分析 [J]. 东南大学学报（自然科学版）47（5）：1069-1073.

宋亮亮，2020. 城市地铁系统运行的脆弱性仿真研究及应用［M］. 南京：东南大学出版社.

孙慧，孙晓鹏，范志清，2011. PPP 项目的再谈判比较分析及启示［J］. 天津大学学报（社会科学版）13（4）：294-297.

孙洁，2014. 采用 PPP 应当注意的几个关键问题［J］. 地方财政研究（9）：23-25.

王成斌，1991. 经典 PERT 时间模型的某些局限性及改进途径［J］. 系统工程理论与实践（2）：7-13.

王德东，房韶泽，王新成，2021. 组织因素对重大工程项目绩效影响研究［J］. 管理评论 33（1）：242-253.

王锋，胡象明，2012. 重大项目社会稳定风险评估模型研究——利益相关者的视角［J］. 新视野（4）：58-62.

王福俭，2015. 中国企业境外投资和对外承包工程风险管控及案例分析［M］. 北京：中国经济出版社.

王冠群，杜永康，2020. 社会燃烧理论视域下"中国式邻避"的生成与治理［J］. 领导科学（22）：34-38.

王家远，邹小伟，2017. 基础设施项目风险管理［M］. 北京：中国建筑工业出版社.

王建波，秦娜，黄文静，等，2021. 基于主成分分析-物元可拓的地铁盾构施工风险评价［J］. 铁道标准设计（3）：1-12.

王开茹，2019. 城市邻避冲突的形成机理与治理路径研究——基于社会燃烧理论的分析［J］. 宜宾学院学报 19（10）：65-74.

王乾坤，年春光，杨冬，等，2018. 基于 T-S 模糊神经网络的地铁深基坑安全预警［J］. 中国安全科学学报 28（8）：161-167.

王仁超，欧阳斌，褚春超，2004. 工程网络计划蒙特卡洛仿真研究及进度风险分析［J］. 计算机仿真 21（4）：143-147.

王兴鹏，雷书华，刘文梅，2018. 基于 CBR 的地铁工程事故应急决策方法研究［J］. 铁道工程学报 35（9）：104-109.

王阳，2016. 重大决策社会稳定风险评估制度的效果分析——以"评估主体"的规定为重点［J］. 中国行政管理（3）：116-120.

王熠琛，郑宏，张明聚，2019. 基于 PBEE 理念的地铁工程风险损失分级标准优化研究［J］. 都市快轨交通 32（5）：76-81.

王英伟，2020. 权威应援、资源整合与外压中和：邻避抗争治理中政策工具的选择逻辑——基于（fsQCA）模糊集定性比较分析［J］. 公共管理学报 17（2）：27-39.

王兆强，陈新，魏成勇，等，2020. 基于 Matlab 的施工导流风险度计算程序编译及应用［J］. 水电能源科学 38（4）：130-133.

王卓甫，丁继勇，杨志勇，2018. 工程招标与合同管理［M］. 北京：中国建筑工业出版社.

王卓甫，欧阳红祥，李红仙，2003. 水利水电施工搭接网络进度风险计算［J］. 水利学报（1）：98-102.

王卓甫，沈志刚，2006. 工程项目突发事件应急管理初探［J］. 四川水力发电 25（2）：91-94.

王卓甫，杨高升，杨建基，等，2002. 水利水电施工中应用 PERT 的完工概率问题［J］. 河海大学学报 30（1）：44-48.

王卓甫，杨志勇，杨建基，2000. 水利水电工程施工进度风险规定下的投资优化［J］. 河海大学学报 28（6）：52-58.

王卓甫，谈飞，张云宁，等，2007. 工程项目管理：理论、方法与应用［M］. 北京：中国水利水电出版社.

王卓甫，2003. 工程项目风险管理：理论、方法与应用［M］. 北京：中国水利水电出版社.

王卓甫，2005. 工程项目管理：风险与应对［M］. 北京：中国水利水电出版社.

王卓甫，1998. 考虑洪水过程不确定的施工导流风险计算［J］. 水利学报（4）：33-37.

王卓甫，1989. 用风险决策方法选择施工导流方案［J］. 水利学报（11）：28-34.

文艳芳，陈敬配，2021. 地铁隧道施工坍塌风险耦合机理研究［J］. 地下空间与工程学报 17（3）：943-952.

乌尔里希·贝克，郗卫东，2002. 风险社会再思考［J］. 马克思主义与现实（4）：46-51.

巫永明，2004. 建设工程施工现场安全事故应急预案［J］. 建筑安全（6）：39-40.

吴贤国，丁保军，张立茂，等，2014. 基于贝叶斯网络的地铁施工风险管理研究［J］. 中国安全科学学报 24（1）：84-89.

吴贤国，吴克宝，沈梅芳，等，2016. 基于 N-K 模型的地铁施工安全风险耦合研究［J］. 中国安全科学学报 26（4）：96-101.

夏润禾，2019. 基于事故机理和追责的地铁隧道坍塌事故分析与防范策略［J］. 隧道建设（中英文）39（10）：1601-1609.

向鹏成，张寒冰，2016. 重大环境风险型工程项目社会稳定风险的演化机理及防范举措——基于社会燃烧理论［J］. 理论导刊（3）：12-15.

项目管理协会（美），2021. 项目管理知识体系指南（第七版）［M］. Newtown Square.

肖凌志，2018. 东南亚水电项目风险控制研究［D］. 昆明：云南大学.

许娜，2016. 轨道交通项目安全事故发生趋势和诱因分析［J］. 华侨大学学报（自然科学版）37（05）：558-563.

颜鹏飞，2007. 构建社会主义和谐社会与西方和谐冲突理论［J］. 红旗文稿（2）：35-38.

羊权荣，汪宇，何跃川，2019. 城市轨道交通施工监测在 GIS+BIM 平台的集成应用［J］. 隧道建设（中英文）39（S2）：345-351.

杨芳勇，2012. 论社会燃烧理论在"重大事项"上的应用——重大事项社会稳定风险评估的理论基础与方法模型［J］. 中共浙江省委党校学报 28（4）：106-111.

杨志军，欧阳文忠，2017. 消极改变政策决策：当代中国城市邻避抗争的结果效应分析［J］. 甘肃行政学院学报（1）：22-36.

叶新丰，张宇，刘魁刚，等，2021. 北京地铁施工阶段地质风险辨识评估及防控机制建设［J］. 都市快轨交通 34（3）：70-76.

应国柱，汪鹏程，朱大勇，等，2016. 基于模糊综合评价模型的地铁施工风险评估［J］. 地下空间与工程学报 12（2）：539-545.

于海莹，彭玉林，张立艳，等，2019. 城市地铁施工期事故统计分析［J］. 地下空间与工程学报 15（S2）：852-860.

张虎，王长新，李江，等，2013. 基于 MATLAB 的 MC 方法在施工导流风险率计算中的应用［J］.水利与建筑工程学报 11（4）：94-97.

张尧,陈曦,刘洋,等,2014.考虑两个风险情形的项目风险应对策略选择方法［J］.运筹与管理 23（3）：252-256.

赵金先,李堃,王苗苗,等,2017.基于 AHP-SPA 的地铁建设项目施工风险评价［J］.土木工程与管理学报 34（6）：10-16.

钟登华,黄伟,张发瑜,2006.基于系统仿真的施工导流不确定性分析［J］.天津大学学报 39（12）：1441-1445.

钟慧玲,李伟,张冠湘,2016."邻避"冲突事件网络舆情演化研究［J］.情报杂志 35（3）：111-117.

周和平,陈炳泉,许叶林,2014.公私合营（PPP）基础设施项目风险再分担研究［J］.工程管理学报 28（3）：89-93.

周红云,2013.公共财政视角下社会稳定风险防控机制研究［J］.财政研究（1）：18-21.

周萍华,姚天宇,2020.中国企业境外投资动机及风险分析——基于不同类型东道国视角［J］.山西财税（7）：40-44.

周勇,郑晓静,朱彦鹏,等,2018.基于 FZZY-AHP 评估模型的地铁车站施工风险分析［J］.兰州理工大学学报 44（4）：109-115.

周志鹏,李启明,邓小鹏,等,2009.险兆事件管理系统在地铁施工安全管理中的应用［J］.解放军理工大学学报（自然科学版）（10）：597-603.

朱海南,李素红,孙锡衡,1999.最优资金流施工进度计划的风险分析［J］.系统工程学报 14（1）：35-42.

朱瑜劼,刘晓丽,王恩志,等,2018.基于蒙特卡洛法的三峡库区泄滩边坡稳定性风险评估［J］.水利水电技术 48（12）：154-161.

祝玉学,1990.边坡可靠性分析［M］.北京：冶金工业出版社.

ABEDNEGO M P, OGUNLANA S O, 2006. Good project governance for proper risk allocation in public-private partnership in Indonesia［J］. International Journal of Project Management, 24（7）：622-634.

BENJAMIN D K, ALCHIAN A A, 2006. Property rights and economic behavior［M］. Indianapolis, Ind: Liberty Fund.

CRANC F G, 1984. Insurance Principles and Practices. 2nd ed［M］. New York: Willey.

DEUTSCHE N, 2009. Project management-Project management system-Teil 1. Grundiagen （DIN 69901.1）［S］. http://bbs.infoeach.com.

DOMINGUES S, ZLATKOVIC D, 2015. Renegotiating PPP contracts: Reinforcing the 'p' in partnership［J］. Transport Reviews, 35（2）：204-225.

EDUARDO B, NIETOPARRA S, Robledo J S, 2013. Opening the black box of contract renegotiations: An analysis of road concessions in Chile, Colombia and Peru［J］. OECD Development Centre Working Papers,（4）：317.

ERB H P, BIOY A, HILTON D J, 2002. Choice preferencesWithout inferences: Subconscious priming of risk attitudes［J］. Journal of Behavioral Decision Making, 15（3）：251-262.

FATOKUN A, AKINTOYE, A, LIYANAGE, 2015. Renegotiation of public private partnership road contracts: Issues and outcomes［C］. Proceedings of 31st Annual ARCOM

Conference, Lincoln, UK: 1249-1258.

FROUD J. and SHAOUL J, 2001. Appraising and evaluating PFI for NHS hospitals [J]. Financial Accountability and Management, 17 (3): 247-270.

GUASCH J L, LAFFONT J J, STRAUB S, 2003. Renegotiation of Concession Contracts in Latin America [R]. Washington: World Bank.

GUASCH J L, 2004. Granting and renegotiating infrastructure concessions: doing it right [Z]. The World Bank, Washington DC.

KAIXUN S, 2016. Understanding Construction Project Governance: An Inter-organizational Perspective [J]. International Journal of Architecture, Engineering and Construction, 5 (2):117-127.

LAM K C, WANG D, PATRICIA T K. LEE, TSANG Y T, 2007. Modelling risk allocation decision in construction contracts [J]. International Journal of Project Management, 25 (5): 485-493.

LI B, AKINTOYE A, EDWARDS P J., HARDCASTLE C, 2005. The allocation of risk in PPP/PFI construction projects in the UK [J]. International Journal of Project Management, 23 (1): 25-35.

MARREWIJK A V, CLEGG S R, PITSIS T S, et al, 2007. Managing public-private megaprojects: Paradoxes, complexity, and project design [J]. International Journal of Project Management, 26 (6): 591-600.

NIKOLAIDIS N, ROUMBOUTSOS A, 2013. A PPP renegotiation framework: a road concession in Greece [J]. Built Environment Project and Asset Management, (2): 264-278.

Project Management Institute, 2016. Construction Extension to the PMBOK Guide [M]. Pennsylvania: Project Management Institute, Inc.

SHAOUL J, 2002. A financial analysis of the London Underground Public Private Partnership [J]. Public Money Manage, 22 (2): 64-75.

SONG J, HU Y, FENG Z, 2018. Factors influencing early termination of PPP projects in China [J]. Journal of Management in Engineering, 34 (1): 05017008-1-10.

TREBILCOCK M, ROSENSTOCK M, 2015. Infrastructure public-private partnerships in the developing world: Lessons from recent experience [J]. Journal of Development Studies, 51 (4): 335.

TURNER J R, MULLER R, 2003. On the nature of the project as a temporary organization [J]. International Journal of Project Management, 21 (3): 1-8.

VEGA A O, 1997. Risk allocation in infrastructure financing [J]. Journal of Project Finance, 3 (2): 38-42.

WENDONG W, FANG H, TAOZHI Z, et al, 2020. Stakeholder Analysis and Social Network Analysis in the Decision-Making of Industrial Land Redevelopment in China: The Case of Shanghai [J]. International Journal of Environmental Research and Public Health, 17 (24).

WILLIAMS C A, HEINE R M, 1985. Risk Management and Insurance [M]. New York: McGraw-Hill.

WINCH G M, 1989. The construction firm and construction project: a transaction coat approach [J] . Construction and Engineering, 7 (3): 331 – 345.

XIONG W, ZHANG X, 2016. The Real Option Value of Renegotiation in Public – Private Partnerships [J] . Journal of Construction Engineering & Management, 142 (8): 04016021.11.

XU Y L, CHAN A P C, YEUNG J F Y, 2010. Developing a Fuzzy Risk Allocation Model for PPP Projects in China [J] . Journal of Construction Engineering and Management, 136 (8):894 – 903.

ZHANG Y, 2016. Selecting risk response strategies considering project risk interdependence [J] . Int J of Project Management, 34 (5): 819 – 830.

ZHU L, ZHAO X, CHUA D K H, 2016. Agent – Based Debt Terms' Bargaining Model to Improve Negotiation Inefficiency in PPP Projects [J] . Journal of Computing in Civil Engineering, 30 (6): 1 – 11.